Stephan Elbern

ROM – eine Biografie

Menschen und Schicksale
VON ROMULUS BIS MUSSOLINI

Stephan Elbern

ROM – eine Biografie

Menschen und Schicksale
VON ROMULUS BIS MUSSOLINI

Nünnerich-Asmus
Verlag & Media

200 Seiten mit 10 Abbildungen in Duoton
Titelbild: Hauptfassade der Kirche „Sankt Paul vor den Mauern“ in Rom
Umschlag hinten: Die Engelsburg, Rom
Frontispiz: Forum Romanum, Abendstimmung mit Blick auf den Tempel der Dioskuren und den Titusbogen

Bibliografische Information der Deutschen Nationalbibliothek
Die Deutsche Nationalbibliothek verzeichnet diese Publikation in der Deutschen Nationalbibliografie; detaillierte bibliografische Daten sind im Internet über http://dnb.d-nb.de abrufbar.

ISBN 978-3-943904-04-8
Gestaltung: Bild1Druck GmbH
Lektorat: Annette Nünnerich-Asmus, Frauke Itzerott
Gestaltung des Titelbildes: Scancomp GmbH

Printed in Germany by Nünnerich-Asmus Verlag & Media
Weitere Titel aus unserem Verlagsprogramm finden Sie unter: www.na-verlag.de

Inhalt

Für Elke

Vorwort

Zweifellos erschließen sich geschichtliche Fragestellungen einem breiteren Publikum am leichtesten durch die Beschäftigung mit bedeutenden Persönlichkeiten vergangener Epochen. Das weit verbreitete Interesse an Biografien, aber auch an Lebensbildern im Film und anderen modernen Medien zeigt die ungebrochene Faszination historischer Gestalten auch in einer lesemüden Zeit. Daher erscheint es reizvoll, sich der Entwicklung großer Metropolen in Geschichte und Gegenwart auf diesem Wege anzunähern, in den Einzelschicksalen gleichsam die Biografie der Städte zu malen. Dass Rom am Beginn der geplanten Reihe steht, ist eine Huldigung an die Ewige Stadt, die wie keine andere das geschichtliche, kulturelle und religiöse Interesse aller Epochen erregt hat. Nachfolgende Bände werden sich weiteren Großstädten und Regionen widmen – von Berlin bis Paris, von Kairo bis Istanbul, von Moskau bis New York.

Der Nünnerich-Asmus Verlag hat das Werk in bibliophiler Qualität ausgestattet; ihm sei an dieser Stelle gedankt, ebenso seiner Geschäftsführerin Dr. Annette Nünnerich-Asmus für die bereits in früheren Jahren erprobte gute Zusammenarbeit. Dank schulde ich zudem meiner Frau, die das Werk in seinem Werden mit unermüdlichem Interesse begleitet und gefördert hat, unserem Sohn Jörg für die Mitarbeit am Ortsregister sowie Frau Daniela Hettler für die technische Unterstützung bei der Erstellung des Manuskripts.

Bad Frankenhausen, im November 2012 Stephan Elbern

Einleitung

Keine Stadt auf Erden hat im Lauf der Jahrhunderte die Menschen so in ihren Bann gezogen wie Rom und keine andere ist von der Geschichte mit dem Beinamen der Ewigen ausgezeichnet worden. Denn als einzige verkörperte sie durch mehr als zwei Jahrtausende ein unvergleichliches Kontinuum an Macht: Rom schuf ein Imperium, das von Spanien bis Syrien, von Schottland bis Ägypten reichte; seine Herrscher konnten sich als Herren der Welt fühlen. Auch als das Römische Reich in den Stürmen der Völkerwanderung zerbrach, verlor die Stadt ihre Bedeutung nicht, sondern wurde als Residenz der Päpste zum geistigen und geistlichen Zentrum des christlichen Abendlandes; und als die universale Macht der Kirche schwand, wandelte es sich als Hauptstadt des vereinigten Italien zu einem der Machtzentren des modernen Europa. Die historische Bedeutung Roms spiegelt sich in seinen Bauten: Von der Zeit der Etrusker bis zur Moderne ist jede kunstgeschichtliche Epoche mit großartigen Monumenten vertreten; die bedeutendsten Künstler des Abendlandes wetteiferten, die Stadt mit ihren Werken zu schmücken.

In zahlreichen Wanderungen durch die Ewige Stadt erwuchs der Gedanke, ihr geschichtliches Werden in knappen, aber prägnanten Lebensbildern zu schildern. Dabei stehen die wichtigsten Gestalten der römischen Antike neben berühmten Päpsten, einzigartige Künstler neben großen Literaten. Dass bei ihrer Auswahl dem Altertum ein gewisses Übergewicht zufiel, ist historisch leicht zu begründen: Das römische Imperium war zweifellos das bedeutendste Weltreich der Geschichte - mit seinem gewaltigen Umfang ebenso wie in der einzigartigen Machtfülle, die durch Jahrhunderte keinen ebenbürtigen Gegner kannte, ebenso den Meisterleistungen in Kunst und Technik, zudem im Nachleben bis in unsere Zeit.

Denn die abendländische Kultur ruht auf drei Säulen - der griechischen Philosophie, dem römischen Recht und der christlichen Ethik. Schlüssig wird das Bild freilich erst, wenn diese Stützen durch einen Architrav zu fester Architektur verbunden werden - das Imperium Romanum. Denn Rom begründete nicht nur das europäische Rechts- und Staatsdenken, es vermittelte auch der Nachwelt die Werke der hellenischen Dichter und Denker und ermöglichte den Aufstieg des Christentums zur Weltreligion. Daher ist die Betrachtung der römischen Geschichte kein geistreiches Gedankenspiel weltfremder Gelehrter, sondern eine Besinnung auf unsere geschichtlichen Wurzeln, eine Suche nach der eigenen historischen Identität.

Dichtung und Wahrheit – die Anfänge der Tiberstadt (753–295 v. Chr.)

So könnte die „Stadt" des Romulus ausgesehen haben - eine Siedlung der Villanova-Kultur (Rekonstruktion).

Von Sagen und Legenden umwoben, liegen die Gründung sowie die ersten Jahrhunderte Roms im Dunkel der Geschichte. Erst in den Punischen Kriegen entstand die lateinische Historiographie; zuvor berichtete - außer den Priesterannalen und den Archiven der Adelsfamilien - lediglich mündliche Überlieferung von den Anfängen der Stadt. Daher wurde die römische Frühzeit vom Mythos verklärt: Das traditionelle Gründungsdatum ist ebenso unhistorisch wie der trojanische Ahnherr Aeneas und die überlieferten sieben Könige, auf die man später zahlreiche politische und religiöse Einrichtungen zurückführte.

Erst seit dem 19. Jh. wurden die patriotischen Sagen durch die kritische Geschichtswissenschaft in Frage gestellt und aus den spärlichen literarischen und archäologischen Quellen ein - bis heute weitgehend umstrittenes - Bild der römischen Frühgeschichte erschlossen: Seit dem 10. Jh. entstanden auf den Hügeln am Tiber mehrere Siedlungen von Latinern und Sabinern, die sich später zusammenschlossen. Im 6. Jh. übernahmen etruskische Könige die Herrschaft; sie begründeten die führende Rolle Roms in Latium und schmückten die Stadt mit ersten Monumentalbauten.

Nach dem Sturz der Monarchie (um 500 v. Chr.) übernahmen die vornehmen Patrizier die Regierung; die Plebejer blieben von den Entscheidungen der Adelsrepublik ausgeschlossen. In den jahrzehntelangen Ständekämpfen erreichten sie jedoch ihre politische und gesellschaftliche Gleichstellung. Durch zahlreiche Kriege gegen die benachbarten Völker erkämpfte sich Rom erneut die Hegemonie über Latium; die Niederlage gegen die Gallier blieb ohne Folgen (387 v. Chr.). Nach der endgültigen Unterwerfung der wehrhaften Samniten stand Mittelitalien unter römischer Herrschaft.

Ein mythischer Ahnherr: Aeneas

Eine kleine Verssequenz der Ilias (20, 302-308) machte ihn zum Stammvater der Römer - den trojanischen Helden Aeneas. Denn sie verkündet, er werde den Untergang seiner Vaterstadt überleben. Darauf stützte sich die spätere Überlieferung, der Sohn der Göttin Venus sei der Katastrophe entronnen, nach langen Irrfahrten nach Italien gelangt und habe dort die Stadt Lavinium und eine Herrscherreihe begründet, an deren Ende Romulus stand - der legendäre Gründer der Ewigen Stadt.

Den Römern ermöglichte der fiktive Ahnherr, gleichberechtigt in den Kulturkreis der Hellenen (denen alle fremden Völker als „Barbaren" galten) einzutreten. Denn die Abstammung von den Trojanern und der Welt Homers adelte in den Augen der Griechen die Ursprünge der Tiberstadt. Bereichert wurde die Sage um nationalrömische Züge; so diente die unglückliche Liebe zwischen dem Helden und Dido, der königlichen Gründerin von Karthago, zur Erklärung der späteren Erbfeindschaft zwischen Römern und Puniern.

Besondere Bedeutung besaß diese Tradition für Augustus, der sein Geschlecht auf den homerischen Ahnherrn zurückführte; unter seiner Regierung schuf Vergil die „Aeneis", das römische Nationalepos, in dem die Taten und Tugenden des „pius Aeneas" verherrlicht werden, des Stammvaters der Römer und ihres Herrscherhauses.

Der legendäre Stadtgründer: Romulus

„Sieben - fünf - drei: Rom schlüpft aus dem Ei" - mit diesem Merkvers eigneten sich Generationen von Schülern das (unhistorische) Gründungsdatum der Ewigen Stadt an (21.4.753 v. Chr.), verbunden mit der Sage von Romulus und Remus.

Der antiken Überlieferung nach stammten die Zwillingsbrüder von Aeneas ab, dem trojanischen Urahnen der Römer. Einer seiner Nachfahren, Numitor, wurde von seinem machtgierigen Bruder Amulius als Herrscher der Stadt Alba Longa verdrängt. Um künftige Rivalen auszuschließen, zwang der neue König Numitors Tochter Rhea Silvia (nach anderer Version: Ilia), Priesterin der Göttin Vesta zu werden (und damit auf ewig jungfräulich zu bleiben). Dennoch gebar sie dem Kriegsgott Mars die beiden Zwillinge Romulus und Remus. Deshalb zum Tode durch Ertrinken bestimmt, wurde sie vom Flussgott Tiber als Gemahlin aufgenommen.

Auch die Kinder sollten sterben und wurden am Flussufer ausgesetzt; doch eine Wölfin - das ihrem göttlichen Vater geheiligte Tier - rettete sie. Von Hirten aufgezogen, wuchsen sie heran, bis sie ihre Herkunft erfuhren und ihrem Großvater wieder zur rechtmäßigen Stellung verhalfen. Selbst aber beschlossen sie, an der Stelle ihrer Errettung eine Siedlung zu gründen. Der Herrscher der neuen Stadt sollte durch den Vogelflug als göttliches Zeichen bestimmt werden;

zwölf Geier erschienen dem Romulus, der nun seiner Stadt den Namen gab. Als er den künftigen Verlauf ihrer Mauer mit dem Pflug kennzeichnete, übersprang Remus die Furche zum Hohn und wurde von seinem Bruder erschlagen.

Die neue Siedlung nahm alle auf, die kommen wollten - Rom wurde zum Asyl für entflohene Sklaven und Verbrecher. Da die benachbarten Völker sich weigerten, ihre Töchter diesen Neuankömmlingen zu verheiraten, griff Romulus zu einer List: Er lud die Sabiner zu Zirkusspielen nach Rom ein; während des Schauspiels raubten seine Mannen die Töchter der Gäste. Diese unternahmen unverzüglich einen Rachefeldzug gegen die Frevler und drangen durch Verrat in die Stadt ein; doch bevor es auf dem Forum zur Schlacht kam, warfen sich die entführten Frauen - die ihre neuen Männer inzwischen lieb gewonnen hatten - zwischen die Heere und erzwangen die Versöhnung der Gegner.

Während eines Gewitters wurde der Gründer Roms nach 37-jähriger Herrschaft zu den Göttern entrückt und fortan unter dem Kultnamen Quirinus verehrt. Viele Institutionen wurden auf ihn zurückgeführt und man schrieb ihm zahlreiche militärische Erfolge zu. Mit der fiktiven Gestalt des Romulus gewann die Stadt nicht nur einen namengebenden Helden (tatsächlich geht ihr Name auf die etruskische Familie der Ruma zurück), sondern auch göttliche Abstammung - und wer konnte wohl eher der Ahnherr des unbesiegbaren Volkes sein, dessen Weltreich von Spanien bis Syrien, von Schottland bis Ägypten reichte, als der Gott des Krieges?

An den legendären Gründer erinnerten auch einige Monumente in der Stadt: Jahrhundertelang wurde die „Casa Romuli“ auf dem Palatin verehrt; auf dem Forum zeigte man sein angebliches Grab. Vor allem aber gemahnt die Kapitolinische Wölfin (im Konservatorenpalast) an den Sohn des Mars - ein Meisterwerk der etruskischen Bronzekunst - der die Renaissance nach einem römischen Münzbild die Knaben hinzufügte. Auch wenn umstritten bleibt, ob sie mit der historisch überlieferten Skulptur der „Lupa Martia“ identisch ist (gelegentlich wurde sie sogar in das Mittelalter datiert): Das majestätische Tier mit dem stilisierten Fell, den wachsam aufgestellten Ohren und der heulend geöffneten Schnauze ist das großartigste Zeugnis für die Gründungssage der Ewigen Stadt.

Fremde Tyrannen: Die Tarquinier

Als blasse Schatten, als Idealtypen herrscherlicher Eigenschaften - so erscheinen uns die sieben legendären Könige Roms. Nur die drei letzten - Tarquinius Priscus, Servius Tullius und Tarquinius Superbus - können eine gewisse Historizität beanspruchen (immerhin ist der Name ihres Geschlechts inschriftlich belegt), wenngleich auch bei ihnen die geschichtliche Wahrheit kaum noch von späteren Verfälschungen zu scheiden ist.

Aus der etruskischen Stadt Tarquinii zugewandert soll L. Tarquinius Priscus („der Ältere") in Rom die Königswürde erlangt haben. Seiner Regierung (angeblich 616-578 v. Chr.) werden einige militärische Erfolge sowie erste Maßnahmen zum repräsentativen Ausbau der Stadt zugeschrieben. Ihm folgte der von den antiken Historikern als weise und friedfertig geschilderte Servius Tullius (578-534 v. Chr.), bei dem es sich wahrscheinlich um einen etruskischen Condottiere handelte, der die Macht in Rom an sich riss, von der legitimen Dynastie jedoch schließlich beseitigt werden konnte.

Sein Nachfolger L. Tarquinius Superbus (534-509 v. Chr.), der als Sohn oder Enkel des ersten Tarquiniers bezeichnet wird, beschließt die Reihe der sagenhaften Könige Roms. Die Überlieferung schildert ihn in deutlicher Parallele zum griechischen Tyrannenbild: Er regiert tatkräftig und erfolgreich gegen äußere Feinde, herrliche Bauten künden von seiner Macht - aber alle Widersacher werden erbarmungslos beseitigt, eine Leibwache schützt ihn vor den Bürgern, der Beiname „Superbus" (der Hochmütige) charakterisiert ihn als Gewaltherrscher. Ein Frevel seines Sohnes wird ihm zum Verhängnis: Die Vergewaltigung der edlen Lucretia (s. Brutus, S. 21 f.) führt zum Sturz des entarteten Herrscherhauses (von den römischen Historikern in zeitlicher Parallele zum Tyrannensturz in Athen auf das Jahr 510/509 v. Chr. datiert, tatsächlich wohl einige Jahre später). Der Versuch des Gestürzten, mit Hilfe des Königs Porsenna von Clusium die Macht zurückzugewinnen, scheitert - der Tyrann stirbt im Exil.

Welchen historischen Kern umschließt die romanhafte Darstellung der antiken Historiker? Tatsächlich ist Rom eine Gründung der Etrusker, die auf dem Weg von ihrem Kernland - der Toskana - zu den Städten im Süden einen Stützpunkt am wichtigen Tiberübergang benötigten. Auch wenn das Gebiet des späteren Rom bereits seit dem 10. Jh. v. Chr. bewohnt gewesen war, entstand erst mit der Entwässerung der Senke zwischen Kapitol und Palatin - als Forum Romanum in späteren Jahrhunderten der Mittelpunkt der Welt - durch die Cloaca Maxima der etruskischen Ingenieure eine städtische Siedlung (um 575 v. Chr.). Rom verdankte ihnen auch den Namen (nach dem Geschlecht der Ruma; erst in der römischen Republik entstand die Sage von Romulus als eponymem Stadtgründer) und die ersten monumentalen Bauten: Als größtes Heiligtum des Etruskerlandes kündete der Tempel des Jupiter Capitolinus vom hegemonialen Machtanspruch der Tarquinier; der Circus Maximus und seine Spiele waren ebenso etruskischen Ursprungs wie das technische Meisterwerk der Cloaca Maxima.

Auch die Zeichen der fremden Königsherrschaft lebten in der Stadt fort: der Elfenbeinthron (sella curulis) ebenso wie die Liktoren, die mit ihren Rutenbündeln (fasces) die richtende Gewalt der Beamten symbolisierten. Der Triumph der siegreichen Feldherren Roms, die höchste Ehrung für einen Sterblichen, wurzelt gleichfalls in etruskischer Sitte – und damit in der glanzvollen Epoche der Tarquinier.

Der erste Künstler Roms: Vulca

Unter den sieben Hügeln Roms war er der bedeutendste – das Kapitol, heute geprägt durch die grandiose Platzanlage Michelangelos. In der Antike trug die steilste Erhebung der Stadt die Burg, die in den Zeiten des Galliersturms als letzte Bastion verteidigt wurde (s. Camillus, S. 22 f.), und den Tempel der Capitolinischen Trias – des Jupiter Optimus Maximus sowie der Göttinnen Juno und Minerva. Er war das wichtigste Heiligtum des römischen Staates; hier wurden das Aerarium und die „Sibyllinischen Bücher“ aufbewahrt, hier endeten die Triumphzüge siegreicher Feldherren. Der Kapitolstempel entstand unter den Tarquiniern, die mit ihrem gewaltigen Bau das alte Heiligtum des Latinerbundes auf dem Mons Albanus ablösen und so Roms Sonderstellung in dieser Allianz manifestieren wollten.

Zu seiner würdigen Gestaltung wurde der Meister Vulca aus Veji in die Tiberstadt berufen – der erste historisch fassbare Künstler in der Geschichte der Ewigen Stadt. Er schuf das Kultbild des höchsten Gottes, das bis zur Zerstörung des Tempels in den Wirren der römischen Bürgerkriege (83 v. Chr.) an dieser Stelle verehrt wurde, und wohl auch den äußeren Dekor, vor allem die tönerne Quadriga, die den Dachfirst bekrönte (um 500 v. Chr.).

Das römische Werk Vulcas blieb nicht erhalten; bei Ausgrabungen im Tempelbezirk von Portonaccio in Veji wurden jedoch Terrakottaskulpturen freigelegt, die einen Eindruck von dem verlorenen Dekor des Kapitolstempels vermitteln (j. im Museo Nazionale di Villa Giulia). Die zeitliche Nähe zum Bau des Kapitolstempels sowie die künstlerische Qualität der Werke - von der technischen Leistung, Großterrakotten zu brennen, bis zur Gesamtkomposition - veranlaßte die Ausgräber, die Skulpturengruppe Vulca bzw. seiner Schule zuzuschreiben.

Auch ein weiteres Werk der etruskischen Plastik gilt manchen Archäologen als Werk des Meisters: die Kapitolinische Wölfin im Konservatorenpalast, die mit den (später hinzugefügten) Zwillingsknaben Romulus und Remus die Erinnerung an die mythischen Gründer Roms bewahrt.

Die Vertreibung der Könige: Brutus d. Ä.

Von Legenden umwoben wird nicht nur die römische Königszeit, sondern auch die ersten Jahrhunderte der Adelsrepublik. An ihrem Beginn steht - als ein Muster altrömischer Tugend - L. Iunius Brutus, der Befreier der Stadt und fiktive erste Konsul nach dem Sturz der Monarchie.

Selbst mit Tarquinius Superbus verwandt, habe er sich dumm („brutus“) gestellt, um nicht den Argwohn des misstrauischen Tyrannen zu erregen. In der entscheidenden Stunde aber bewies er seine Entschlossenheit: Der Sohn des Königs hatte die edle Lucretia vergewaltigt; diese rief ihre Angehörigen zur Rache auf und tötete sich danach mit einem Dolch. Die blutige Waffe in den Händen schwor Brutus vor den anderen Augenzeugen des Geschehens, das despotische Herrscherhaus zu stürzen. Erbittert über die Freveltat des Prinzen, folgte das Volk seinem Aufruf; dem König wurde bei der Rückkehr von einem Feldzug der Einzug in die Stadt verwehrt (509 v. Chr.?).

Bei der Verteidigung der eben errungenen Freiheit kannte Brutus, der zum ersten Konsul der jungen Republik gewählt wurde, keine persönliche Rücksicht: Seine eigenen Söhne, die sich an einer Verschwörung zur Rückführung der Tarquinier beteiligt hatten, ließ er hinrichten; er selbst fiel im Kampf gegen die Verbündeten des gestürzten Tyrannen. Ein Jahr lang betrauerten die Frauen Roms den Mann, der ihre Ehre so entschlossen gerächt hatte.

Die dramatische Erzählung erweist sich rasch als Fälschung; die Familie der Junier gelangte erst viel später zu patrizischer Würde und damit zu konsularischen Ehren. Aber wie viele andere Geschlechter Roms hat auch die Gens Iunia erfolgreich versucht, die Familientradition durch erfundene Größen der Vergangenheit zu mehren. Später wurde die Legende allgemein geglaubt - so wurde der jüngere Brutus durch das Beispiel seines großen „Vorfahren" zur Ermordung Caesars getrieben. Und eines der schönsten Werke der antiken Bronzekunst - ein charaktervoller Porträtkopf im Konservatorenpalast - galt jahrhundertelang als Abbild des sittenstrengen Begründers der römischen Freiheit.

Der erste Held: Camillus

Die erste historisch fassbare (wenngleich weiterhin von Sagen überwucherte) Heldengestalt der römischen Geschichte war M. Furius Camillus (gest. 365 v. Chr.), der die Politik der Adelsrepublik jahrzehntelang entscheidend prägte. Seine bedeutendste Tat war die Einnahme der etruskischen Stadt Veji, einer mächtigen Rivalin Roms, die - nur wenige Kilometer entfernt - das rechte Tiberufer beherrschte (396 v. Chr.). Angeblich währte ihre Belagerung zehn Jahre - die eigene Heldentat sollte offensichtlich dem Kampf um Troja gleichgesetzt werden.

Aber der Eroberer von Veji galt der Nachwelt nicht nur als glänzender Feldherr, sondern auch als ein Muster von altrömischer Virtus; bei der Belagerung der Stadt Falerii lehnte er das Angebot eines verräterischen Schulmeisters ab, der ihm die Kinder des dortigen Adels als Geiseln in die Hände spielen wollte. Dieses ehrenhafte Verhalten des edlen Römers zählt - wenngleich unhistorisch - noch heute zu den klassischen Legenden, auf die kein Lateinbuch verzichten mag.

In dieser Zeit wurde Rom von der bis dahin größten Katastrophe seiner Geschichte getroffen, dem Galliersturm aus dem Norden. Doch scheint Camillus damals im Exil gelebt zu haben; Berichte über eine Verbannung des Heerführers aufgrund einer Verurteilung - angeblich wegen der Verwendung der Beute aus Veji - sind wohl historisch.

Inzwischen waren die keltischen Gallier raubend und plündernd in Mittelitalien eingefallen und hatten an der Allia das römische Aufgebot vernichtend geschlagen (18.7.387 v. Chr.). Da Rom damals noch nicht von Mauern gesichert wurde, musste die Stadt evakuiert werden; nur das befestigte Kapitol wurde verteidigt. Bei einem nächtlichen Überfall der Gallier geriet auch diese letzte Zuflucht in höchste Gefahr. Doch die Wachsamkeit der Gänse - die damals allgemein zum Schutz vor Dieben gehalten wurden - rettete den Burghügel. Während die Hunde schliefen, begannen die zuverlässigen Vögel lauthals zu schnattern und weckten dadurch die Verteidiger. Schließlich erkaufte die Besatzung des Kapitols den Abzug der Kelten mit Gold; als es bei der Wägung des Metalls zum Streit kam, warf der gallische Feldherr Brennus sein Schwert in die Waagschale mit den Worten „Vae victis“ (Wehe den Besiegten). In dieser Stunde römischer Schmach erschien - inzwischen zurückberufen - Camillus mit einem Heer, erklärte die Abmachung für ungültig und errang einen vernichtenden Sieg über die feindlichen „Barbaren“.

Auch hier wirkt die antike Legendenbildung: Die siegreiche Schlacht ist hinzugedichtet; tatsächlich musste Rom sein Überleben buchstäblich erkaufen. Ebenso unhistorisch ist die Überlieferung, Camillus habe den Umzug der Römer aus der zerstörten Stadt in das nahe Veji verhindert. Dennoch galt er der Nachwelt als zweiter Stadtgründer nach dem legendären Romulus sowie als „Vater des Vaterlandes“. Und ungeachtet aller sagenhaften Verklärung - seine militärischen Taten waren ein Meilenstein auf dem Weg zur römischen Herrschaft über Italien.

BAUTEN DER RÖMISCHEN FRÜHZEIT

An die legendenumwobenen ersten Jahrhunderte der Stadt erinnern Spuren einer eisenzeitlichen Siedlung auf dem Palatin (als „casa Romuli“ verehrt) sowie die Überreste der „Servianischen Mauer“; diese wurde erst nach dem Galliersturm errichtet, aber später dem mythischen König Servius Tullius zugeschrieben; ferner die ältesten Bauten auf dem Forum Romanum (u. a. der Dioskurentempel und das Heiligtum des Saturn). Vom etruskischen Kapitolstempel blieben lediglich einige Tuffblöcke unter dem Konservatorenpalast erhalten, der auch die Kapitolinische Wölfin bewahrt. Auch die Cloaca Maxima geht auf die Königszeit zurück, freilich zunächst als offene Rinne (die unterirdische Anlage entstammt wahrscheinlich dem 2. Jh. v. Chr.).

Aufstieg zur Weltmacht (295–133 v. Chr.)

Die Tempel der Area Sacra di Largo Argentina erinnern an die römischen Siege über Kimbern und Karthager.

In kaum mehr als einem Jahrhundert vollzog sich der Aufstieg Roms von einer mittelitalischen Regionalmacht zur unbeschränkten Herrin über den gesamten Mittelmeerraum. Wenige Ereignisse der Weltgeschichte haben Historiker und Philosophen so tief in ihren Bann gezogen; immer wieder forschte man nach den Ursachen dieser Entwicklung, ohne eine letztlich befriedigende Erklärung zu finden. Jedenfalls beruhten die römischen Erfolge auf einer einzigartigen Verbindung von militärischen Tugenden und politischer Klugheit; sie waren nicht das Werk eines einzelnen strahlenden Genius - wie die Begründung des Alexanderreiches - sondern die Leistung eines ganzen Volkes.

Zunächst wurden im Krieg gegen König Pyrrhos von Epeiros die süditalischen Griechenstädte unterworfen; danach begann das epochale Ringen mit der nordafrikanischen Handelsstadt Karthago um die Vorherrschaft im westlichen Mittelmeerraum in den drei Punischen Kriegen. Auch das militärische Genie Hannibals, dessen glänzender Sieg bei Cannae (216 v. Chr.) die Römer an den Rand der Niederlage brachte, vermochte das Schicksal seiner Vaterstadt nicht zu wenden. Nach dem Sieg Scipios d. Ä. bei Zama kannte Rom keine gleichrangigen Gegner mehr; die hellenistischen Großmächte Makedonien und Syrien wurden niedergeworfen, Nordafrika und Spanien erobert. Freilich zeigten sich bereits erste innere Konflikte und soziale Verwerfungen, die schließlich in das „Jahrhundert der Bürgerkriege“ münden sollten.

Ein Zauderer?: Fabius Maximus Cunctator

„Unus homo nobis cunctando restituit rem“ - „ein Mann hat uns durch sein Zaudern den Staat gerettet“ - so verkündete der Dichter Ennius den Ruhm des römischen Feldherrn, der mit einer durchdachten, wenn auch zunächst höchst unpopulären Strategie dem überlegenen Feldherrngenie Hannibals zu begegnen suchte. Um die Niederlage Karthagos im 1. Punischen Krieg (264-241 v. Chr.) zu rächen, vor allem aber der stetig wachsenden römischen Dominanz im westlichen Mittelmeerraum zu begegnen, war der punische Feldherr von der karthagischen Machtbasis in Spanien über die Alpen nach Italien gezogen und hatte am Ticinus und an der Trebia erste Siege erfochten (218 v. Chr.). Das folgende Jahr brachte eine weitere Katastrophe: Ein römisches Heer wurde am Trasimenischen See in einen Hinterhalt gelockt und vernichtend geschlagen.

In dieser Notlage legten Senat und Volk die Kriegführung in die Hände **eines** Mannes - der erfahrene Militär Q. Fabius Maximus (gest. 203 v. Chr.) wurde zum Dictator gewählt.

Mit klarem Blick erfasste er die Situation: Unter der Führung Hannibals - der noch heute zu den größten militärischen Genies der Weltgeschichte gezählt wird - waren die karthagischen Truppen in offener Schlacht nicht zu bezwingen. Zudem stand der punische Feldherr im Feindesland und musste eine rasche Entscheidung suchen, da seine Truppen und Ressourcen durch den alltäglichen Verschleiß des Krieges immer mehr schwanden, während die Mittel der Römer auf eigenem Territorium wuchsen. Daher entschloss sich der Dictator zu einer zurückhaltenden Kriegführung: Er stellte sich nicht zur Schlacht, sondern bekämpfte kleinere punische Kommandos und bedrohte durch die Taktik der „verbrannten Erde" die Versorgung von Hannibals Armee.

Dieser wiederum verwüstete - gleichsam vor den Augen der Römer - das südliche Italien; dabei schonte er freilich die Güter des Fabius und brachte diesen dadurch in Misskredit. Schon bald zeigte sich die Wirkung seiner Kriegslist; nach einem unbedeutenden Erfolg wurde der Stellvertreter im Kommando (der „Magister equitum") gleichberechtigt an die Seite des Dictators gestellt. Schon bald ließ er sich von Hannibal zur Schlacht verleiten, wurde aber geschlagen und nur durch das Eingreifen des Fabius vor der völligen Vernichtung bewahrt. Reumütig kehrte er unter den Oberbefehl des Dictators zurück, der die bewährte Taktik zur Verärgerung des punischen Feldherrn weiterführte.

Das folgende Jahr sollte diese Entscheidung bestätigen: Denn der neu gewählte Konsul (das Amt des Dictators endete nach sechs Monaten) führte das römische Heer in die größte Katastrophe seiner Geschichte; am Abend von Cannae (2.8.216 v. Chr.) bedeckten 70.000 gefallene Römer das Schlachtfeld. Danach folgte man wieder der Strategie des Fabius, der noch mehrfach Kommandos im 2. Punischen Krieg übernahm: Man ging offensiv gegen die Bundesgenossen Hannibals vor; er selbst erhielt jedoch bis zu seinem Abzug aus Italien keine Gelegenheit mehr zu offener Feldschlacht.

Den endgültigen Sieg in diesem gewaltigen Ringen hat Fabius Maximus nicht mehr erlebt. Alle römischen Bürger steuerten eine Münze zur Bestattung bei - nicht wegen der Armut des Verstorbenen, sondern um den Mann zu ehren, der einst als „Zauderer" (Cunctator) verspottet worden war, jetzt aber als der „Schild Roms" galt.

Sieg über Hannibal: Scipio Africanus d. Ä.

Nach der Niederlage bei Cannae hatte die Zermürbungsstrategie der Römer gegen Hannibal weitere Katastrophen verhindert (s. Fabius Maximus Cunctator, S. 26 f.), aber der Feind stand weiterhin ungeschlagen in Italien, das furchtbar unter den Verwüstungen des 2. Punischen Krieges litt. Da traf eine weitere Schreckensmeldung ein: Die beiden Feldherren in Spanien, zwei Brüder aus dem Haus der Scipionen, waren besiegt und gefallen, die Iberische Halbinsel bis zum Ebro verloren (211 v. Chr.). Angeblich wagte sich keiner der römischen Militärs um die Nachfolge zu bewerben - bis auf einen erst 24-jährigen, zwar tapferen (er hatte seinem Vater in der Schlacht am Ticinus gegen Hannibal das Leben gerettet), aber völlig unerfahrenen Jüngling: P. Cornelius Scipio, Sohn und Neffe der gefallenen Brüder (235-183 v. Chr.).

Aus unbekannten Gründen tatsächlich mit dem Kommando betraut, erwies sich der junge Mann schon bald als der fähigste Feldherr, den Rom je besessen hatte: 209 v. Chr. eroberte er Neu-Karthago (j. Cartagena), den feindlichen Hauptstützpunkt auf der Iberischen Halbinsel. Reiche Beute fiel in seine Hände, zudem die Kriegskasse des Gegners und die Geiseln, die den Karthagern von ihren Verbündeten als Bürgen der Vertragstreue gestellt worden waren; durch sie vermochte Scipio zahlreiche Stämme auf seine Seite zu ziehen. Nach mehreren siegreichen Schlachten war Spanien in römischer Hand (206 v. Chr.).

Gegen den Rat des greisen Fabius Maximus, der zuvor die Vertreibung der Feinde aus Italien gefordert hatte, führte der junge Feldherr die Legionen zwei Jahre später nach Afrika. Seine wagemutige Strategie erwies sich als richtig; nach einigen Niederlagen berief die karthagische Regierung Hannibal in die Heimat zurück.

Nach jahrzehntelangem Ringen musste jetzt die Entscheidung zwischen beiden Großmächten fallen - und die bedeutendsten Feldherren ihrer Zeit standen einander gegenüber. Vergeblich versuchte der punische Heerführer, der die verzweifelte Lage seiner Vaterstadt erkannte, durch Verhandlungen annehmbare Friedensbedingungen zu erreichen; die Waffen mussten entscheiden. Der Sieg Scipios bei Zama (202 v. Chr.) besiegelte das Schicksal Karthagos, dem nur noch wenige Jahrzehnte des Überlebens verblieben (s. Scipio Africanus d. J., S. 31 f.); der Beiname „Africanus" erinnerte seither an den in der bisherigen Geschichte Roms einzigartigen Triumph des Feldherrn.

Der Sieg über den verhassten und gefürchteten Feind brachte ihn jedoch fortan in Konflikt mit der römischen Tradition, der eine überragende Einzelpersönlichkeit bislang fremd war. Gewiss, man ehrte ihn, er galt als „princeps", als „Erster der Bürger" (s. Augustus, S. 60 ff.), aber der Oberbefehl gegen Antiochos III., den Herrscher des Seleukidenreiches, wurde ihm verwehrt. So war er nur als Unterfeldherr seines Bruders an der Schlacht bei Magnesia beteiligt, die den Nahen Osten der römischen Oberhoheit unterwarf (190 v. Chr.).

Kleinlicher Neid führte danach zu Anklagen gegen Scipio wegen angeblicher Unterschlagungen; diesen entzog er sich in ein freiwilliges Exil in Liternum am Golf von Neapel. Hier starb er 183 v. Chr. - im selben Jahr wie sein großer Gegner Hannibal.

Den Groll und die Enttäuschung des Africanus über die missgünstigen Mitbürger verkündete seine Grabinschrift: „Ingrata patria, ne ossa quidem mea habes" (Undankbares Vaterland, nicht einmal meine Gebeine besitzt du). Angeblich bewahrt der nahe gelegene Lago di Patria die Erinnerung an diese Worte - und damit an den ersten Römer, der aus der Enge der republikanischen Tradition zu eigener historischer Größe hervortrat.

Ein strenger Moralist: Cato d. Ä.

„Ceterum censeo Carthaginem esse delendam"* - „übrigens bin ich der Meinung, dass Karthago zerstört werden muss" - mit dieser hasserfüllten Forderung, die er allen Reden im Senat anfügte, ging Cato der Ältere in die Geschichtsbücher ein. Aber es wäre ungerecht, diese prägende Gestalt der römischen Republik auf die Abneigung gegen die einstige große Rivalin Roms und auf seine unerbittliche moralische Strenge zu beschränken.

In Tusculum geboren, war M. Porcius Cato d. Ä. (234-149 v. Chr.) ein „Homo novus" („Neuer Mann" - d. h. aus seiner Familie war noch kein Konsul hervorgegangen), den seine Fähigkeiten und Leistungen zu den höchsten Staatsämtern führten, dem Konsulat und der Zensur. Wie es römischem Herkommen entsprach, erlangte er militärischen Ruhm: Mehrere Siege erfocht er in

* Diese viel zitierte Version ist bei den antiken Autoren nur sinngemäß, aber nicht wörtlich überliefert.

Spanien sowie im Krieg gegen Antiochos III. von Syrien; so befehligte er das Umgehungsmanöver an den Thermopylen, das die Stellung der seleukidischen Armee an historischer Stätte in Griechenland unhaltbar machte (191 v. Chr.). Auch in diplomatischen Missionen diente er den römischen Interessen.

Bedeutender noch war sein innenpolitisches Wirken; als Lebenswerk betrachtete er die Bekämpfung der Missstände, die im Gefolge der siegreichen Kriege in Rom aufgekommen waren. Zahlreiche Prozesse strengte er gegen Statthalter an, die ihre Provinzen ausgeplündert hatten, ebenso gegen Wucherer. In seinem Amt als Censor (184 v. Chr.) versuchte er, die altrömische Virtus wieder zu beleben, jene Tugenden, durch die Rom zur Weltmacht aufgestiegen war. Mit unnachsichtiger Strenge verstieß er daher Senatoren aus dem ehrwürdigen Gremium, die sich - nach seinem strengen Maßstab - gegen die Moral vergangen hatten, so einen Senator, der die eigene Frau in Gegenwart der gemeinsamen Tochter geküsst hatte. Luxusgüter jeder Art wurden von ihm mit hohen Steuern belegt. Dadurch machte er sich unzählige Feinde; 44-mal wurde er selbst angeklagt, ging jedoch aus allen Prozessen als Sieger hervor.

Als bedenklich empfand er auch das Vordringen der hellenischen Kultur in Italien im Gefolge der römischen Expansion in den östlichen Mittelmeerraum. Obwohl er selbst die griechische Sprache und Literatur kannte (wie zahlreiche Zitate aus seinen Reden und Schriften bezeugen), bekämpfte er - freilich vergebens - diese unaufhaltsame Entwicklung.

Erbittert verfolgte er auch Scipio Africanus, den Sieger über Hannibal, dessen einzigartige Persönlichkeit den Rahmen der republikanischen Ordnung zu sprengen drohte; Cato war der Hintermann einer Anklage, die den Sieger von Zama in die Verbannung trieb (s. Scipio Africanus d. Ä., S. 28 f.).

Als Privatmann folgte Cato den moralischen Grundsätzen, nach denen er andere beurteilte; er lebte bescheiden, fast bedürfnislos. Seine Sparsamkeit ging so weit, dass er von den eigenen Sklaven Gebühren erhob, wenn sie den Sklavinnen beiwohnen wollten, und sie im Alter verkaufte, um sie nicht länger durchfüttern zu müssen. Schon die Antike hat diese Herzlosigkeit gerügt, auch wenn sie ihn sonst als Vorbild an moralischer Strenge pries.

Angesichts seiner unermüdlichen politischen Tätigkeit mag erstaunen, dass Cato auch ein umfangreiches literarisches Oeuvre hinterließ; als Verfasser der ältesten (erhaltenen) lateinischen Prosaschriften ist er von hoher Bedeutung für die römische Literaturgeschichte. Zu seinem Nachlass zählen u. a. 150 Reden sowie eine Sammlung von Sinnsprüchen, aus denen wir noch heute gern

„suum cuique" zitieren - „Jedem das Seine". Ferner verfasste er ein detailliertes Werk über den Ackerbau („De agri cultura") und die „Origines", das erste Geschichtswerk in lateinischer Sprache.

Sein ersehntes Ziel, die Zerstörung des einst so stolzen Karthago, sollte Cato nicht mehr erleben; er starb kurz nach dem Ausbruch des 3. Punischen Krieges (149-146 v. Chr.) - sicher in der triumphierenden Gewissheit, maßgeblich zu der Entstehung des Konfliktes beigetragen zu haben, der das Ende der punischen Metropole bedeutete (s. Scipio Africanus d. J., s. u.).

Das Ende Karthagos: Scipio Africanus d. J.

Das Werk der Zerstörung war getan: Weithin loderte das eroberte Karthago zum Himmel; Mord und Raub, Plünderung und Vergewaltigung tobten in seinen Mauern. Nachdenklich zitierte der siegreiche Feldherr die Worte Homers über den Untergang Trojas: „Einst wird kommen der Tag, da die heilige Ilios hinsinkt, / Priamos selbst und das Volk des lanzenkundigen Königs" - und auf die Frage seines Freundes (und Historikers) Polybios bekannte er offen, er habe dabei an das unabwendbare Ende Roms gedacht.

Keine andere Szene seines bewegten Lebens vermag den jüngeren P. Cornelius Scipio Aemilianus Africanus (185?-129 v. Chr.) besser zu charakterisieren: den tatkräftigen Heerführer, der seine militärischen Aufgaben löst, ohne sich von Gefühlen leiten zu lassen, zugleich aber den Freund hellenischen Geistes, den völlig unrömische Gedanken bewegen.

Geboren als Sohn des L. Aemilius Paullus, des Siegers über Perseus von Makedonien, wurde er durch den Sohn des älteren Scipio Africanus adoptiert, da dieser keine männlichen Nachkommen hatte (es war durchaus üblich, das Überleben einer befreundeten Adelssippe auf diesem Wege zu sichern). Nach einigen militärischen Erfolgen wurde er zum Konsul gewählt und führte im 3. Punischen Krieg (149-146 v. Chr.) die stagnierende Belagerung Karthagos fort. Sein energisches Vorgehen - gegen die Disziplinlosigkeit im eigenen Heer ebenso wie gegen den Feind - ermöglichte die Eroberung der Stadt; nach dem Sieg wurde er mit dem Beinamen „Africanus" ausgezeichnet.

15 Jahre später übernahm er den Oberbefehl im Krieg gegen Numantia; bereits seit 20 Jahren widerstand die iberische Bergfestung (bei Soria) den römi-

schen Waffen. Dass dies einer Siedlung auf niedriger Kulturstufe möglich war, zeigt die Krise der römischen Republik, aus der wenig später die Gracchen einen Ausweg suchen sollten. Mit mächtigen Belagerungswerken schloss Scipio die Stadt ein und zwang sie durch Hunger zur Kapitulation (133 v. Chr.). Auch hier zeigte er sich weniger als glänzender Feldherr (wie der ältere Africanus), sondern als methodischer und eher glanzloser Heerführer - freilich mit Erfolg, der mit dem Beinamen „Numantinus" belohnt wurde.

Bei der Rückkehr nach Rom wurde er in die innenpolitischen Wirren nach dem Tod des Tiberius Gracchus (s. Gracchen, S. 34 ff.) verwickelt. Da er dessen Reformpläne entschieden bekämpft hatte, gab sein plötzlicher Tod (129 v. Chr.) Anlass zu Gerüchten, die Anhänger der Gracchen hätten ihn ermordet; zu einer Untersuchung kam es jedoch nie.

Maßgeblich wirkte Scipio für die Verbreitung der griechischen Kultur in der römischen Führungsschicht; zu seinen Freunden gehörte der Historiker Polybios, ebenso der stoische Philosoph Panaitios und der lateinische Dichter Lucilius. Diesem „Scipionenkreis", nicht nur den militärischen Triumphen, verdankte der jüngere Africanus seinen Nachruhm; in Ciceros philosophischen und rhetorischen Schriften erscheint er oftmals als das Idealbild eines Aristokraten, der die Liebe zu hellenischer Bildung mit urrömischer Tatkraft verbindet.

BAUTEN DER EPOCHE VON 295–133 V. CHR.

Auch wenn in dieser Zeit zahlreiche bedeutende Bauwerke entstanden – u.a. die ersten Aquädukte und Steinbrücken, ebenso die ältesten Fernstraßen, unter denen die Via Appia als bedeutendste Verkehrsverbindung des Imperium Romanum hervorragt – blieben nur wenige Bauten erhalten: Der Ponte Rotto an der Tiberinsel, die Tempelbezirke auf dem Forum Boarium und Forum Holitorium sowie am Largo Argentina, vor allem aber die Gräber der Scipionen an der Via Appia.

Das „Jahrhundert der Bürgerkriege“ (133–30 v. Chr.)

Auch wenn das Forum Romanum später mehrfach umgestaltet wurde - hier fielen die politischen Entscheidungen im „Jahrhundert der Bürgerkriege“.

Roms Aufstieg zur Weltmacht veränderte grundlegend das politische und soziale Gefüge der Adelsrepublik. Eine Staatsordnung mit jährlich wechselnden Regierungsbeamten mochte zur Verwaltung einer Stadt genügen - nicht aber für ein Reich, das sich über drei Erdteile erstreckte. Zudem zerbrach die herkömmliche Wirtschaftsordnung unter dem Ansturm des ungeheuren Reichtums und der unzähligen Sklaven, die im Gefolge der siegreichen Kriege nach Italien strömten. Ihr Opfer wurde der einheimische Bauernstand - die tragende Schicht von Heer und Staat. Zudem waren befähigte Politiker und Militärs nicht mehr bereit, sich der althergebrachten Ordnung zu fügen; ihr Ehrgeiz und die innenpolitischen Spannungen entluden sich im „Jahrhundert der Bürgerkriege".

Nach dem Scheitern der Gracchen festigten zunächst die Heeresreform und die Germanensiege des Marius den Staat; gegen ihn begann L. Sulla den ersten römischen Bürgerkrieg. Doch weder sein Sieg und die Wiederherstellung der Senatsherrschaft noch die militärischen Erfolge des Pompeius vermochten die Krise zu bewältigen. Erst Caesar führte nach der Eroberung Galliens und der Niederwerfung der innenpolitischen Gegner ein zukunftsweisendes Reformprogramm durch. Seine unbeschränkte Macht widersprach jedoch den Traditionen der Adelsrepublik; daher fiel der Dictator einem Attentat zum Opfer. Erst nach weiteren Bürgerkriegen errang sein Erbe Octavian (Augustus) die Alleinherrschaft und begründete mit dem Prinzipat eine neue Staatsordnung, die dem Reich für Jahrhunderte Frieden und Wohlstand bringen sollte.

Sozialrevolutionäre Aristokraten: Die Gracchen

„Jedes wilde Tier, das hier in Italien lebt, hat seine Höhle, seinen Schlafplatz, seinen Schlupfwinkel. Aber die Männer, die für dieses Italien kämpfen und sterben, haben auf nichts anderes Anrecht, als auf Luft und Licht. Heimatlos, ohne ein Dach über dem Kopf irren sie mit ihren Frauen und Kindern durch das Land. Die Feldherren lügen, wenn sie die Soldaten in der Schlacht auffordern, ihre Familiengräber und Altäre gegen den Feind zu verteidigen. Denn von allen diesen römischen Männern besitzt keiner mehr den Hausaltar und die Grabstätte seiner Vorfahren. Für Luxus und Reichtum anderer setzen sie im

Krieg ihr Leben ein. Herren der Welt werden sie genannt; in Wirklichkeit aber gehört ihnen keine einzige Scholle.“

Mit feuriger Beredsamkeit beschrieb der römische Sozialreformer Tiberius Sempronius Gracchus (162-133 v. Chr.) den Niedergang des italischen Bauerntums. Das allgemeine Recht, unbebautes Staatsland (ager publicus) gegen eine niedrige Pacht in Besitz zu nehmen, hatte die Entstehung von Latifundien ermöglicht: Nun bewirtschafteten schwerreiche römische Adlige die brachliegenden Ländereien mit Hunderttausenden von Sklaven, die als Kriegsbeute nach Italien verschleppt worden waren. Mit diesen Riesengütern konnten die kleinen Bauern nicht mehr konkurrieren; sie verließen ihre Äcker und strömten als Proletariat nach Rom. Aber nicht nur menschliches Mitgefühl für die Verarmten veranlasste den hochadligen Jüngling zu politischem Handeln (über seine Mutter Cornelia war er ein Enkel des älteren Scipio Africanus). Vielmehr war ihm und seinen Freunden bewusst, dass die Existenz des italischen Bauernstandes bedroht war - auf dem zugleich die Armee beruhte und damit die Machtstellung Roms.

Um seine Reformideen zu verwirklichen, ließ sich Tib. Gracchus für das Jahr 133 v. Chr. zum Volkstribun wählen. Unter Umgehung des Senates, dessen Mitglieder von dem bestehenden Zustand am meisten profitierten, beantragte er in der Volksversammlung, die ursprüngliche gesetzliche Beschränkung bei der Bewirtschaftung des ager publicus auf 500 Iugera (1 Iugerum = 2523 qm) zu erneuern; auf dem dadurch freiwerdenden Land sollten kleine Bauernstellen geschaffen werden. Überraschend legte jedoch ein anderer Volkstribun (im Auftrag der Reformgegner) sein Veto ein und verhinderte damit die Abstimmung. Daraufhin ließ ihn der Gracche von der Volksversammlung absetzen - ein unerhörter Bruch mit der republikanischen Staatsordnung war vollzogen! Nun stand dem Projekt nichts mehr im Wege - die Ziele des Reformers schienen erreicht.

Der Tradition widersprach jedoch seine Absicht, sich für das nächste Jahr erneut um das Amt eines Volkstribuns zu bewerben. Während die Wahlversammlung unter Tumulten abgehalten wurde, schlugen seine Feinde zu: Sie stürmten in die Versammlung der Plebs und warfen sich auf die verhassten Gegner; unter den 200 Toten des Überfalls war auch Tib. Gracchus. Seine Gesetze hatten weiterhin Bestand, doch der Reformelan war vorerst gebrochen.

Erst zehn Jahre später wagte der Bruder des Getöteten, Gaius Gracchus (153-121 v. Chr.), dessen Ideen wieder zu beleben. Als Volkstribun (123 v. Chr.) betrieb er ein noch weitergehendes politisches Programm. Der Senat reagierte jedoch nicht mehr mit Gewalt auf diese Pläne - er bekämpfte sie vielmehr mit noch radikaleren Reformvorschlägen, die unter den Anhängern des Gracchen zur Spaltung führten. Als dieser eine Ausweitung des römischen Bürgerrechtes auf die italischen Bundesgenossen befürwortete, regte sich der Egoismus der römischen Proletarier, die nichts besaßen als eben dieses Bürgerrecht - und es daher nicht teilen wollten. Bei der Wahl für das kommende Jahr fiel der jüngere Gracchus durch.

Neuer Streit entzündete sich um den Plan einer Bürgerkolonie über den Ruinen des zerstörten Karthago. Dabei auftretende Wirren nutzte der Senat zur Ausrufung des Staatsnotstandes. Die Reformer verschanzten sich auf dem Aventin, dem heiligen Berg der Plebejer. Als dieser gestürmt wurde, floh C. Gracchus und ließ sich von einem Sklaven töten, um der Gefangennahme zu entgehen; 3.000 seiner Anhänger fielen Standgerichten zum Opfer (121 v. Chr.).

Mit den ersten gewaltsam ausgetragenen inneren Konflikten der römischen Republik begann das „Jahrhundert der Bürgerkriege", dem erst Augustus ein Ende setzen sollte. Zugleich bedeutete das Scheitern der Agrarreformen den Untergang des italischen Bauernstandes; und die Republik, die darin ihre stärkste Stütze besessen hatte, folgte ihm in den Abgrund.

Der Retter Roms: Marius

Nur wenige Jahre nach dem Scheitern der Gracchen enthüllte ein unbedeutender Kolonialkrieg in Nordafrika schonungslos die Krise des zutiefst korrupten Systems. Jugurtha, ein Adoptivsohn des numidischen Königs, hatte im Vertrauen auf seine guten Verbindungen zum römischen Adel die mitregierenden Halbbrüder skrupellos beseitigt. Zwar erklärte ihm der Senat den Krieg; durch die Unfähigkeit und Bestechlichkeit der römischen Feldherren zogen sich die Kampfhandlungen jedoch erfolglos hin, bis sie ein Homo novus, ein Emporkömmling, entschlossen beendete - C. Marius (158?-86 v. Chr.), einer der fähigsten Heerführer der römischen Geschichte.

Danach erwartete ihn eine weitaus schwerere Aufgabe. Die Germanenstämme der Kimbern und Teutonen, durch Sturmfluten aus ihrer Heimat im heutigen Norddeutschland vertrieben, waren auf ihren ziellosen Wanderungen durch Mittel- und Westeuropa mehrfach auf römische Truppen gestoßen.

Schwere Niederlagen hatten die Gefährlichkeit des zuvor nahezu unbekannten Gegners erwiesen; bei Arausio (j. Orange) waren 80.000 Römer gefallen - es war die schwerste Niederlage seit Cannae (105 v. Chr.). Gegen jede Tradition viermal nacheinander zum Konsul gewählt, erwies sich Marius auch dieser Aufgabe gewachsen: 102 v. Chr. vernichtete er die Teutonen bei Aquae Sextiae (j. Aix- en-Provence), im folgenden Jahr die Kimbern bei Vercellae. Der Sieger wurde als „3. Gründer Roms“ (nach Romulus und Camillus) gepriesen; er stand auf dem Gipfel seines Ruhmes.

Maßgeblich dazu beigetragen hatte die Heeresreform, mit der Marius die Grundlage der Rekrutierung entscheidend verändert hatte: Erstmals waren jetzt auch Besitzlose zum Militärdienst zugelassen - eine Konsequenz aus dem Niedergang des Bauernstandes, der bisher das Milizheer gestellt hatte. Dieses wurde nun durch eine Berufsarmee ersetzt, die dem Staat dauerhaft zur Verfügung stand. Eine größere Professionalisierung war die Folge, aber auch ein Wandel der Loyalität: Die Soldaten waren nun weniger dem Staatswesen, sondern vor allem ihrem Feldherrn in Treue verbunden; denn sein Erfolg - im auswärtigen Krieg wie in innerrömischen Konflikten - entschied über ihre spätere Versorgung durch Landzuteilungen. Damit war der Missbrauch der Armee für die persönlichen Machtinteressen ehrgeiziger Politiker und Militärs möglich geworden.

Die folgenden Jahre waren durch blutige innerstädtische Wirren geprägt. Zwei Parteiungen standen sich gegenüber - die Optimaten (Senatspartei) und die Popularen (Volkspartei); Marius neigte - bereits aufgrund seiner Herkunft - der popularen Seite zu. Aber ein so glänzender Heerführer er auch war - in der Innenpolitik blieb er konzeptionslos und vermochte sein hohes Ansehen nicht für wirksame Reformen zu nutzen. Zudem erwuchs ihm in L. Cornelius Sulla ein ebenbürtiger Rivale. Nach dem Bundesgenossenkrieg kam es zur Entscheidung zwischen den beiden mächtigsten Männern Roms (s. Sulla, S. 38 f.).

Sulla war mit dem Oberbefehl gegen Mithridates VI. von Pontos betraut worden. Durch einen Volksbeschluss ließ Marius jedoch das Kommando auf sich selbst übertragen. Der abgesetzte Gegner zögerte nicht: Er begab sich zu seinen Legionen und führte sie gegen den Rivalen. Erstmals zog ein römisches Heer gegen die eigene Stadt - das „Jahrhundert der Bürgerkriege“ erlebte eine neue Dimension (88 v. Chr.).

Als Staatsfeind geächtet, rettete sich Marius in abenteuerlicher Flucht; Sulla wandte sich dem Krieg im Osten zu. Dies ermöglichte dem Kimbernsieger eine triumphale Rückkehr nach Rom. Nochmals zum Konsul gewählt, starb er bereits wenige Tage nach seinem Amtsantritt.

Marsch auf Rom: Sulla

Als einen Mann, den man weder hinreichend loben noch tadeln könne - so schildert ein Schriftsteller der frühen Kaiserzeit den zwiespältigen Eindruck, den der konservative Dictator L. Cornelius Sulla (138-78 v. Chr.) bei Zeitgenossen und Nachwelt hinterließ (Val. Max. 9,2,1). Der führende Politiker der optimatischen Senatspartei stand ein Leben lang im Gegensatz zu C. Marius, der Symbolgestalt der Popularen; die Rivalität zwischen den beiden größten Feldherren ihrer Zeit hat diese Epoche entscheidend geprägt.

Aus verarmtem Adel entsprossen gehörte Sulla zur römischen „Jeunesse dorée", bevor ihm reiche Erbschaften die Bewerbung um politische Ämter ermöglichten. Erste kriegerische Lorbeeren erntete er in Nordafrika und gegen die germanischen Kimbern unter dem Kommando des Marius; großen Anteil an dessen Erfolgen schrieb er allerdings sich selbst zu. Dagegen führte er im Bundesgenossenkrieg (91-89 v. Chr.) erfolgreich selbst den Oberbefehl; erbittert über die Verweigerung des römischen Bürgerrechtes, waren die italischen Verbündeten von Rom abgefallen und hatten einen eigenen Bundesstaat mit der neuen Hauptstadt „Italia" gegründet. Auch wenn ihr Aufstand niedergeworfen wurde, erreichten die Bundesgenossen ihr ursprüngliches Ziel, denn das Bürgerrecht wurde auf ganz Italien ausgedehnt.

Als Konsul für das Jahr 88 v. Chr. sollte Sulla den Oberbefehl gegen Mithridates VI. von Pontos übernehmen; da übertrug ein Volksbeschluss seinem Rivalen Marius das Kommando. Sulla zögerte nicht: Er führte das Heer gegen seine Feinde - und damit gegen Rom selbst! Der Angriff auf die Stadt bedeutete einen unerhörten Bruch mit der Tradition - ein weiteres Tabu in den innerrömischen Machtkämpfen war gefallen. Nach der Vertreibung seiner Gegner sowie provisorischen Maßnahmen zur Sicherung der Senatsherrschaft wandte sich Sulla dem Krieg im Osten zu.

Dort hatte Mithridates das ererbte Königreich am Schwarzen Meer systematisch erweitert, bis seine Expansion auf die römische Einflusssphäre stieß. Durch den politischen Druck Roms zum Äußersten getrieben, entschloss sich der Herrscher zum Krieg. Kleinasien und Griechenland empfingen ihn als Befreier von der verhassten römischen Herrschaft. Im Taumel des Sieges erließ er den berüchtigten Blutbefehl von Ephesos: Alle Italiker in Kleinasien sollten an einem Tag getötet werden. 80.000 Menschen fielen dem Hass der so lange unterdrückten und ausgeplünderten Provinzialen zum Opfer (88 v. Chr.).

Zunächst wandte sich Sulla gegen die Truppen des Königs in Griechenland; nach langer Belagerung wurde Athen zurückerobert, feindliche Heere bei Chaironeia und Orchomenos geschlagen (86 v. Chr.). Im kleinasiatischen Dardanos kam es im folgenden Jahr zum Friedensschluss, der dem pontischen König zwar eine Kriegsentschädigung auferlegte, aber keine Gebietsverluste. Dass die „Vesper von Ephesos“ ungesühnt blieb, verdankte Mithridates lediglich dem Wunsch des römischen Feldherrn, rasch nach Italien zurückzukehren, wo die innenpolitischen Gegner längst wieder die Macht ergriffen hatten.

Sullas Landung in Brundisium (j. Brindisi) eröffnete erneut den Bürgerkrieg, sein Sieg am Collinischen Tor vor Rom entschied das Ringen (82 v. Chr.). Es folgte die gnadenlose Rache der Sieger: Die Anhänger des Marius - oft aber auch private Feinde oder Gläubiger - wurden für vogelfrei erklärt, ihr Vermögen dem Staat zugeteilt - d. h. den beutegierigen Günstlingen Sullas. Insgesamt fielen 4.700 Bürger den Proskriptionen zum Opfer. Auch Städte, die dem Gegner treu geblieben waren, wurden mit harten Strafen belegt; die Vertreibung ihrer Bürger schuf zugleich Bauernstellen für die Veteranen der siegreichen Legionen.

Aber Sulla erstrebte mehr als kleinliche Rache; eine Neuordnung des Staates sollte die Macht des Senates auf Dauer gewährleisten. Als „Dictator legibus scribundis et rei publicae constituendae“ (Dictator zur Gesetzgebung und Ordnung des Staates) in formaler Anlehnung an die traditionelle (zeitlich begrenzte) Berufung eines Dictators in Zeiten der Krise, tatsächlich aber mit bisher unerhörter Machtfülle, führte er sein Programm durch: Die Zahl der Senatoren wurde durch die eigenen Anhänger verdoppelt, die Gerichtsbarkeit dem Senat übertragen, die Befugnisse von Volkstribunen und Zensoren eingeschränkt. Danach legte Sulla alle Vollmachten nieder (Caesar erklärte ihn deshalb später zum politischen Analphabeten) und zog sich auf eines seiner Landgüter zurück (79 v. Chr.); dort widmete er sich der Abfassung von Memoiren. Im folgenden Jahr starb er; seine Gesetze überlebten ihn nur um wenige Jahre. Längst war die Adelsrepublik nicht mehr zu retten; ein grundlegender Wandel war unvermeidlich geworden.

Sieg über Asien: Pompeius

Italien erwartete den Bürgerkrieg. Mit seinen siegreichen Legionen zog Sulla heran, um gegen die Anhänger des verstorbenen Marius die Macht zu erkämpfen. In dieser kritischen Situation nutzte ein 22-jähriger Privatmann die Gunst der Stunde: Cn. Pompeius (106-48 v. Chr.) stellte auf eigene Faust eine Armee von drei Legionen auf, führte sie Sulla zu und gewann so seine Dankbarkeit (83 v. Chr.). Nachdem er für die Senatspartei Sizilien und Africa erobert hatte, wurde er von Sulla als „der Große“ begrüßt - in deutlicher Anspielung auf Alexander, dem Pompeius zeitlebens nacheiferte. Energisch trat er auch gegen den allmächtigen Dictator auf, der ihm seinen ersten Triumph verweigern wollte: Kühl verwies der junge Feldherr darauf, dass das Volk der aufgehenden, nicht der untergehenden Sonne folge.

Nach Sullas Tod (78 v. Chr.) führte er den Bürgerkrieg weiter. In Spanien hatten sich die verbliebenen Anhänger des Marius unter dem hochbefähigten Heerführer Q. Sertorius mit iberischen Stämmen verbündet; erst nach der Ermordung seines Gegners durch Feinde im eigenen Lager konnte Pompeius die Provinz zurückgewinnen (72 v. Chr.). Bei der Landung in Italien vernichtete sein Heer die Reste der bereits geschlagenen Armee des Spartacus; nun konnte er sich rühmen, auch diesen Krieg beigelegt zu haben.

Als Konsul des folgenden Jahres - zusammen mit M. Licinius Crassus - beseitigte Pompeius faktisch die von Sulla geschaffene Staatsordnung, die dem Senat auf Dauer eine überragende Machtstellung garantieren sollte (70 v. Chr.). Auf den damals zweifellos fähigsten Feldherrn Roms wartete nun eine gewaltige Aufgabe: Seit Jahrzehnten beherrschten Seeräuber das Mittelmeer; jeder Versuch, diese Plage zu beseitigen, war gescheitert. Als Oberbefehlshaber gegen die Piraten erlangte Pompeius eine bis dahin unerhörte Machtfülle: 500 Schiffe und 125.000 Mann wurden ihm für drei Jahre unterstellt. Aber er rechtfertigte das in ihn gesetzte Vertrauen; in 40 Tagen säuberte er das westliche Mittelmeer, den östlichen Teil in sieben Wochen. Dabei zeigte er sich - wie bereits in Spanien - milde gegen die Besiegten, er tötete oder versklavte sie nicht, sondern siedelte sie ins Binnenland um (67 v. Chr.).

Aufgrund dieses grandiosen Erfolges wurde ihm das Kommando gegen Mithridates VI. (s. Sulla, S. 38 f.) und seinen Schwiegersohn Tigranes von Armenien übertragen. Der siegreiche Feldzug gegen den alten Feind der Römer, der schließlich den Freitod wählte, führte Pompeius bis in den Kaukasus und nach

Jerusalem, wo er in jüdische Thronwirren eingriff. Es folgte die Neuordnung des Orients: Große Teile Kleinasiens sowie Syrien wurden römische Provinzen; als Schutzwall gegen die östlichen Nachbarn schuf der Sieger einen Kordon von Satellitenstaaten (63 v. Chr.).

Erneut kehrte er im Triumph zurück; nun war er der mächtigste Mann Roms. Aber er scheute vor einer direkten Machtergreifung zurück und entließ bei der Landung in Italien sein Heer. Denn so bedeutend Pompeius auch als Feldherr und Organisator war, ihm fehlten die Entschlossenheit und die klare politische Zielsetzung eines Caesar - und damit die Fähigkeit, die Krise der römischen Republik endgültig zu lösen. Schon bald zeigten sich die Folgen: Der Senat zögerte, seine Maßnahmen im Orient zu bestätigen und den Veteranen Land zur Ansiedlung zuzuteilen. Verärgert schloss sich Pompeius seinen bisherigen innenpolitischen Gegnern an; das 1. Triumvirat zwischen ihm, Crassus und Caesar verband die drei mächtigsten Männer Roms gegen den Senat (60 v. Chr.); im nächsten Jahr setzte Caesar als Konsul die Ziele des Pompeius durch.

In den folgenden Jahren begann jedoch dessen Stern zu sinken; Caesars Siege in Gallien verdrängten die Erinnerung an seine einstigen Triumphe. Die von ihm durchgeführte Organisation der römischen Getreideversorgung war zwar eine hervorragende Leistung - aber was bedeutete das gegen die Taten des Rivalen, die Rom in Germanien und Britannien neue Welten erschlossen!

Immerhin erinnerte die Einweihung des ersten steinernen Theaters der Stadt - gestiftet aus der Beute der früheren Siege - an seinen alten Feldherrenruhm. An das Pompeius-Theater schlossen sich zwei Säulenhallen und ein neues Senatsgebäude an, die Curia des Pompeius (dort sollte später Caesar den Tod finden, hingestreckt an der Statue des einstigen Rivalen). Wenig blieb von dem eindrucksvollen Gebäudekomplex erhalten, der die Baupolitik der römischen Kaiserzeit vorwegnahm; aber wer heute durch die Via di Grotta Pinta und die Via del Biscione spaziert, kann noch die Krümmung der Mauern als letztes Relikt des Theaters erkennen.

Auch wenn das Triumvirat nochmals erneuert wurde (56 v. Chr.), wuchs die Entfremdung zwischen den beiden mächtigsten Männern Roms (Crassus war 53 v. Chr. gegen die Parther gefallen); immer enger schloss sich Pompeius der Senatspartei an - Caesars Todfeinden. Nach dem Scheitern von mehreren Vermittlungsversuchen eröffnete dessen Einmarsch in Italien den Bürgerkrieg (49 v. Chr.); Pompeius zog sich nach Griechenland zurück, wo seine Hauptmacht stand. Der Gegner folgte ihm, nachdem er die feindlichen Truppen in Spanien ausgeschaltet hatte.

Als Caesar bei Dyrrhachium (j. Durazzo) eine Schlappe erlitt, kannte der Optimismus der Senatspartei keine Grenzen mehr. Gegen die eigene Überzeugung wurde Pompeius bei Pharsalos zur Schlacht genötigt, die mit einer vernichtenden Niederlage endete (48 v. Chr.). In der Hoffnung, im Osten neue Ressourcen zu gewinnen, floh der Besiegte nach Ägypten. Um die Gunst des Siegers zu erlangen, befahlen die Ratgeber des unmündigen Königs Ptolemaios XIII. seine Ermordung. Bei der Ankunft in Alexandria überbrachte man Caesar das Haupt des Pompeius - und er weinte um den Mann, der einst sein Freund gewesen war.

Der Meister der Sprache: Cicero

Bis in unsere Zeit gilt er als einer der Väter des Abendlandes - M. Tullius Cicero (106-43 v. Chr.), der bedeutendste Redner der römischen Geschichte. Denn er zählte nicht nur zu den führenden Politikern der ausgehenden Republik, sondern vermittelte auch dem lateinischen Westen die Philosophie und das Staatsdenken der Griechen.

Als „Homo novus“ aus Arpinum nach Rom gekommen, erwarb sich Cicero bereits in jungen Jahren einen glänzenden Ruf als Anwalt: Er wagte einem der habgierigen Günstlinge des allmächtigen Dictators Sulla entgegenzutreten; der Sieg im Prozess gegen Sex. Roscius aus Ameria machte ihn schlagartig bekannt (81 v. Chr.).

Dies ermöglichte ihm eine politische Laufbahn; in seinem ersten Amt als Quaestor wurde er dem Statthalter Siziliens, C. Verres, beigegeben (75 v. Chr.). Dessen selbst für die damaligen Verhältnisse schamlose Ausplünderung der Provinzialen brachte Cicero im Auftrag der Geschädigten in Rom vor Gericht; seine Reden zwangen den Angeklagten, vor der unausweichlichen Verurteilung ins Exil zu gehen. Eine planmäßige Karriere - er erreichte alle Staatsämter „suo anno“, d. h. im gesetzlichen Mindestalter, - führte Cicero schließlich zum Konsulat (63 v. Chr.).

In diesem Jahr unternahm L. Sergius Catilina, ein ehrgeiziger Senator, der mehrfach bei der Bewerbung um den Konsulat gescheitert war, mit einigen adligen Mitverschwörern einen dilettantischen Putschversuch. Ein Aufstand seiner Anhänger in der Hauptstadt, unterstützt von einer heimlich aufgestellten

Truppe von etwa 10.000 Mann, sollte ihm die Machtergreifung ermöglichen. Das schlecht vorbereitete Unternehmen wurde jedoch von Cicero aufgedeckt; durch eine flammende Rede - „Wie lange noch, Catilina, wirst du unsere Geduld missbrauchen?“ - zwang er den entlarvten Hochverräter, Rom zu verlassen. Dessen engste Vertraute erlitten auf Senatsbeschluss den Tod durch Henkershand; Catilina fiel im folgenden Jahr bei Pistoria (j. Pistoia).

Nun stand Cicero auf dem Höhepunkt des Ruhmes; man feierte ihn als Retter des Staates und „Vater des Vaterlandes“. Zeitlebens hat er immer wieder in oft kaum erträglichem Eigenlob die Aufdeckung der Verschwörung gepriesen. Zugleich verleitete ihn dieser Erfolg zur Selbstüberschätzung, denn tatsächlich beherrschte nicht er die römische Politik, sondern Caesar und Pompeius, denen militärische Machtmittel zu Gebote standen.

Schon fünf Jahre nach seinem Konsulat holte ihn die Vergangenheit ein; ein Gefolgsmann Caesars brachte ein Gesetz ein, das - rückwirkend - jeden ächtete, der einen römischen Bürger ohne Volksbeschluss getötet hatte. Sein Antrag richtete sich (aufgrund der Hinrichtung der Catilinarier) gegen Cicero, der angesichts dieser Bedrohung in die Verbannung ging; der Pöbel plünderte und zerstörte sein Haus (58 v. Chr.). Das Exil dauerte freilich nicht lange; bereits im folgenden Jahr wurde er zurückberufen und in Rom mit Jubel empfangen.

Nachdem er vergeblich versucht hatte, zwischen Caesar und Pompeius einen Ausgleich herbeizuführen, schloss er sich bei Ausbruch des Bürgerkrieges halbherzig der Senatspartei an. Der siegreiche Caesar begnadigte ihn in ehrenvollster Form (47 v. Chr.). Dennoch stand Cicero der königsähnlichen Stellung des Dictators ablehnend gegenüber. Er zählte nicht zu den Verschwörern um Brutus und Cassius, aber er war einer der geistigen Väter der Iden des März; folgerichtig rief Brutus nach der Ermordung Caesars den Namen Ciceros aus (44 v. Chr.).

Der Tod des Dictators bedeutete jedoch nicht die Wiederherstellung der Republik. Denn M. Antonius war als Erbe des Ermordeten fest entschlossen, dessen Machtstellung zu behaupten. In 14 „Philippischen Reden“ - in Anlehnung an die Reden des Demosthenes gegen den Vater Alexanders d. Gr. so bezeichnet - griff ihn Cicero als Feind des Gemeinwesens an. Zugleich versuchte er, den jungen Octavianus (Augustus) gegen Antonius auszuspielen. Die Versöhnung der beiden Erben Caesars bedeutete seinen Tod; er wurde geächtet und auf der Flucht von den Häschern ereilt. Haupt und Hand des großen Rhetors wurden auf der Rostra, der Rednerbühne auf dem Forum Romanum, zur Schau gestellt (43 v. Chr.).

Weitaus bedeutender als im politischen Handeln war Cicero als Schriftsteller. Zahlreiche seiner Reden wurden für Jahrhunderte zu Schulbeispielen. Mochten zu Lebzeiten andere auf diesem Gebiet mit ihm rivalisiert haben - der Nachwelt erschienen seine einzigartig ausgefeilten Reden als unvergleichlich. Wichtige Werke hinterließ er auch zur Theorie der Rhetorik („De oratore“, „Brutus“, „Orator“ u. a.). Höchst wertvoll als zeitgeschichtliches Dokument ist seine umfangreiche Korrespondenz; auch seine Gedichte wurden in der Antike sehr geschätzt.

Von einzigartiger Bedeutung für die Geistesgeschichte des Abendlandes war die Mittlerrolle Ciceros bei der Aufnahme griechischen Gedankengutes in Rom. Zwar hat er vor allem Ideen der führenden philosophischen Schulen eklektisch verarbeitet und nur wenige eigene Gedanken entwickelt; aber seine bahnbrechende Arbeit bei der Begründung eines philosophischen Vokabulars der lateinischen Sprache ist unschätzbar. Sein umfangreiches Oeuvre umfasst ethische Schriften („Gespräche in Tusculum“, „Vom höchsten Gut und vom größten Übel“, „Vom Wesen der Götter“, „Vom Schicksal“) ebenso wie staatsphilosophische Abhandlungen („Vom Staat“, „Von den Gesetzen“, „Vom pflichtgemäßen Handeln“). Die Schriften Ciceros wirkten durch Jahrhunderte fort - Ambrosius und Augustinus, Hieronymus und Boethius sind von ihnen beeinflusst, Friedrich d. Gr. und Kant schätzten sie sehr. Das treffendste Urteil über den größten Redner lateinischer Zunge aber stammt von Augustus - jenem Mann, der ihn einst seinem Todfeind M. Antonius und damit den Mördern ausgeliefert hatte: „Er war ein Meister der Sprache und ein wahrer Freund seines Vaterlandes.“

Ein weltfremder Idealist: Cato d. J.

Unaufhaltsam trieb die römische Republik ihrem Untergang entgegen. Erbitterte Machtkämpfe und blutige Unruhen, Bestechung und Wahlbetrug prägten den politischen Alltag im „Jahrhundert der Bürgerkriege“. Nur ein Mann wagte es, in der Agonie des Staates diesen Missständen mutig entgegenzutreten - M. Porcius Cato Uticensis (95-46 v. Chr.), der Urenkel des älteren Cato.

Die Lehren der stoischen Philosophie und der „mos maiorum“, die alten Römertugenden, prägten das Leben dieses Mannes, der seinen Zeitgenossen als Vorbild an Lauterkeit und Sittenstrenge erschien. Aber so sehr man ihn auch bewunderte – beliebt war er nicht, und so verlief seine politische Laufbahn stockend, obgleich er sich in allen Wahlämtern durchaus bewährte; den Konsulat erreichte er nie.

Unerbittlich verteidigte Cato die althergebrachte Staatsordnung der Adelsrepublik; in der Senatssitzung über das Schicksal der in Rom ergriffenen Mitverschwörer Catilinas (s. Cicero, S. 42 ff.) beantragte er in einem großartigen Plädoyer (der ersten stenografisch festgehaltenen Rede der Geschichte) mit Erfolg die Todesstrafe gegen die Staatsfeinde (62 v. Chr.); ebenso entschlossen trat er Pompeius und Caesar entgegen, deren Ehrgeiz und Machtfülle die Republik zu zerstören drohten. Auch das viel zitierte „Right or wrong, my country" widersprach seinem Denken; daher beantragte er, Caesar nach seinem Sieg über die germanischen Usipeter und Tencterer den Feinden zur Sühne auszuliefern, da er den Erfolg einem Treubruch verdankte (55 v. Chr.).

Angesichts der wachsenden Macht Caesars und der fortwährenden Krawalle in Rom näherte sich Cato Pompeius an, den er für das kleinere Übel hielt; auch im Bürgerkrieg kämpfte er auf seiner Seite. Nach der Niederlage bei Pharsalos (48 v. Chr.) segelte er mit seinen Truppen in die Cyrenaica, um den Krieg von Afrika aus weiterzuführen. Ein 27-tägiger Wüstenmarsch, bei dem Cato den Soldaten stets zu Fuß voranmarschierte, vereinigte sein Heer mit anderen Einheiten der Caesargegner im heutigen Tunesien. Ihre katastrophale Niederlage bei Thapsus beendete jedoch den Krieg in Afrika. Wohl wissend, dass Caesar ihn begnadigen würde, wählte Cato in Utica (daher sein Beiname) den Freitod – denn der Sieger handelte in seinen Augen gerade darin ungerecht, dass er „als Herr und Gebieter denen das Leben schenkt, über die zu gebieten er kein Recht hat" (46 v. Chr.).

Zweifellos war Catos Handeln von philosophischer Weltferne geprägt, wie bereits Cicero kritisierte; auch fehlte ihm eine politische Vision, um die Krise der Republik zu bewältigen, ebenso die Erkenntnis ihrer strukturellen Ursachen. Aber seine persönliche Lauterkeit, sein Mut und die Bereitschaft, für die eigene Überzeugung in den Tod zu gehen, erfüllten Zeitgenossen und Nachwelt mit Bewunderung: Sallust stellte ihn in einem großartigen Porträt Caesar gegenüber; Cicero und Brutus widmeten ihm Lobschriften, denen Caesar mit dem bissigen „Anticato" antwortete – wohl ahnend, dass der tote Gegner als „Märtyrer der Senatsopposition" gefährlicher war als zu Lebzeiten.

Und tatsächlich blieb Cato noch in der römischen Kaiserzeit die Lichtgestalt aller, die der vergangenen Republik nachtrauerten; das berühmteste literarische Denkmal, das ihn den Göttern gleichstellte, setzte ihm Senecas Neffe Lucan in seinem Epos über den Bürgerkrieg, in dem beide Seiten gewichtige Fürsprache genossen hätten – „Victrix causa deis placuit, sed victa Catoni" (Phars. 1, 128; Die siegreiche Sache gefiel den Göttern, die besiegte aber dem Cato).

Einzigartiges Genie: Caesar

Als Staatsmann und Feldherr, aber auch als Schriftsteller zählt er zu den Großen der Geschichte – C. Iulius Caesar (100–44 v. Chr.), der wohl bedeutendste aller Römer; die Zeitgenossen zog seine faszinierende Persönlichkeit ebenso in ihren Bann wie die Nachwelt bis zum heutigen Tag. Noch 2000 Jahre später trugen die höchsten Würdenträger der Erde – Kaiser und Zaren – seinen Namen als Titel und huldigten ihm so als der Herrschergestalt schlechthin.

Er entstammte einem der vornehmsten Adelsgeschlechter der Stadt; die Julier leiteten ihre Herkunft von Romulus und Aeneas ab – und damit von der Göttin Venus selbst. Tatsächlich spielten sie jedoch lediglich eine unbedeutende Rolle in der römischen Politik; lange schon hatte kein Mitglied der Familie mehr den Konsulat erlangt. In den Wirren der späten Republik neigten sie aufgrund der Verschwägerung mit dem Kimbernsieger Marius den Popularen zu, die ihre Ziele über die Volksversammlung durchzusetzen suchten. Der Sieg Sullas und der Senatspartei im ersten römischen Bürgerkrieg brachte daher den jungen – und noch völlig unbedeutenden – Caesar in tödliche Gefahr; die Weigerung, seine Ehefrau – Tochter eines bekannten Popularen – zu verstoßen, führte zu seiner Ächtung; nur mit Mühe entging er dem Tod, bevor einflussreiche Verwandte eine Begnadigung erwirkten (82 v. Chr.).

Nach Sullas Ableben wirkte er in Rom als Anwalt und ging dabei vor allem gegen Anhänger des verstorbenen Dictators vor; eine glänzende Beredsamkeit machte ihn rasch populär. Sein Ansehen beim Volk wuchs zudem durch die großartigen Spiele, die er als Aedil veranstaltete; 320 Gladiatoren traten dabei in silbernen Rüstungen auf – ein noch nie dagewesenes Schauspiel für die stadtrömische Plebs (65 v. Chr.). Noch beliebter machte ihn die Wiedererrichtung der Trophäen des noch immer im Volk verehrten Marius, die dessen siegreicher Gegner Sulla gestürzt hatte. Im Vertrauen auf seine Popularität wagte er, obgleich sehr jung für dieses Amt, die Bewerbung als Pontifex Maximus - und der Erfolg belohnte seine Kühnheit (63 v. Chr.).

Im selben Jahr wurde Rom durch die Verschwörung des Catilina (s. Cicero, S. 42 ff.) erschüttert. Obwohl selbst der Mitwisserschaft verdächtigt, versuchte Caesar das Leben der inhaftierten Verschwörer zu retten; die Senatsverhandlung gegen die Catilinarier wurde zum ersten großen Duell zwischen ihm und dem sittenstrengen Cato, der in einer leidenschaftlichen Rede die Hinrichtung der Schuldigen durchsetzte.

Erste militärische Lorbeeren erwarb Caesar nach der Amtszeit als Praetor in Spanien (61 v. Chr.); dass er nach der Statthalterschaft - die als vorbildlich gerühmt wurde - seine ungeheuren Schulden begleichen konnte, kennzeichnet die damalige Praxis der Ausplünderung der Provinzen durch die römischen Beamten - eine der verheerendsten Begleiterscheinungen in der tödlichen Krise der Republik.

Bereits früher hatte er die politischen Ambitionen des Cn. Pompeius im Senat unterstützt; freundschaftlich verbunden war er auch dessen Rivalen, M. Licinius Crassus, dem reichsten Mann Roms. Mit großem diplomatischen Geschick vermittelte Caesar ein Bündnis der beiden einstigen Gegner; Pompeius wurde dafür vor allem durch die ablehnende Haltung des Senats gewonnen, der weder die Maßnahmen des Feldherrn im Orient bestätigen noch seinen Veteranen Land zur Ansiedlung gewähren wollte. Im 1. Triumvirat vereinbarten die drei Politiker, ihre Interessen gemeinsam durchzusetzen (60 v. Chr.).

Als Konsul des folgenden Jahres sah sich Caesar mit der erbitterten Gegnerschaft des Senats konfrontiert, der alle seine Maßnahmen mit taktischer Obstruktion zu verhindern suchte. Die Durchsetzung der organisatorischen Maßnahmen des Pompeius im Osten und seines großzügigen Siedlungsprogramms, das außer den Veteranen vor allem kinderreiche Familien begünstigte, war daher nur durch formalen Rechtsbruch möglich. Seither war Caesar, sobald er kein Amt mehr innehatte, von einem Hochverratsprozess bedroht; diese Situation sollte später entscheidend zum Ausbruch des Bürgerkrieges beitragen.

Für die folgenden Jahre wurden ihm die Provinzen Gallia Cisalpina, Gallia Narbonensis und Illyricum (j. Oberitalien, Südfrankreich und Dalmatien) zugewiesen. Die Statthalterschaft nutzte er zum Aufbau einer dem Einfluss des Pompeius vergleichbaren Machtposition und eines nur ihm ergebenen Heeres, das dauerhaft seine Stellung sichern sollte. Geschickt griff Caesar in die Machtkämpfe zwischen den keltischen Stämmen des freien Gallien ein und erweiterte dadurch den römischen Machtbereich. Bereits im ersten Jahr unterwarf er die Helvetier, die von ihren Siedlungsgebieten in der heutigen Schweiz in das westliche Gallien ziehen wollten, und zwang sie zur Rückkehr. Der germanische Heerkönig Ariovist, der die innerkeltischen Streitigkeiten zum Aufbau einer eigenen Herrschaft im heutigen Elsass genutzt hatte, wurde vernichtend geschlagen - ein folgenschwerer Sieg der Römer, der in der lateinischen Prägung Frankreichs bis in unsere Zeit fortwirkt (58 v. Chr.). In den beiden nächsten Jahren wurden in harten Kämpfen die keltisch-germanischen Belger, danach die Bretagne und Aquitanien unterworfen.

Nach der Eroberung Galliens griff Caesar weiter aus; zweimal landete er in Britannien (55/54 v. Chr.), zweimal überschritt er den Rhein (55/53 v. Chr.); der Brückenschlag über den gewaltigen Strom in nur zehn Tagen bedeutete auch eine technische Meisterleistung. Aber so spektakulär dieses Ausgreifen in bisher den Römern völlig unbekannte Länder auch war, faktisch blieb es ohne Folgen, da sich Caesar in kluger Zurückhaltung mit der Unterwerfung Galliens begnügte; für Jahrhunderte blieb der Rhein die Grenze des Römischen Reiches. Groß war freilich die propagandistische Wirkung dieser Erfolge in Rom; der alte Ruhm des Pompeius begann neben dem aufsteigenden Stern Caesars zu verblassen.

Aber noch war dessen Werk ungefestigt; beim Aufstand des Ambiorix wurden eineinhalb Legionen vernichtet (54 v. Chr.). Zwei Jahre später erhob sich ganz Gallien unter Führung des Arverners Vercingetorix gegen die Fremdherrschaft; nur drei Stämme blieben dem antirömischen Bund fern. Bei Gergovia erlitt Caesar die erste Niederlage seiner Laufbahn; dann aber schloss er den gegnerischen Oberfeldherrn in der Festung Alesia ein. Ein gewaltiges keltisches Aufgebot rückte heran, um die Belagerten zu entsetzen; erst nach hartem Ringen erfochten die kampferprobten Legionen den Sieg. Vercingetorix kapitulierte und wurde sechs Jahre später beim Triumph Caesars hingerichtet; Gallien war zur römischen Provinz geworden. Die Eroberung des Landes war - nicht nur wegen seines ungeheuren Reichtums - von höchster Bedeutung für die weitere Entwicklung des Römischen Reiches. Bisher vor allem zum Mittelmeer orientiert, griff es nun auch in den Norden des Kontinents aus.

Während des Krieges hatte Caesar die innenpolitische Entwicklung nicht aus den Augen verloren; auf der Konferenz von Luca erneuerten die Triumvirn ihr Bündnis (56 v. Chr.). Allmählich löste es sich jedoch auf: Crassus fiel im Kampf gegen die Parther bei Carrhae (53 v. Chr.), Pompeius näherte sich dem Senat an, der ihn als Gegengewicht zu Caesar und zur Bekämpfung der Anarchie in der Hauptstadt umwarb.

Mit dem bevorstehenden Ende der Statthalterschaft in Gallien (und damit der Immunität als Staatsbeamter) drohte Caesar eine Anklage wegen der Rechtsbrüche in seiner Amtszeit als Konsul. Daher beantragte er die Erlaubnis, sich in Abwesenheit um den Konsulat zu bewerben (denn nach einer Wiederwahl war er erneut vor juristischer Verfolgung gesichert). Das Scheitern der monatelangen Verhandlungen über diese Frage bedeutete den Beginn des Bürgerkrieges gegen die Senatspartei. Mit dem Übergang seines Heeres über den Rubico - den Grenzfluss zwischen der Provinz Gallia Cisalpina und Italien - wurde Caesar zum Hochverräter und Staatsfeind. „Der Würfel sei emporgeworfen" - so soll er diese entscheidende Stunde charakterisiert haben: Denn jetzt gab es für ihn nur noch Sieg oder schmachvollen Untergang. Vor seiner überlegenen Macht räumte Pompeius Italien und rüstete in Griechenland zum Entscheidungskampf (49 v. Chr.).

Nach der Ausschaltung der gegnerischen Truppen in Spanien folgte ihm Caesar. Bei Dyrrhachium (j. Durazzo), der zweiten Niederlage in der Feldherrnlaufbahn des Juliers, zeigte sich nochmals das taktische Geschick des Pompeius, der an diesem Tag den Krieg hätte entscheiden können. Dann aber besiegelte Caesars glänzender Sieg bei Pharsalos gegen die weit überlegenen Feinde das Schicksal seines Rivalen, der in Ägypten den Tod von Mörderhand erlitt (48 v. Chr.).

Unverzüglich folgte ihm Caesar in das reiche Land am Nil, das von Thronstreitigkeiten zerrissen wurde. Die junge und reizvolle Königin Kleopatra gewann - heimlich in einem Teppich in das römische Hauptquartier gebracht - den siegreichen Feldherrn für sich; es war der Beginn einer der berühmtesten Liebesaffären der Geschichte. Allerdings waren noch schwere Kämpfe zu bestehen, denen auch die berühmte Bibliothek von Alexandria zum Opfer fiel, bis Caesar seiner Geliebten (und damit sich selbst) die Herrschaft über Ägypten gesichert hatte. Dem Sieg folgte eine Schiffsreise der Liebenden auf dem Nil durch das Wunderland der Pharaonen.

Die Gegner waren indessen nicht untätig gewesen; in Nordafrika wurde eine neue Armee aufgestellt, gleichzeitig fiel Pharnakes von Pontos, der Sohn Mithridates' VI. (s. Sulla, S. 38 f.), in das römische Kleinasien ein. So schnell warf Caesar diesen Feind nieder (47 v. Chr.), dass er über die Schlacht bei Zela die kürzeste Siegesmeldung der Weltgeschichte verfasste - „Veni, vidi, vici" (Ich kam, sah, siegte). Dann wandte er sich dem afrikanischen Kriegsschauplatz zu; der Sieg bei Thapsus zerstörte die letzten Hoffnungen der Senatspartei; ihr führender Politiker, der jüngere Cato, setzte folgerichtig seinem Leben ein Ende (46 v. Chr.). Auch das letzte Aufbegehren der Söhne des Pompeius scheiterte im folgenden Jahr in Spanien in der Schlacht bei Munda.

So überragend die Erfolge Caesars im Bürgerkrieg waren, so ungewöhnlich war auch die Behandlung, die den Besiegten zuteil wurde: Es gab keine Proskriptionen wie unter Sulla, keine kleinliche Rache; die „Clementia Caesaris" (Milde Caesars) schenkte den früheren Feinden das Leben und gab ihnen sogar neue Ämter und Würden; auch Cicero sowie Brutus und Cassius – seine späteren Mörder – zählten zu den Begnadigten.

Bereits während des Krieges hatte Caesar mit der Erneuerung des Staates begonnen; aufgrund der wenigen Monate, die ihm dafür noch verblieben, konnte freilich vieles nicht vollendet werden und manche Ziele sind heute nicht mehr erkennbar. Ein großes Kolonisationswerk sollte den Empfängern staatlicher Unterstützung in Rom und den Veteranen seiner Feldzüge eine neue Existenz schaffen; u. a. wurden die einst zerstörten Städte Karthago und Korinth als römische Siedlungen erneuert. Die Verwaltung der Provinzen und Gemeinden wurde reformiert, die Sklavenwirtschaft zugunsten freier Arbeiter eingeschränkt, die Gerichte neugeordnet, eine Rechtskodifikation war geplant. Durch die Jahrhunderte wirkte eine weitere Maßnahme Caesars: Der neu berechnete Julianische Kalender war bis zur Reform Gregors XIII. (1582) in Gebrauch, in Russland sogar bis zur Oktoberrevolution (1917). Zahlreiche Projekte wiesen weit in die Zukunft voraus: Der damals geplante Kanal von Korinth wurde erst 1893 vollendet, die Trockenlegung der Pontinischen Sümpfe im 20. Jh. durchgeführt.

Dem Beispiel seines Rivalen Pompeius folgte Caesar – bereits vor dem Bürgerkrieg – in der baulichen Verschönerung Roms; auf dem Forum Romanum wurde die Basilica Aemilia restauriert, in ihrer Nähe die neue Basilica Iulia errichtet. Vorbildhaft für den Ausbau der Hauptstadt in der Kaiserzeit wurde das Caesarforum, das (im Gegensatz zu dem in Jahrhunderten gewachsenen Konglomerat des Forum Romanum) symmetrisch angelegt war: Den Platz umgaben Portiken, hinter denen die Geschäftsbuden verdeckt blieben; der praktische Zweck der Anlage trat hinter der Verherrlichung Caesars zurück, dessen Reiterstandbild das Forum beherrschte. In Erfüllung seines Gelübdes vor der Schlacht bei Pharsalos erhob sich auf dem Platz der Tempel der Venus Genetrix, der göttlichen Stammmutter des Stifters.

Die staatsrechtliche Grundlage für dessen Macht war die Erhebung zum Dictator, zunächst für zehn Jahre, dann auf Lebenszeit (Dictator perpetuo). Unerhörte Ehrungen wurden ihm zuteil: Die Bezeichnung „Imperator“ für siegreiche Feldherren (bis heute die Wurzel des Kaisertitels in zahlreichen Sprachen) wurde ihm als Eigenname verliehen; er durfte stets das Triumphatorengewand und den Lorbeerkranz tragen; ein goldener Thron und die Begleitung von 72 Lictoren wurden ihm bewilligt, sein Standbild im Kapitolstempel aufgestellt, der Geburtsmonat in „Iulius“ umbenannt. Politisch noch bedeutsamer war das Vorrecht des Dictators, künftig die Wahlbeamten vorzuschlagen.

Angesichts seiner unbeschränkten Macht und der Ehrungen, die ihn zu nahezu göttergleicher Stellung erhoben, ist die – in der Forschung bis heute heftig diskutierte – Frage unerheblich, ob Caesar auch der Form nach die Monarchie erstrebte; das von M. Antonius bei der Feier der Lupercalien angebotene Diadem wies er jedenfalls zurück.

Doch längst hatte sich um M. Brutus und C. Cassius eine Gruppe von Verschwörern gebildet, die eine Wiederherstellung der Adelsrepublik erstrebten. An den Iden des März (15.3.44 v. Chr.) fiel Caesar – unmittelbar vor dem Aufbruch zu einem Krieg gegen die Parther – ihren Dolchen zum Opfer. Das Podium des Caesar-Tempels auf dem Forum Romanum – errichtet an der Stelle, wo sein Leichnam verbrannt worden war – erinnert bis heute an die aufwendige Totenfeier, deren ergreifende Szenen nochmals die große Beliebtheit des Ermordeten zeigten. Sein Tod bedeutete das erneute Aufflammen der Bürgerkriege, die aber jetzt nicht mehr im Geiste der Clementia Caesaris geführt wurden, sondern in unerbittlicher Grausamkeit.

Als Feldherr hatte Caesar das Imperium erweitert wie kein Römer vor ihm, als Staatsmann den Weg zur Monarchie – und damit aus der Krise der Republik – gewiesen. Da er „das vollbrachte, was ... an der Zeit war“, charakterisierte ihn Hegel als den „Geschäftsführer des Weltgeistes“.

Aber er war nicht nur die politisch und militärisch prägende Gestalt seiner Zeit, sondern auch einer der bedeutendsten Schriftsteller der lateinischen Literatur. Die „Commentarii“ über den Gallischen Krieg und den Bürgerkrieg rühmte bereits Cicero als „schmucklos, sachlich und anmutig zugleich“; auch die Nachwelt pries die Eleganz seines Stils. Historisch höchst bedeutend sind Caesars Schriften ohnehin – als einzige authentische ausführliche Tatenberichte einer der großen Gestalten der Antike, die uns erhalten blieben.

Einzigartig war die persönliche Ausstrahlung des Juliers – etwa auf das schöne Geschlecht. Aber auch die Soldaten vergötterten ihn; selbst eine bedrohliche Meuterei brach vor seiner dominierenden Erscheinung zusammen.

Alles Große vereine sich in der wunderbaren Gestalt Caesars, urteilte einst J. Burckhardt; er sei „in Betreff der Begabung der vielleicht größte Sterbliche. Alle die sonst groß heißen in der Geschichte, sind einseitig neben ihm".

Der Mörder Caesars: Brutus d. J.

„Auch Du, mein Sohn" - mit diesen (unhistorischen) Worten des sterbenden Caesar machte Shakespeare dessen Mörder M. Iunius Brutus unsterblich (85-42 v. Chr.). Familiäre Traditionen, nicht persönliche Motive oder politische Rivalität führten ihn zum Attentat auf den Dictator: Sein fiktiver Urahn, der ältere Brutus, der angeblich die etruskischen Könige vertrieben und die römische Republik begründet hatte, vor allem aber der republikanische Sinn seines Oheims, des jüngeren Cato, nach dessen Tod Brutus durch die Heirat mit seiner Tochter Porcia die geistige Verbindung erneuerte, veranlassten ihn zu dieser Tat.

Daher war für ihn im Bürgerkrieg die Parteinahme für den Senat und Pompeius selbstverständlich, obwohl er diesen als Mörder seines Vaters eigentlich hassen musste. Nach der Schlacht bei Pharsalos (48 v. Chr.) begnadigte ihn der siegreiche Caesar, den in seiner Jugend eine leidenschaftliche Affäre mit Brutus' Mutter Servilia verbunden hatte (die romantische Vorstellung, dieser sei Caesars Sohn gewesen, wird durch die Chronologie hinreichend widerlegt). Wichtige Ämter wurden ihm verliehen - die Statthalterschaft in der Gallia Cisalpina und die städtische Praetur; für das Jahr 41 v. Chr. war er zum Konsul bestimmt.

Trotz dieser Auszeichnungen schloss er sich der Verschwörung gegen Caesar an, dessen unbeschränkte Macht die Traditionen der Republik sprengte - auch wenn er das Königtum nicht dem Namen nach erstreben mochte. Neben seinem Schwager C. Cassius Longinus wurde Brutus zur führenden Persönlichkeit der Opposition gegen den Dictator. An den Iden des März (15.3.44 v. Chr.) fiel Caesar unter den Dolchen der Verschwörer.

Danach fehlte diesen jedoch ein Konzept zur Erneuerung der Republik; die Vorstellung, das Volk würde seinen Befreiern zujubeln, erwies sich als irrig. So blieb nur ein Kompromiss mit den Anhängern des Ermordeten, der alle seine Maßnahmen bestätigte, den Attentätern aber Straflosigkeit zusicherte. Bereits drei Tage später zwangen jedoch die bei Caesars Beisetzung aufflammenden Unruhen die Verschwörer, Rom zu verlassen.

Die Einigung zwischen den Erben des Dictators - M. Antonius und Octavian (Augustus) - kündigte die entscheidende militärische Auseinandersetzung mit dessen Mördern an. Cassius und Brutus vereinigten ihre Armeen im Osten des Reiches und marschierten den Feinden nach Philippi im nördlichen Griechenland entgegen. Eine erste Schlacht brachte keine Entscheidung; Brutus besiegte die Truppen Octavians, während Cassius der Armee M. Antons unterlag und sich in Unkenntnis der Gesamtlage selbst das Leben nahm, angesichts seiner größeren Erfahrung als Feldherr ein schwerer Verlust für die Caesarmörder. Drei Wochen später besiegelte die zweite Schlacht bei Philippi das Schicksal der Republik; Brutus wählte nach der Niederlage den Freitod (42 v. Chr.).

Tat und Persönlichkeit des Brutus haben unterschiedliche Bewertungen erfahren. Mag man ihm auch idealistische Motive zubilligen, so fehlte doch die politische Weitsicht, um die strukturelle Krise der römischen Republik zu erkennen und zu bewältigen. Wie die folgenden Jahre zeigten, war die Entwicklung zur Monarchie in Rom nicht mehr aufzuhalten. So bleibt der Anschlag auf Caesar die „abgeschmackteste Tat, die jemals begangen worden" (Goethe) und Dante hat die beiden Mörder - zusammen mit dem Verräter Judas - in die tiefste Hölle verbannt.

Zeitkritik: Sallust

Zu den bekanntesten Sehenswürdigkeiten der Ewigen Stadt zählt zweifellos die Piazza di Spagna. Majestätisch steigt über der „Barcaccia" die Spanische Treppe auf, bekrönt von der Kirche SS. Trinitá dei Monti sowie der schlanken Nadel eines Obelisken. Wem von den unzähligen Touristen (und Taschendieben!), die den Platz mit wogendem Leben erfüllen, mag bewusst sein, dass dieses Monument nicht etwa an einen der Mächtigen in der Geschichte Roms erinnert, sondern an einen der bedeutendsten Historiker der Antike - der Obelisk erhob sich ursprünglich in den Gärten des Sallust am Pincio.

Aus dem Sabinerland gebürtig war C. Sallustius Crispus (86-34 v. Chr.) in jungen Jahren ein ehrgeiziger „Homo novus", der als Gefolgsmann Caesars bis zur Praetur gelangte (46 v. Chr.) und danach die Provinz Africa Nova verwaltete. Der dort gewonnene Reichtum ermöglichte ihm die Anlage der Gärten auf dem Mons Pincius sowie einer Villa in Tibur (j. Tivoli), der beliebten Sommerfrische des römischen Adels. Nach der Ermordung Caesars, von dem er sich wohl tatsächlich eine Erneuerung des Staates erhofft hatte, zog er sich aus der Politik zurück und widmete sich fortan der Historiografie.

Die Lebensführung Sallusts war von seiner Zeit geprägt - er war selbst Teil jenes sittlichen Verfalls gewesen, den er später so heftig geißeln sollte: Wegen Ehebruchs war er aus dem Senat gestoßen worden, eine Verurteilung wegen seiner schamlosen Bereicherung in Afrika hatte nur der Einfluss Caesars verhindert. Nun aber wandelte er sich zum strengen Moralisten, der die Missstände der Zeit in seinen historischen Werken brandmarkte.

Ungewohnt waren die Themen, die er wählte. Bisher hatten die lateinischen Historiker die Geschichte Roms fast ausnahmslos in annalistischer Form - zumeist „ab urbe condita“ (seit Gründung der Stadt) - beschrieben. Sallust begründete dagegen durch die Beschränkung auf paradigmatische Ereignisse seiner Epoche die historische Monografie in Rom. Die „Verschwörung des Catilina“ (s. Cicero, S. 42 ff.) und der „Krieg gegen Iugurtha“ (s. Marius, S. 36 ff.) wurden zu Klassikern der antiken Geschichtsschreibung. Eigentlich waren es eher unbedeutende Ereignisse - der dilettantische Putschversuch eines verarmten Adligen und ein Kolonialkrieg in Nordafrika - aber sie ließen Unfähigkeit und Korruption der Politiker im „Jahrhundert der Bürgerkriege“ deutlich zutage treten.

In der Analyse der Staatskrise, nicht im mitunter fehlerhaften Detail, zeigt sich die Bedeutung des ersten großen römischen Historikers. Für ihn begann der Niedergang der Republik mit der Zerstörung Karthagos: Als Rom keinen Feind mehr zu fürchten hatte, schwand die alte Virtus dahin; grenzenlose Macht und falscher Ehrgeiz einer oligarchischen Clique, Luxus und Habgier zerrissen den Staat. Sicher genügt das antike Dekadenzmodell nicht den heutigen Ansprüchen an die historische Ursachenforschung; aber Sallusts Exkurse zum Niedergang Roms zählen zu den großartigsten Passagen der lateinischen Literatur. Meisterhaft ist auch die Charakterisierung der Mächtigen seiner Zeit - etwa in der Gegenüberstellung von Caesar und Cato in ihren Reden über das Schicksal der Mitverschwörer Catilinas.

In den genannten Werken und den nur fragmentarisch erhaltenen, wohl auch unvollendeten „Historiae“ (Zeitgeschichte von 78-67 v. Chr.) entwickelte Sallust einen einzigartigen Stil, der keine Ähnlichkeit mit dem Schaffen der anderen großen Prosaschriftsteller dieser Epoche - Caesar und Cicero - aufweist. Knappe, oft geradezu abrupte Sätze steigern die Spannung des Lesers; bewusste Archaismen verweisen auf die literarischen Vorbilder Sallusts, Cato d. Ä. und den griechischen Historiker Thukydides.

Groß war seine Wirkung auf die Nachwelt; Tacitus schätzte ihn als „rerum Romanarum florentissimus auctor" (hervorragendster römischer Historiker); unverkennbar ist der Einfluss Sallusts in seinem Werk. Aufgrund des rigiden Moralismus wurde er auch von den christlichen Autoren der Spätantike und des Mittelalters geschätzt; die Renaissance wiederum entdeckte in ihm den unbeugsamen Anhänger der römischen Republik; noch das 18. Jh. konnte sich bei der historischen Schilderung von Verschwörungen nicht vom Vorbild der „Coniuratio Catilinae" (Verschwörung des Catilina) lösen.

Liebe und Macht: Antonius und Kleopatra

Ein grandioser Film ließ sie zum berühmtesten Liebespaar der Antike werden - die ägyptische Königin Kleopatra (51-30 v. Chr., geb. 69 v. Chr.) und den römischen Feldherrn M. Antonius (82-30 v. Chr.); mehr noch als ihr wildbewegtes Leben hat das Drama ihres Untergangs die Nachwelt in den Bann gezogen. Freilich wird eine unvoreingenommene Beurteilung beider Persönlichkeiten bis heute durch die Propaganda ihres großen Gegners Octavian (Augustus) erschwert, die aus seinem Rivalen den willenlosen Sklaven Kleopatras machte und aus der Herrscherin Ägyptens ein „fatale monstrum".

Zunächst hatte Antonius unter Caesar in Gallien gedient, später als Volkstribun am Vorabend des Bürgerkrieges gegen Pompeius in Rom seine Interessen vertreten. Es folgte eine steile Karriere: Unterfeldherr Caesars bei Pharsalos (48 v. Chr.), Magister Equitum (Stellvertreter des Dictators), Konsul des Jahres 44 v. Chr. Während der Abwesenheit Caesars infolge des geplanten Partherkrieges hätte er faktisch Rom und Italien regiert; nach den Iden des März war er daher der mächtigste Mann in Rom. Vorerst taktierte er jedoch zurückhaltend und einigte sich mit den Caesarmördern auf ein Abkommen, das die Täter amnestierte, aber alle Maßnahmen des Ermordeten bestätigte. Die Leichenrede für den Dictator - unhistorisch, aber eindrucksvoll von Shakespeare dramatisiert - zeigte M. Antonius als Haupt der Caesarianer.

Aber schon bald begann seine Stellung zu wanken; testamentarisch von Caesar adoptiert, beanspruchte der junge Octavian gleichfalls das politische Erbe des Getöteten und verband sich mit dem Senat gegen Antonius, den Cicero in den „Philippiken" - benannt nach den Reden des Demosthenes gegen den makedonischen König Philipp II. - als Staatsfeind und Tyrann brandmarkte.

Gegen ihre vereinten Streitkräfte erlitt Antonius im Kampf um die oberitalische Stadt Mutina (j. Modena) eine Niederlage und musste sich nach Gallien zurückziehen. Nun vollzog Octavian eine politische Kehrtwendung und verbündete sich im 2. Triumvirat mit Antonius und Lepidus, einem weiteren ehemaligen Gefolgsmann Caesars (43 v. Chr.). Im Gegensatz zum 1. Triumvirat, einer privaten Vereinbarung zwischen Caesar, Crassus und Pompeius, wurde der neue Dreierbund durch ein Gesetz zum Staatsamt mit außerordentlichen Vollmachten erhoben. Diese nutzten die „tresviri rei publicae constituendae" (Dreimännergremium zum Wiederaufbau des Staates) zur erbarmungslosen Verfolgung ihrer Gegner; 300 Senatoren und 2000 Ritter fielen den Proskriptionen zum Opfer, darunter Antonius' Todfeind Cicero.

Es folgte der Rachefeldzug gegen die Caesarmörder, bei Philippi endete jedoch die Hoffnung von Brutus und Cassius, die römische Republik zu erneuern (42 v. Chr.). Während Octavian nach dem Sieg die schwere Aufgabe übernahm, die Veteranen des Bürgerkrieges in Italien anzusiedeln, sollte Antonius die römische Macht im Orient wiederherstellen. Da sie die Caesarmörder unterstützt hatte, lud er die ägyptische Königin Kleopatra - Caesars einstige Geliebte - nach Tarsos in Kilikien vor sein Tribunal. Als Aphrodite gewandet, von göttergleicher Pracht umgeben, erschien die Herrscherin auf ihrem Prunkschiff - und gewann Antonius augenblicklich für sich (41 v. Chr.). Die Schönheit der (nach neuesten Erkenntnissen blonden) Königin war keineswegs einzigartig; aber ihr Charme und ihre Bildung übten einen unwiderstehlichen Zauber aus. Dennoch war der Römer ihr nicht willenlos verfallen; die gemeinsamen politischen Interessen verbanden das mächtige Paar ebenso wie ihre tiefe Leidenschaft.

Während sich Antonius und Kleopatra in Alexandria mit ihren Freunden im „Verein der unnachahmlich Lebenden" amüsierten, brach in Italien zwischen seinen Anhängern und Octavian ein neuer Bürgerkrieg aus. Antonius führte ein Heer heran, zur entscheidenden Schlacht bereit; die Soldaten beider Rivalen, die bei Philippi gemeinsam gekämpft hatten, erzwangen jedoch eine friedliche Einigung: Der Vertrag von Brundisium gab Octavian den westlichen Teil des Reiches, seinem Gegner den Osten; dem unbedeutenden Lepidus blieb

Afrika. Der Friede wurde durch die Heirat des Antonius mit Octavians Schwester besiegelt. Endlich schien die Zeit der Bürgerkriege überwunden - und Vergil verfasste die berühmte 4. Ekloge über das Kind, das die Welt erlösen sollte (39 v. Chr.). Erst nach zwei Jahren vermochte Kleopatra die Römerin wieder zu verdrängen.

Nun wandte sich Antonius dem Krieg gegen die Parther zu, denn noch immer war die katastrophale Niederlage des Crassus bei Carrhae (53 v. Chr.) ungerächt. Aber der Feldzug scheiterte durch den Verrat seines armenischen Verbündeten (36 v. Chr.). Wenigstens diesen konnte er zwei Jahre später niederwerfen. Der Triumph des Antonius wurde in den Augen aller traditionsbewussten Römer zum Skandal - er wurde in Alexandria abgehalten, nicht in Rom!

Zudem wurden Kleopatra sowie der als Sohn des Juliers propagierte Caesarion zu „Königen der Könige" ausgerufen und die östlichen Provinzen des Reiches den Kindern des Antonius mit der ägyptischen Herrscherin zugeteilt (34 v. Chr.). Er selbst galt als „Neuer Dionysos", Kleopatra als „Neue Isis", ihre Kinder Alexander Helios und Kleopatra Selene waren nach den Gestirnen benannt - offensichtlich suchte der Triumvir das Vorbild für seine Herrschaft im Gottkönigtum des hellenistischen Ostens, nicht mehr in der römischen Tradition.

Dadurch lieferte er seinem Rivalen Octavian in einer Zeit wachsender Spannungen reiches Material für eine betont nationale Propaganda: Antonius wurde als Abtrünniger dargestellt, der Rom und seine Sitten vergessen hatte und italisches Land verschleuderte. Dieser antwortete mit dem Vorschlag, die Triumvirn sollten ihr Amt niederlegen. Nun zeigte sich die politische Absicht bei der Übertragung der Provinzen an seine Kinder: Auch ohne römisches Staatsamt besaß er in ihnen eine sichere Basis für die eigene Machtstellung; Octavians Position in Italien wäre dagegen erschüttert worden. Die Auseinandersetzung zwischen beiden Rivalen (Lepidus war inzwischen von Octavian ausgeschaltet worden) verschärfte sich rasch. Der Senat entsetzte Antonius aller seiner Ämter; die Kriegserklärung erging dagegen an die ägyptische Königin - Octavian wollte das Odium eines erneuten Bürgerkrieges vermeiden (32 v. Chr.).

Die Entscheidung fiel in der Seeschlacht bei Actium (2.9.31 v. Chr.); von Octavians Flotte im Golf von Ambrakia eingeschlossen, versuchten sich Antonius und Kleopatra den Weg ins offene Meer und damit zu ihrer ägyptischen Machtbasis zu erkämpfen. Ihnen gelang der Durchbruch, aber der größte Teil ihrer Flotte war vernichtet. Wenige Tage später kapitulierte das Landheer, wohl durch Verrat; 19 Legionen waren verloren. Allmählich gingen alle Einheiten zum siegreichen Gegner über - die letzten vor den Toren Alexandrias.

Erschüttert von seinem tiefen Sturz, zudem durch die Falschmeldung vom Selbstmord Kleopatras, stürzte sich Antonius in sein Schwert. Den Sterbenden ließ die Königin in ihr Mausoleum bringen, das sie bereits zu Lebzeiten errichtet hatte. Eigenhändig zog sie ihn an Stricken hinauf in die Grabkammer; er starb in ihren Armen. An der Stätte seines Todes wurde die Trauernde durch List von den Siegern ergriffen. Dem Vorhaben Octavians, sie als Gefangene bei seinem Triumph zur Schau zu stellen, entzog sie sich durch den Biss der heiligen Uräusschlange, der nach altägyptischer Auffassung die Getötete zu den Göttern erhob (30 v. Chr.). Ihre Kinder aus der Verbindung mit Antonius wurden von Octavian begnadigt; Caesarion dagegen musste sterben - es durfte nur einen Erben Caesars geben.

Das tragische Ende des einst so mächtigen Paares erregt noch heute lebhafte Anteilnahme; zu scharf kontrastiert ihre stürmische Leidenschaft mit der Gefühlskälte und Grausamkeit des Gegners. Aber durch den Sieg Octavians war eine für Jahrhunderte fortwirkende Entscheidung gefallen: Nicht das orientalische Gottkönigtum des Hellenismus prägte fortan das Römische Reich - und damit die Geschichte Europas -, sondern der nüchterne abendländische Geist des Römertums.

DIE KUNST DER BÜRGERKRIEGSEPOCHE

Auch wenn nur geringe Reste erhalten blieben – die Stiftungen der siegreichen Heerführer dieser Zeit nahmen die kaiserliche Baupolitik späterer Jahrhunderte vorweg. Außer den unscheinbaren Spuren des Pompeius-Theaters blieb v. a. das Caesarforum erhalten; weitere Bauten des Dictators wurden erst unter Augustus vollendet (s. Augustus, S. 60 ff.). Am Osthang des Kapitols entstand das Tabularium (Staatsarchiv); in die Kapitolinischen Museen einbezogen, eröffnet es heute einen atemberaubenden Blick auf das Forum Romanum. An der Via Appia ragt das Grabmal der Caecilia Metella auf, das größte (erhaltene) Frauengrab der Antike. Zu einzigartiger Blüte gelangte die Porträtkunst, die uns alle führenden Persönlichkeiten dieser Zeit in lebensnahen Bildnissen überliefert hat.

Die Kaiserzeit (30 v. Chr. – 284 n. Chr.)

Symbolhaft steht der Riesenbau des Kolosseums für Glanz und Macht der römischen Caesaren.

Im Urteil der meisten Historiker gilt dieses Zeitalter - das so genannte „Prinzipat"* - als glücklichste Epoche der Geschichte: Von wenigen Grenzkonflikten abgesehen, erlebten die Länder zwischen Spanien und Syrien, Britannien und Ägypten durch zwei Jahrhunderte Frieden und Wohlstand. Das Imperium hatte mit Rhein, Donau und Euphrat seine „natürlichen" Grenzen erreicht; der Versuch, Germanien zu unterwerfen, endete dagegen mit der vernichtenden Niederlage im „Teutoburger Wald". Durch die geniale Schöpfung des „Prinzipates" - einer Staatsform, die monarchische Macht mit den althergebrachten Formen der Republik verband - gab Augustus dem Reich zudem innere Stabilität; daher konnte es schon bald auch „kaiserliche Scheusale" (wie Caligula und Nero) überdauern. Nach dem Ende des Julisch-Claudischen Kaiserhauses konsolidierte Vespasian den Staat und begründete die Flavische Dynastie. Danach erlebte das Imperium unter den Adoptivkaisern - einer einzigartigen Reihe von bedeutenden Herrschern (Traian, Hadrian, Marc Aurel) - seine größte Blüte.

Die zunehmende Dominanz des Militärs spiegelte sich im Aufstieg der Severer; nach ihrem Sturz kam Rom durch die Reichskrise des 3. Jhs. n. Chr. in tödliche Gefahr. Die äußere Bedrohung durch Perser und Germanen wurde durch innere Unruhen verschärft; kurzlebige „Soldatenkaiser" wechselten sich auf dem Thron ab, zeitweilig zerbrach die Einheit des Imperiums. Schließlich gelang es tatkräftigen Herrschern, äußere Gefahr und inneres Chaos zu bewältigen; ihre Erfolge ermöglichten eine Neugestaltung des Reiches in der Spätantike.

Der erste Kaiser: Augustus

Caesar war tot - aber längst war der römische Staat auf dem Weg zur Monarchie zu weit vorangeschritten, als dass die Ermordung des allmächtigen Dictators eine Erneuerung der Republik bedeutet hätte, wie die Verschwörer erhofften. Wer aber würde das Erbe Caesars antreten, wenn nicht sein Mitkonsul M. Antonius, dem die Witwe bereitwillig auch das private Vermögen ihres Gatten übertragen hatte? Da veränderte dessen Testament schlagartig die po-

* Die frühere Unterscheidung zwischen Prinzipat und spätrömischem „Dominat" ist inzwischen widerlegt.

litische Lage in Rom: Es verkündete die postume Adoption des C. Octavius, eines Großneffen des Ermordeten (63 v. Chr.-14 n. Chr.). Damit fielen dem erst neunzehnjährigen Jüngling nicht nur der prestigeträchtige Name Caesars und seine ungeheuren privaten Besitztümer zu, sondern auch dessen politische Gefolgschaft.

Freilich war Antonius nicht bereit, Macht und Vermögen zu teilen; aber auch der junge Octavian (er selbst führte niemals diesen Namen, wird aber heute für die Zeit vor der Verleihung des Ehrentitels Augustus so bezeichnet) war zum Kampf entschlossen. Er sammelte auf eigene Faust ein Heer und verbündete sich mit dem Senat - der Partei der Caesarmörder! - gegen den Rivalen. Vor allem bei Cicero fand Octavian Unterstützung - der brillante Redner hoffte, der Jüngling würde sich willig seiner staatsmännischen Leitung fügen.

Zunächst schien sich diese Erwartung zu erfüllen; Antonius wurde im Krieg um Mutina (j. Modena) besiegt. Aber jetzt zeigte der unterschätzte Erbe Caesars seine wahren Ziele; er marschierte gegen Rom und erzwang dort die eigene Erhebung zum Konsul sowie die Ächtung der Caesarmörder. Wenig später beendete er vollends das unnatürliche Bündnis mit dem Senat und schloss mit Antonius und Lepidus (einem ehemaligen Feldherrn seines Adoptivvaters) das 2. Triumvirat, im Gegensatz zu dem privaten Bund zwischen Caesar, Crassus und Pompeius ein gesetzlich legitimiertes Gremium mit diktatorischen Vollmachten zur Neuordnung des Staates (43 v. Chr.). Es folgte die unerbittliche Rache an den Mördern Caesars sowie den Gegnern seiner Erben; Hunderte von Senatoren und Rittern fielen den Proskriptionen zum Opfer, unter ihnen Cicero, den Octavian bedenkenlos dem Hass des Antonius opferte. Der Sieg bei Philippi über Brutus und Cassius besiegelte im folgenden Jahr das Ende der römischen Republik.

Danach sollte Antonius die römische Macht im Orient erneuern; dabei schloss er den schicksalhaften Bund mit der ägyptischen Königin Kleopatra. Octavian fiel die weitaus schwerere Aufgabe zu, fast 200.000 Veteranen der siegreichen Armee in Italien anzusiedeln. Die dabei unvermeidlichen Härten und Übergriffe ermöglichten den dortigen Anhängern des Antonius, einen Bürgerkrieg gegen Octavian zu beginnen. Aber im entscheidenden Augenblick zwangen die Soldaten, die gemeinsam bei Philippi gekämpft hatten, beide Rivalen zum Frieden. Der Vertrag von Brundisium (40 v. Chr.) wies Octavian den westlichen Teil des Reiches zu, Antonius den Osten; der unbedeutende Lepidus wurde mit Afrika abgefunden und wenige Jahre später von Octavian ausgeschaltet.

Allmählich verschärften sich die Spannungen zwischen beiden Triumvirn; ein Krieg wurde unvermeidbar. Der Seesieg von Actium (31 v. Chr.) entschied das Ringen zugunsten Octavians; bei der Eroberung von Alexandria starben Antonius und Kleopatra von eigener Hand. Der Triumph des Siegers beendete das „Jahrhundert der Bürgerkriege", das einst mit den Reformplänen der Gracchen begonnen hatte. Zum Zeichen des wiederhergestellten Friedens wurde der Janus-Tempel geschlossen (29 v. Chr.) - Symbol einer neuen Ära der römischen Geschichte.

Zwei Jahre später bot Octavian seinen Rücktritt von allen Ämtern an und verkündete die Wiederherstellung der Republik. Der (erwarteten) Bitte, dem Staat weiterhin zu dienen, versagte er sich selbstverständlich nicht. Seine faktische Macht sprengte ohnehin die althergebrachte Staatsordnung, ebenso die beispiellosen Ehrungen, vor allem die Verleihung des Namens „Augustus" (der Erhabene), der in den späteren Jahrhunderten zum Kaisertitel wurde (27 v. Chr.).

In den folgenden Jahren schuf er in behutsamen Schritten das Herrschaftssystem des Prinzipates, das seine absolute Macht in die Formen der römischen Adelsrepublik kleidete. Die Ermordung Caesars hatte gezeigt, dass die Zeit für eine unverhüllte Monarchie noch nicht reif war. Daher nahm Augustus keinen Herrschertitel an; er nannte sich lediglich „Princeps" (Erster Bürger), eine bereits früher übliche Bezeichnung für das angesehenste Mitglied des Senates. Eine geschickte Verbindung von mehreren republikanischen Ämtern und Vollmachten sicherte seine Macht: Lange Jahre bekleidete er den Konsulat, später ließ er sich auf Lebenszeit die konsularische Amtsgewalt verleihen; als Beschützer des Volkes kennzeichnete ihn die lebenslange tribunizische Vollmacht; zudem war er als Pontifex Maximus der oberste Priester Roms. Das „Imperium proconsulare maius" gab ihm den Oberbefehl über alle Truppen und Provinzen; dadurch wurde nach Jahrhunderten der Ausplünderung von eroberten Gebieten durch wechselnde Statthalter eine kontinuierliche Verwaltung des Reiches möglich.

Dass Augustus die Legionen als wichtigste Stütze der Macht ansah, bezeugt die von ihm selbst gewählte Namensform „Imperator Caesar": Sein „Vorname" war die Bezeichnung „Feldherr", die dadurch zur Wurzel des Kaisertitels in zahlreichen Sprachen wurde. Faktisch war der Prinzipat eine Militärmonarchie; diese Tatsache sollte jedoch unbedingt verborgen bleiben. In der selbstverfassten Darstellung seiner Taten verkündete Augustus daher, er habe alle Römer an „Auctoritas", nicht aber an Amtsgewalt überragt; in Wirklichkeit hatte er jedoch die alten republikanischen Prinzipien der zeitlichen Beschränkung (Annuität) und der Kollegialität der Ämter für sich außer Kraft gesetzt. Aber nach einem Zeitalter blutiger Bürgerkriege gab es keine nennenswerte Opposition mehr gegen den Mann, der dem Staat den Frieden gebracht hatte und die Alleinherrschaft so milde und besonnen ausübte. Zudem verblasste unter seiner nahezu ein halbes Jahrhundert währenden Regierung allmählich die Erinnerung an die einstige Freiheit der Republik.

Das politische Werk des Augustus beschränkte sich nicht auf den Aufbau einer dauerhaften, klug verborgenen Monarchie; auf allen Ebenen - in der Stadt Rom ebenso wie in den neugegliederten Provinzen - wurde die Verwaltung durchgreifend reformiert. Erstmals in der römischen Geschichte trat eine geregelte Finanzverwaltung an die Stelle planlosen Handelns

Besondere Bedeutung maß der Princeps der Wiederbelebung der altrömischen Tugenden nach dem zerstörerischen Chaos der Bürgerkriege bei: Unwürdige Senatoren wurden aus dem Gremium ausgestoßen, neue Gesetze gegen Kinderlosigkeit und Ehebruch erlassen - freilich wenig glaubwürdig angesichts des keineswegs vorbildlichen Privatlebens, das Augustus selbst führte!

Mit beispielloser Tatkraft wirkte der Kaiser für die bauliche Verschönerung der Stadt Rom; er rühmte sich später, er habe eine Stadt aus Ziegeln übernommen und eine marmorne hinterlassen. Mehrere Projekte seines Adoptivvaters wurden vollendet, so die Umgestaltung des Forum Romanum und das gewaltige Halbrund des Theaters, das später nach Marcellus benannt wurde, dem frühverstorbenen Neffen des Augustus. An die Rache für Caesar - bei Philippi vollzogen - gemahnte der Tempel des Mars Ultor auf dem neugeschaffenen Augustusforum; am Ort seiner Leichenfeier ragte nun der Tempel des göttlichen Iulius auf, flankiert von den Ehrenbögen der Nachkommen. Das Marsfeld wurde mit der größten Uhr aller Zeiten geschmückt: Auf einer riesigen Platzanlage (160 x 75) zeigte ein Obelisk in einem Liniennetz die Tageszeit an; am Geburtstag des Princeps aber fiel sein gewaltiger Schatten auf die „Ara Pacis", den Altar des Friedens, und zeigte damit an, dass Augustus „natus ad pacem" - als Friedensbringer geboren war.

Bescheiden blieb dagegen dessen Haus auf dem Palatin; erst Domitian ließ dort eine Residenz errichten, die in Ausmaß und Ausstattung der kaiserlichen Macht angemessen war. Dieselbe Zurückhaltung wahrte Augustus auch in der Frage des Herrscherkultes, der in der griechischen Welt längst üblich war; die göttliche Verehrung des Princeps wurde lediglich in den Provinzen gestattet, zudem nur in Verbindung mit der Stadtgöttin Roma. Der besterhaltene Tempel für diesen Kult wurde in Ankara freigelegt; seine Wände tragen den erwähnten Tatenbericht des Kaisers (daher auch „Monumentum Ancyranum“). Nicht nur auf dem Gebiet der bildenden Künste war das Augusteische Zeitalter eine der fruchtbarsten Epochen der Geschichte. Unter der Ägide des Maecenas schufen Vergil und Horaz ihre herrlichen Dichtungen; Livius beschwor in seiner monumentalen Darstellung der römischen Geschichte die althergebrachten Werte und Tugenden. Dagegen blieb das unkonventionelle Schaffen des Ovid dem Princeps verhasst.

Dessen Außenpolitik war von dem Ziel geprägt, das Reich durch „natürliche“ Grenzen zu sichern. Daher wurden Illyrien (35–33 v. Chr.) und der Nordwesten Spaniens (27–19 v. Chr.) unterworfen, danach die Alpenvölker (25–15 v. Chr.); mit der Eroberung Pannoniens (13–9 v. Chr.) war die Donaugrenze erreicht. Gegenüber dem Partherreich im Osten verhielt sich Rom dagegen defensiv; die Niederlage des Crassus bei Carrhae (53 v. Chr.) blieb ungerächt. Angesichts der ungewissen Aussichten eines Feldzuges begnügte sich Augustus mit der Rückgabe der damals verlorenen Feldzeichen sowie der römischen Gefangenen; diesen Kompromissfrieden verherrlichte die augusteische Propaganda als glorreichen Erfolg, der auch auf der Panzerstatue von Primaporta verherrlicht wird.

Um die Zeitenwende waren die zunächst angestrebten Grenzen an Rhein, Donau und Euphrat erreicht. Nun sollte die Unterwerfung Germaniens das Werk vollenden und die lange Rhein-Donau-Grenze auf die Elbe-Donau-Linie verkürzen. Aber das ungeschickte Vorgehen der römischen Verwaltung in dem kaum befriedeten Land machte alle vorherigen militärischen Erfolge zunichte; die Erhebung der germanischen Stämme unter Führung des Cheruskers Arminius und die Vernichtung von drei Legionen unter dem Statthalter Quinctilius Varus im Teutoburger Wald* fegten die römische Herrschaft hinweg (9 n. Chr.).

Vom Unglück verfolgt blieb der Versuch des Augustus, durch die Wahl eines geeigneten Nachfolgers eine Dynastie zu begründen. Alle präsumptiven Erben starben früh: sein Neffe Marcellus, der Mitregent Agrippa sowie dessen Söhne von Iulia, der Tochter des Kaisers, dessen Ehe mit Livia kinderlos geblieben war. Daher sollten die Söhne aus deren erster Ehe herangezogen werden; aber auch Drusus fand auf seinem erfolgreichen Feldzug gegen die Germanen ein

* So bezeichnet Tacitus den Schlachtort; inzwischen konnte er durch erfolgreiche Ausgrabungen nahe dem niedersächsischen Kalkriese lokalisiert werden.

frühes Ende. So blieb als Nachfolger nur Tiberius; allerdings war dieser trotz bedeutender militärischer Leistungen in Germanien und Pannonien wegen seines verschlossenen Wesens dem Stiefvater stets fremd geblieben. Aus politischer Notwendigkeit erhob ihn Augustus dennoch zum Mitregenten (4 n. Chr.). Bei seinem Tod konnte der erste römische Kaiser auf ein gesichertes Lebenswerk zurückblicken; ohne jede Unruhe trat Tiberius die Nachfolge an - die Monarchie war fest in Rom verankert (14 n. Chr.).

Zweifellos fehlten Augustus die persönliche Tapferkeit, die Noblesse und die menschlich gewinnenden Züge Caesars - aber er zeigte sich als Meister in der „Kunst des Möglichen“ und zählt daher zu den großen politischen Genies der Geschichte. Die Einführung der Alleinherrschaft in Rom - unumgänglich angesichts der strukturellen Krise der Republik sowie der Ausdehnung des Reiches - wurde durch den klugen Verzicht auf die monarchische Form durchsetzbar; das rechtliche Konstrukt des Prinzipates gab dem Imperium für Jahrhunderte ein festes Fundament.

Eindrucksvoll ist der menschliche Wandel im Leben des Augustus: Zeigte er sich in seiner Jugend grausam und zynisch - etwa als er 300 Menschenopfer am Altar Caesars in Perusia (j. Perugia) hinschlachten ließ -, so wurde er im Alter zum milden und maßvollen Regenten, der als „Vater des Vaterlandes“ allgemeine Verehrung genoss.

Unschätzbar ist seine Bedeutung für die Kultur des Abendlandes durch die Förderung von bildender Kunst und Literatur; Voltaire hat das Zeitalter des Augustus - neben dem Athen des Perikles, dem Florenz der Medici sowie dem Frankreich des „Sonnenkönigs“ - zu den einzig wahrhaft großen Epochen der Geschichte gezählt.

Ein treuer Gefährte: Agrippa

„M. Agrippa L. f. cos. tertium fecit“ (M. Agrippa, Sohn des Lucius, hat es in seinem dritten Konsulat errichtet) - so verkündet die Inschrift des Pantheons den Ruhm des ursprünglichen Stifters, auch wenn der Bau in seiner heutigen grandiosen Gestalt erst unter der Herrschaft des Hadrian entstand. Sie erinnert an einen der bedeutendsten Staatsmänner und Feldherren Roms, der maßgeblich am Aufbau der augusteischen Monarchie mitwirkte, dabei jedoch stets willig im Schatten des Princeps blieb, dessen politisches Genie durch sein eigenes militärisches Talent tatkräftig unterstützt wurde.

Schon in ihrer Jugend waren sie befreundet - der Großneffe Caesars und der junge Mann von nichtadliger Herkunft, und so begleitete M. Vipsanius Agrippa (64/63-12 v. Chr.) Octavian bereits bei dessen Eintritt in die römische Politik. Aber erst nach dem Sieg über die Caesarmörder bei Philippi (42 v. Chr.) wird im Krieg gegen Sex. Pompeius sein eigenes Handeln erkennbar. Der Sohn des großen Cn. Pompeius hatte in den Bürgerkriegen eine Seeherrschaft errichtet, die Octavians Stellung in Italien bedrohte.

Am Golf von Neapel legte Agrippa einen gewaltigen Kriegshafen an und baute eine schlagkräftige Flotte auf; erstmals erwies er sich als organisatorisches Genie. Aber er bewährte sich auch als glänzender Admiral; durch die Seesiege bei Mylae und Naulochus brach er die Macht des Pompeius (36 v. Chr.); noch bedeutsamer war sein Sieg über M. Antonius und Kleopatra bei Actium, der Octavian zum Herrn der Welt machte (31 v. Chr.).

Seine Tüchtigkeit und Loyalität führten Agrippa zu höchsten Würden; er war Stellvertreter des Augustus in Rom während dessen Spanienfeldzugs (27-25 v. Chr.); bei einer schweren Erkrankung des Princeps erhielt er seinen Siegelring als Zeichen der Macht. Schließlich wurde er durch die Heirat mit der Kaisertochter lulia in die Dynastie einbezogen und zum Mitregenten erhoben (18 v. Chr.). Allerdings erfüllten sich die Hoffnungen nicht, er könnte einst die Last der Verantwortung für das Reich übernehmen; lange vor dem immer kränklichen Herrscher starb Agrippa und wurde im Mausoleum Augusti auf dem Marsfeld beigesetzt (12 v. Chr.).

Zahlreiche Werke verdankten dem tüchtigen Soldaten und Organisator ihr Entstehen. Als Curator aquarum für die Wasserversorgung der Hauptstadt zuständig, ließ er alte Leitungen erneuern und neue Aquädukte anlegen. Erstmals in der römischen Geschichte wurde dadurch die direkte Versorgung von privaten Haushalten möglich, ebenso die Errichtung der ersten öffentlichen Bäder Roms, der Thermen des Agrippa nahe dem Pantheon. 130 Wasserverteiler, 700 Zisternen und 500 Springbrunnen mit 300 Statuen entstanden unter seiner Verantwortung. Noch heute werden römische Brunnen von Agrippas Leitungen gespeist, vor allem der Endpunkt der antiken „Aqua Virgo", die Fontana di Trevi, deren grandiose Schauwand (1762) dem Vorbild römischer Nymphäen folgt.

Aber nicht nur in der Hauptstadt wuchsen bedeutende Bauten des Agrippa empor: Frankreich verdankt ihm seine berühmtesten antiken Baudenkmäler - den Pont du Gard sowie die Maison Carrée in Nîmes - und Spanien das Theater von Mérida. In Athen erinnern ein Denkmal auf der Akropolis sowie das von ihm gestiftete Odeion auf der Agora an seinen Aufenthalt. Auch auf einem Portal des Tempels von Jerusalem war der Name Agrippas verzeichnet; denn er war mit Herodes d. Gr. befreundet, der einen Enkel nach ihm benannte - jenen späteren König Herodes Agrippa, den die Apostelgeschichte als Verfolger der jungen Christengemeinde in Jerusalem schildert. Zahlreiche Reisen und Straßenbauprojekte in den Provinzen regten ein weiteres bedeutendes Werk an - die erstmalige Vermessung und kartografische Erfassung des Reiches.

Auch in Deutschland hat er Spuren hinterlassen; als Statthalter von Gallien organisierte er die Überführung der Ubier auf das linke Rheinufer (38 v. Chr.); für die germanischen Verbündeten entstand die neue Siedlung „Ara Ubiorum", das heutige Köln. Noch heute erinnern Inschrift und Statue des Agrippa am Kölner Gürzenich an den Stadtgründer:

„Der herliche Agrippa eyn heydensch Mann vur Gotz geburt Agrippinam nu Coelne begann."

Förderer der Kunst: Maecenas

Großzügig und selbstlos förderte er Kunst und Literatur; daher wurde sein Name zu einem Begriff, der bis heute fortlebt. Stolz führte C. Cilnius Maecenas (70?-8 v. Chr.) die eigene Herkunft auf die Könige der Etrusker zurück. Nie erstrebte er ein Staatsamt; aber auch ohne öffentliche Ämter und Würden leistete er einen einzigartigen Beitrag zu dem großen Werk des Augustus - der Erneuerung des römischen Staates nach dem „Jahrhundert der Bürgerkriege".

Zu den hervorragenden Eigenschaften des Princeps zählte die Fähigkeit, tüchtige und zugleich loyale Mitarbeiter zu gewinnen. So erfocht Agrippa für den militärisch unbegabten kaiserlichen Freund die entscheidenden Siege. Maecenas diente dessen Zielen dagegen auf dem Feld der Diplomatie; er führte die Verhandlungen zu den Verträgen von Brundisium und Tarent mit M. Antonius (40/37 v. Chr.) und übernahm später weitere Missionen. Während der Abwesenheit Octavians von Rom vertrat er ihn mit unbeschränkter Gewalt, u.a. im Krieg gegen Antonius und Kleopatra (31/30 v. Chr.).

In späteren Jahren verschlechterte sich das Verhältnis zu Augustus, wohl wegen dessen Affäre mit Maecenas' Gattin Terentia. Aber der schöngeistige und sinnenfrohe Mann wusste das Leben auch abseits der politischen Tätigkeit zu genießen; schöne Frauen und zarte Knaben erfreuten ihn ebenso wie seine großartige Villa auf dem Esquilin, von der ein Nymphäum erhalten blieb, später als „Auditorium des Maecenas" bezeichnet.

Wie nahezu alle gebildeten Römer dieser Epoche war er selbst literarisch tätig. Wesentlich bedeutender als die eigenen (sehr manierierten) Werke war die Förderung, die er den begabtesten Dichtern seiner Zeit zuteil werden ließ; im poetischen Kreis des Maecenas kamen - neben vielen heute unbekannten Literaten - auch Vergil, Horaz und Properz zusammen. Natürlich wünschte der Kaiser ihr künstlerisches Schaffen für die erstrebte geistige Erneuerung Roms zu gewinnen. Aber Maecenas war kein „Propagandaminister" und Augustus verstand, dass nur ein freier Geist dichterische Meisterwerke schaffen kann; daher wurde keine „Hofkunst", keine panegyrische Verherrlichung des Princeps gefordert.

In dieser Atmosphäre schufen Vergil und Horaz ihre Werke, in denen sie aus eigenem Wollen den Herrscher priesen - als den Mann, der dem Staat nach einem Jahrhundert blutiger Wirren den Frieden geschenkt hatte. Den Sieg bei Actium über die ägyptische Königin Kleopatra feierte Horaz in seinen Oden; den Ahnherrn des Augustus, den Göttersohn Aeneas, verherrlichte Vergil im neuen Nationalepos der Römer.

Längst vergessen ist das politische Wirken des Maecenas. Aber sein Name blieb untrennbar verbunden mit einer der bedeutendsten Epochen der abendländischen Literatur, die mit ihrer geistigen Tiefe und künstlerischen Vollendung das literarische Schaffen Europas durch zwei Jahrtausende prägen sollte.

*Das römische Nationalepos: Vergil**

„Mantua me genuit, Calabri rapuere, tenet nunc Parthenope; cecini pascua, rura, duces". (Mantua hat mich gezeugt, Kalabrien raffte mich hinweg, Parthenope (Neapel) birgt mich jetzt; ich besang Hirten, Fluren und Helden.)

* Die Form „Virgilius" kam erst im 5 Jh. auf.

In unnachahmlicher Kürze kündet die Grabinschrift des P. Vergilius Maro (70-19 v. Chr.) von Leben und Werk des bedeutendsten Dichters der Antike, der die abendländische Geisteswelt durch mehr als zwei Jahrtausende geprägt hat.

Zunächst erstrebte der junge Mann eine politische Karriere; aber bereits das erste Auftreten als Anwalt - die Vorstufe einer öffentlichen Laufbahn - scheiterte an seiner unbeholfenen Schüchternheit. Schwer trafen ihn die zeitgenössischen Wirren; das väterliche Landgut wurde für die Ansiedlung der Veteranen von Philippi konfisziert. Immerhin sorgten einflussreiche Freunde des Octavian (Augustus), denen das Talent des jungen Vergil aufgefallen war, für seine Entschädigung (41 v. Chr.).

In diesen Jahren gelangte er in den literarischen Kreis, der sich um Maecenas gebildet hatte; auch der Princeps verfolgte aufmerksam das Schaffen des Dichters: Selbst auf einem Feldzug in Spanien ließ er sich über die Fortschritte von Vergils Werken unterrichten. Trotz seines bereits zu Lebzeiten ungeheuren Ansehens - im Theater erhoben sich die Zuschauer vor ihm wie sonst nur beim Eintreten des Kaisers - führte dieser ein zurückgezogenes Leben. Bei der Rückkehr von einer Reise nach Griechenland starb er in Brundisium; sein Grab fand er auf dem Posilipp vor den Toren Neapels (19 v. Chr.).

Ersten literarischen Ruhm hatte Vergil mit den „Bucolica“ errungen (42-39 v. Chr.), Hirtengedichten nach dem Vorbild Theokrits. Die idyllischen griechischen Stimmungsbilder verwandelte der römische Dichter jedoch in eine „Seelenlandschaft des Friedens und der Liebe“. Auch zeitgenössische Anspielungen fehlen nicht - etwa in der Klage eines aus der Heimat Vertriebenen, die an das eigene Schicksal Vergils gemahnt, vor allem aber in der 4. Ekloge. Diese preist das göttliche Kind, das der Not der Welt ein Ende setzt und ein neues „Goldenes Zeitalter“ heraufführt (s. Antonius und Kleopatra, S. 55 ff.).

Während die bukolischen Gedichte einem hellenistischen Vorbild folgen, sind die „Georgica“, der Preis des Landlebens (37-29 v. Chr.), einem Werk des frühen Griechentums verhaftet, Hesiods „Werken und Tagen“. Zugleich stehen sie in der Tradition des Lehrgedichts, in dem hellenistische Autoren versucht hatten, an möglichst spröden Themen ihre poetische Meisterschaft zu beweisen. Aber Vergil verfasste keine technische Anweisung für die Landwirtschaft in dichterischer Form, sondern schilderte das ländliche Dasein als Urbild eines sinnvollen Lebens in Einklang mit der Natur und der römischen Tradition.

Auch in seinem Hauptwerk greift er auf frühgriechische Vorbilder zurück, die Epen Homers. Die „Aeneis“ (29-19 v. Chr.) schildert zunächst die langjährigen Irrfahrten des trojanischen Helden Aeneas („Römische Odyssee“), der beim Untergang seiner Vaterstadt gerettet wurde, um nach göttlichem Ratschluss zum Stammvater Roms zu werden. Nach der Landung in Italien muss er schwere Kämpfe bestehen („Römische Ilias“), bevor sich sein schicksalhaftes Werk erfüllt. Der Sohn der Venus vollbringt nicht nur Heldentaten gegen zahlreiche Feinde; er ist zugleich der „pius Aeneas“, der sich dem Willen der Götter fügt, etwa im schmerzlichen Verzicht auf die Liebe zu Dido, die Königin von Karthago.

Der trojanische Held aber ist der legendäre Ahnherr des Augustus - und damit gewinnt das mythisch - heroische Geschehen zeitgeschichtliche Aktualität: Die göttliche Sendung des Aeneas erfüllt sich in seinem Nachkommen, dem Abbild seiner Tugenden.

Aber das Epos verkündet nicht nur den Lobpreis des Princeps, es verherrlicht das gesamte römische Volk: In der „Heldenschau“ der Unterwelt (6. Buch) sowie auf dem bilderreichen Schild des Aeneas (8. Buch) begegnen die großen Gestalten seiner Geschichte - und der Held erfährt den göttlichen Auftrag an die Nachfahren:

„Tu regere imperio populos, Romane, memento - hae tibi erunt artes - pacique imponere morem, parcere subiectis et debellare superbos“ (6, 851-53). (Du, Römer, gedenke die Völker zu regieren / - das sei Deine Kunst - dem Frieden Deine Sitten aufzuerlegen, / die Unterworfenen zu schonen und die Stolzen niederzuwerfen).

Doch nicht in der Verherrlichung der Größe Roms erreicht das dichterische Schaffen Vergils seinen Höhepunkt, sondern in der mitfühlenden Schilderung menschlicher Schicksale - etwa der Trauer Didos um ihre verratene Liebe oder der Wehklage um Marcellus, den frühverstorbenen Neffen des Augustus; bei der Rezitation dieser Verse fiel dessen Mutter in Ohnmacht, vom Schmerz überwältigt.

Die „Aeneis“ blieb unvollendet; der Dichter hatte noch etwa drei Jahre zu ihrer Überarbeitung vorgesehen. Auf dem Totenbett befahl er, das Manuskript zu verbrennen; dies wurde jedoch von Augustus verhindert.

Unvergleichlich war die Wirkung Vergils auf Zeitgenossen und Nachwelt. Das alte Nationalepos der Römer, die „Annales“ des Ennius, wurde durch sein Werk abgelöst; als literarisches Vorbild wie als Schulautor hat er fortan alle Dichter und Schriftsteller der Antike und des Mittelalters geprägt. Der Kirche galt er als Künder Christi - das göttliche Kind der 4. Ekloge wurde mit dem Messias gleichgesetzt. Daher finden sich Darstellungen Vergils auch in der christlichen Kunst (sogar auf einem Fresko der Verkündigungskathedrale im Moskauer Kreml). Dante, dessen „Inferno" ohne das Vorbild der Unterweltszenen in der „Aeneis" nicht vorstellbar ist, hat ihn sich zum Führer durch Hölle und Fegefeuer erkoren.

Auch die Neuzeit konnte sich von seinem Einfluss nicht lösen; Tassos „Gerusalemme liberata" und Camoes' „Lusiades" lassen Vergils Vorbild spüren. Lediglich die deutsche Dichtung des 19. Jhs. hat (ungeachtet der Wertschätzung von Goethe und Kant) seine mangelnde „Originalität" gerügt und daher die Epen Homers über das Schaffen Vergils gestellt. Eine gerechte Würdigung wird ihn dennoch den in Werk und Nachleben größten Dichter des Abendlandes nennen.

Meister der kleinen Form: Horaz

Ob wir „das Angenehme mit dem Nützlichen verbinden" oder notgedrungen die „nackte Wahrheit" sagen, ob uns ein „seltener Vogel" begegnet oder ein „knurrender Magen" quält: Noch heute ist unsere Sprache vielfach von Zitaten aus dem Werk des Q. Horatius Flaccus (65–8 v. Chr.) geprägt, des – nach Vergil – bedeutendsten Dichters der augusteischen Zeit.

Aus dem unteritalischen Venusia (j. Venosa) stammte der Sohn eines Freigelassenen, der dem begabten Jüngling ein Studium in Rom und Athen ermöglichte. Seine Begeisterung für die republikanische Freiheit führte Horaz auf die Seite der Caesarmörder; an der Schlacht bei Philippi nahm er als Militärtribun teil (42 v. Chr.). Nach Rom zurückgekehrt, verdiente er seinen Lebensunterhalt zunächst als Schreiber. Dann wurde jedoch Maecenas durch Vermittlung Vergils auf den jungen Dichter aufmerksam; die Freundschaft zu dem großen Förderer der Künste, der ihm ein kleines Gut im Sabinerland schenkte, enthob Horaz aller materieller Sorgen. Augustus war ihm gleichfalls freundschaftlich verbunden; dass er das Angebot des Princeps ablehnte, die Leitung der Staatskanzlei zu übernehmen, beeinträchtigte das gute Einvernehmen nicht. Die großzügigen Zuwendungen des Kaisers ermöglichten es Horaz, eine Villa in Tibur (j. Tivoli) zu erwerben; dort widmete er sich bis zu seinem Tode (8 v. Chr.) dem heiteren Lebensgenuss, weit entfernt vom pulsierenden Leben der Hauptstadt.

Die frühen Werke des Dichters sind noch vom Erlebnis der Bürgerkriege geprägt: In den Epoden (benannt nach dem Wechsel vom langen zum kürzeren Vers) beklagt er die Übel der Zeit; die 16. fordert gar das römische Volk auf, die fluchbeladene Heimat zu verlassen und auf den „Inseln der Seligen" ein neues Leben zu beginnen. Auch die gleichzeitig entstandenen Satiren geißeln zeitgenössische Laster, freilich nicht im politischen Bereich, sondern aus dem alltäglichen Leben - Erbschleicherei, Aberglauben und Ehebruch sind Ziel seines beißenden Spottes.

Den Höhepunkt erreicht das Schaffen des Horaz in den Oden, die er seinem Freund und Gönner Maecenas widmete. Dabei griff er auf frühgriechische literarische Vorbilder zurück und erweckte die Lyrik eines Alkaios und Anakreon, der Sappho und des Pindar in der ganzen Vielfalt ihrer künstlerischen Formen zu neuem Leben. In buntem Reigen erscheinen die unterschiedlichsten Themen: 16 Lieder preisen den Wein als „Sorgenlöser"; das Glück wahrer Freundschaft wird ebenso besungen wie Freude und Leid der Liebe. Allerdings bleibt die Lyrik des Horaz stilisiert - das echte schmerzhafte Empfinden eines Catull ist ihm fremd. Sein Werk prägt die Harmonie, die „aurea mediocritas", der „goldene Mittelweg" eines römischen Epikureers, der stets dem rechten Maß verpflichtet bleibt.

Verherrlicht wird auch das Werk des Augustus, der durch den Sieg über das „fatale monstrum" Kleopatra der Welt den Frieden gebracht hat; die „Römeroden" (3, 1-6) dienen seinem großen Ziel, der geistigen Erneuerung Roms nach einem Jahrhundert innerer Wirren. Das Friedenswerk des Kaisers preist auch das „Carmen saeculare", die festliche Hymne für die Säkularfeier des Jahres 17 v. Chr.

In den „Episteln" lässt uns Horaz an seinen philosophischen Gedanken teilhaben; zu diesen fingierten Briefen zählt auch die „Ars poetica", ein Büchlein über die Dichtkunst, das jahrhundertelang als Leitfaden geschätzt wurde.

Der Meister der kleinen Form erlangte zwar nicht den einzigartigen literarischen Ruhm des Epikers Vergil, aber auch sein Werk wurde von der Nachwelt hoch geschätzt. So trug der Leiter der Hofschule Karls d. Gr., der Angelsachse Alkuin, wegen seiner Verehrung für den antiken Dichter den Beinamen „Flaccus". Das Interesse des Mittelalters für Horaz beschränkte sich weitgehend auf die Sentenzen und Lebensweisheiten, die vor allem aus den Satiren und Episteln exzerpiert wurden. Erst mit Petrarca begann die Wiederentdeckung seiner lyrischen Dichtungen, die seither die europäische Literatur maßgeblich beeinflusst haben - bis hin zu Bertold Brecht und Günter Grass. So hatte sich das stolze Wort erfüllt, das Horaz einst an das Ende seiner Oden gestellt hatte – er habe sich ein Denkmal errichtet, dauerhafter als Erz: „Exegi monumentum, aere perennius“. „Seit Gründung der Stadt“: Livius

Nach dem Ende der Bürgerkriege hatte Augustus dem Staat eine neue politische Ordnung gegeben und die Grenzen des Reiches gesichert. Zugleich erstrebte er eine geistige Erneuerung Roms und die Wiederbelebung der alten Römertugenden. Diesem Ziel diente das literarische Schaffen der augusteischen Dichter, ebenso das Geschichtswerk des T. Livius (59 v. Chr.-17 n. Chr.).

In Patavium (j. Padua) geboren unterschied er sich grundlegend von den früheren römischen Historikern: Während sich diese nahezu ausnahmslos erst nach einer politischen Laufbahn im Alter der Geschichtsschreibung gewidmet hatten, bekleidete er nie ein öffentliches Amt. Allerdings war sein Unterfangen auch ein Lebenswerk, das keine weitere Tätigkeit zuließ: die Geschichte des römischen Volkes „ab urbe condita“ (seit Gründung der Stadt) bis in die eigene Zeit zu schildern. Über 40 Jahre arbeitete er an diesem gewaltigen Vorhaben; der eher zufällige Abschluss mit dem Ende des Drusus (9 v. Chr.) lässt vermuten, dass der Tod den Historiker hinderte, sein Werk zu vollenden.

Der umfangreiche Stoff war in 142 Bücher eingeteilt; dem Vorbild der altrömischen Priesterannalen folgend, waren die Ereignisse nach Jahren geordnet. Bereits in der Antike überforderte der ungeheure Umfang des Werkes ein lesemüdes Publikum; es entstanden Auszüge (Periochae), die eine Rekonstruktion des Gesamtwerks ermöglichen. Denn erhalten blieben lediglich die Bücher 1-10 (von der Stadtgründung bis zur Schlacht bei Sentinum 295 v. Chr.) sowie 21-45 (218-168 v. Chr.), unter denen die dritte Dekade (21-30) mit der Schilderung des Krieges gegen Hannibal eine künstlerische Einheit bildet.

Heutigen Ansprüchen an eine historische Darstellung genügt das Geschichtswerk des Livius zweifellos nicht. Er war kein Forscher, der die oft unzuverlässigen und widersprüchlichen Quellen einer kritischen Sichtung unterzog. Sein Mangel an politischer und militärischer Erfahrung ist unverkennbar – man vergleiche nur die Schilderung der Schlacht bei Cannae mit ihrer Beschreibung durch den erfahrenen Offizier Polybios! Auch Studienreisen – wie bereits ein halbes Jahrtausend zuvor Herodot – hat er nicht unternommen; sein Leben lang weilte er in Patavium und Rom.

Der analytische Scharfblick des Sallust liegt ihm gleichfalls fern; das Geschichtsbild des Livius ist vom klassischen Dekadenzmodell geprägt: Der Aufstieg Roms wird durch die althergebrachten Tugenden ermöglicht, ihr Verlust durch das Anwachsen von Macht und Reichtum ist Ursache des Niedergangs. Die Gegenwart empfand der Historiker als Epoche des Verfalls, denn sein Herz schlug für die Republik; nach Auffassung des Augustus, mit dem ihn eine herzliche Freundschaft verband, beschrieb Livius die Bürgerkriege aus der Sicht eines Anhängers des Pompeius. Dennoch war der Historiker bereit, am Programm des Kaisers zur inneren Erneuerung Roms und der Wiederbelebung der einstigen Virtus mitzuwirken, indem er deren herrlichste Beispiele den Zeitgenossen ins Gedächtnis rief.

Daher erscheint seine Darstellung der römischen Geschichte wie ein gewaltiges Epos des Römertums. Nicht eine einzelne Heldengestalt steht im Mittelpunkt der Erzählung, sondern das ganze römische Volk, dessen unvergleichliche Tugenden einzigartig in der Geschichte sind. Zwangsläufig erforderte die Idealisierung der Vergangenheit gelegentlich Kompromisse mit der historischen Wahrheit; dass nach seinem Bericht die Römer die Welt in Notwehr erobert hätten, ist ein bekannter Vorwurf gegen Livius.

Aber dessen Schaffen zielte ohnehin weniger auf die geschichtliche Wirklichkeit als vielmehr auf die literarische Wirkung. Ciceros Wort, die Historiografie sei ein „opus oratorium maxime“ (höchst rhetorisches literarisches Werk), vollendet sich im Werk des Livius; seine Szenen sind dramatisch gesteigert, die Ereignisse romantisch verklärt und zum grandiosen Bild gestaltet.

Bereits zu Lebzeiten genoss er hohe Verehrung; ein Mann aus Gades (j. Cadiz) reiste nur deswegen nach Rom, weil er den berühmten Schriftsteller sehen wollte, und kehrte danach unverzüglich in die Heimat zurück. Die römische Historiografie hat Livius maßgeblich beeinflusst: Nie wieder wurde eine ausführliche Gesamtdarstellung der Geschichte Roms begonnen, kein älteres Werk blieb neben seiner monumentalen Schilderung erhalten, die fortan als klassisch galt.

Großes Interesse fand sie auch in der Renaissance: Das wieder erwachende republikanische Denken fand in ihm einen verwandten Geist; einen bedeutenden Kommentar zu seinem Werk legte Machiavelli vor (Discorsi sopra la prima decade di Tito Livio). Im 17. Jh. unternahm man sogar den Versuch einer vollständigen Rekonstruktion der verlorenen Bücher. Geprägt vom Geist der historischen Kritik, stand das 19. Jh. dem Schaffen des Livius ablehnend gegenüber. Unsere Zeit lässt dagegen vor allem dem literarischen Kunstwerk erneut Gerechtigkeit widerfahren. Und wer sich dem Werk des Livius zuwendet, wird sich noch heute - nach 2000 Jahren - der Faszination seines patriotisch verklärten Bildes der römischen Geschichte nicht entziehen können.

Poetisches Liebesspiel: Ovid

Willig hatten die Dichter der augusteischen Zeit den Kaiser bei seinem Werk der geistigen Erneuerung Roms unterstützt; mochten sie auch anfangs die Monarchie ablehnen, so versöhnte sie doch nach den Schrecken der Bürgerkriege die „Pax Augusta“ mit dem Ende der Republik. Unter der langjährigen Herrschaft des Augustus wuchs jedoch eine neue Generation heran, die - anders als Vergil und Horaz - nicht mehr durch das eigene Erleben von Krieg und Not geprägt war. Der bedeutendste Dichter dieser „Jeunesse dorée“ war P. Ovidius Naso (43 v. Chr.-17/18 n. Chr.). Geboren im mittelitalischen Sulmo (j. Sulmona), entstammte er einer wohlhabenden Familie, deren Reichtum ihm den Verzicht auf eine öffentliche Karriere erlaubte. Daher widmete er sich ausschließlich dem literarischen Schaffen und wurde bald in Rom zum gefeierten Dichter.

Bereits das erste Werk machte ihn berühmt: Die „Amores“ (Liebeselegien) ermangelten zwar der echten Empfindung - etwa der Leidenschaft eines Catull -, ihre sprachliche Vollendung wurde jedoch allgemein bewundert. Es folgten die „Heroides“, Briefe mythischer Heldinnen an die geliebten (und oft so treulosen) Männer. Mit großem Einfühlungsvermögen schildert der Dichter die seelische Situation der liebenden Frauen - etwa der von Aeneas verlassenen Dido.

Der Liebeselegie und dem hellenistischen Lehrgedicht zugleich war die „Ars amatoria“ (Liebeskunst) verhaftet, ein amüsanter Ratgeber für das erotische Vergnügen. Auch hier findet sich nicht leidenschaftliches Empfinden, sondern (wie bereits in den „Amores“) heiteres und unbeschwertes, geradezu rokokohaftes Liebesspiel - „die Kunst zu lieben ohne Liebe“ (E. Ripert).

In seinem Hauptwerk, den „Metamorphosen“ (Verwandlungen), wendet sich Ovid der epischen Dichtung zu. Hellenistischen Vorbildern folgend schildert er etwa 250 mythische Verwandlungen aus der Welt der griechisch-römischen Sage - von der Erschaffung des Universums bis zu der (von Augustus propagierten) Metamorphose des göttlichen Caesar in einen Stern. Geschickt sind die Erzählungen aneinandergereiht, um aus den einzelnen Episoden ein „perpetuum carmen“, ein ewiges Lied, zu formen; der grundsätzlich chronologische

Aufbau wird immer wieder durch Einfügungen - „Erzählungen in der Erzählung“ - aufgelockert.

Zur selben Zeit arbeitete der Dichter an den „Fasti“, einem Festkalender, der die Ursprünge der römischen Sagen und Bräuche im Jahreszyklus erläutern sollte. Mit diesem patriotischen Werk wollte er vermutlich kaiserliche Ungnade abwenden, die ihm wegen der „Ars amatoria“ drohte, auch wenn Ovid stets versichert hatte, das Büchlein lehre den Umgang mit den Damen der Halbwelt, keineswegs den durch die Gesetzgebung des Augustus verbotenen Ehebruch.

Aber das Unheil war nicht aufzuhalten; durch kaiserlichen Erlass wurde Ovid nach Tomis (j. Constanza) am Schwarzen Meer relegiert (8 n. Chr.); diese Form des Exils nahm dem Verbannten weder Bürgerrecht noch Vermögen, legte aber dessen Aufenthaltsort fest. Für den an das pulsierende Leben Roms und seine geistreichen literarischen Zirkel gewöhnten Dichter war die Verbannung in eine Garnisonsstadt mit rauen Soldaten und getischen „Barbaren“ eine Katastrophe. In den „Tristien“ sowie den „Briefen vom Pontus“ beklagte er das eigene Los und flehte um Gnade; der Princeps blieb jedoch unerbittlich - Ovid starb im Exil, fern von seinem geliebten Rom (17/18 n. Chr.). Den Anlass für seine Bestrafung hat er selbst angedeutet: Ihn hätten ein Gedicht (sicher die bei Hof verhasste „Ars amatoria“) und ein „error“ ins Verderben gestürzt; vermutlich war er in eine ehebrecherische Affäre der jüngeren lulia verwickelt, der Enkelin des Augustus, die zur gleichen Zeit verbannt wurde.

Mit den Werken Ovids erreichte die römische Dichtung ihren sprachlichen Höhepunkt; mit spielerischer Leichtigkeit - nach eigener Aussage wurde ihm jeder Satz zum Vers - gab er dem lateinischen Hexameter die vollendete Form. Unübertroffen ist die Anschaulichkeit seiner Schilderungen - etwa bei der detaillierten Beschreibung der Verwandlungen in den „Metamorphosen“ -, ebenso das psychologische Einfühlungsvermögen, vor allem in die weibliche Seele, das die Gestalten Ovids - seien es Götter oder Heroen - in hohem Maße vermenschlicht. Geist, Witz und Ironie prägen sein Schaffen. Dass er in der Verbannung sogar lernte, in der „barbarischen“ Sprache der Geten zu dichten, zeigt seine einzigartige Kunstfertigkeit.

Vor allem ihretwegen wurde er von der Nachwelt gerühmt. Für Seneca war er der begabteste aller Dichter; freilich tadelte der Philosoph seine fehlende geistige Tiefe. Auch im Mittelalter wurde Ovid als literarisches Vorbild hoch geschätzt; vielfach als „Verführer“ verabscheut (wegen der „Ars amatoria“), galt er anderen als Leitbild höfischen Lebens. Für Renaissance und Barock wurden die „Metamorphosen" zu **dem** antiken Sagenbuch schlechthin; unzählige Werke der bildenden Kunst wurden von seinen Schilderungen angeregt. Aber auch der Einfluss auf die europäische Literatur währte durch Jahrhunderte - von Boccaccio und Chaucer bis zu Goethe und Puschkin.

Politik und Philosophie: Seneca

Als die glücklichste Epoche der römischen Kaiserzeit - so charakterisierte der selbst als „optimus Princeps" (bester Kaiser) verehrte Traian die ersten fünf Jahre der Regierung Neros. Diese Einschätzung mag zunächst erstaunen; aber damals lag die Regierung nicht in den Händen des erst 17-jährigen Princeps, sondern von hoch befähigten Beratern - des Praetorianerpraefecten Afranius Burrus und des bedeutenden Literaten L. Annaeus Seneca (4-65 n. Chr.).

Im spanischen Corduba (j. Córdoba) als Sohn eines berühmten Rhetors geboren, kam Seneca in jungen Jahren nach Rom; der glänzende Redner stieg schon bald in den Senat auf. Einen jähen Bruch erlitt seine Laufbahn durch die Verbannung nach Korsika (41 n. Chr.); Claudius' Gemahlin Messalina hatte ihm eine (angebliche?) Affäre mit einer Schwester Caligulas vorgeworfen.

Die Vermählung des Princeps mit der ehrgeizigen Agrippina bedeutete für Seneca nach acht schweren Jahren des Exils die Erlösung: Als Lehrer für ihren Sohn Nero wurde er nach Rom zurückberufen und stieg zu höchsten Ehren - Praetur und Konsulat - auf; zudem gelangte er zu ungeheurem Reichtum. Dass ihm die Laudatio funebris für den verstorbenen Claudius übertragen wurde, zeigt seinen Rang bei Hofe. Hatte er in dieser Rede den toten Kaiser mit Lobpreisungen überhäuft, so rächte er sich für die einstige Verbannung durch die gleichzeitig verfasste „Apocolocynthosis" (Verkürbissung, nach heutigem Sprachgebrauch besser: Veräppelung) des Claudius, die dessen Aufnahme unter die Götter in bösartigster Form persiflierte.

Die folgenden Jahre sahen ihn auf dem Höhepunkt der Macht; willig folgte der junge Herrscher den Ratschlägen des früheren Lehrers. Doch allmählich löste er sich aus dieser Abhängigkeit; die Ermordung seiner Mutter Agrippina (59 n. Chr.) geschah wohl ohne Wissen Senecas, der sich allerdings dazu bereitfand, das Verbrechen im Senat zu rechtfertigen. Nach dem Tod des Burrus

(62 n. Chr.) schwand sein Einfluss vollends; daher zog er sich vom Hof zurück und widmete sich fortan der Philosophie. Wegen angeblicher Verwicklung in die Verschwörung des Piso erhielt er den kaiserlichen Befehl, seinem Leben ein Ende zu setzen; mit philosophischer Gelassenheit ging er in den Tod (65 n. Chr.).

Trotz der langjährigen politischen Tätigkeit hinterließ Seneca ein umfangreiches literarisches Oeuvre; er gilt als bedeutendster Schriftsteller der „Silbernen Latinität". Wahrscheinlich in der Verbannung verfasste er mehrere Tragödien, deren Sujets dem griechischen Mythos entstammen („Medea", „Phaedra", „Oedipus" u. a.); diese waren nicht als Bühnenstücke konzipiert, sondern als Lesedramen, die das verderbliche Wirken zügelloser Leidenschaften schildern. Vermutlich unecht ist die ihm gleichfalls zugeschriebene „Octavia" über das tragische Schicksal der ersten Gemahlin Neros.

Die philosophischen Schriften sind vom Denken der Stoa geprägt; der selbstständige Geist Senecas berücksichtigte jedoch auch die Lehren anderer Schulen. Sein wichtigstes Thema ist die praktische Ethik; er fordert eine humane Grundhaltung, auch gegenüber Sklaven; die Todesverachtung ist das Ziel des wahrhaft Weisen.

Zu seinen bedeutendsten Werken zählen die „Dialogi", trotz ihres Namens keine eigentlichen Gespräche, sondern predigtartige Abhandlungen (u. a. „Über die Kürze des Lebens", „Vom Zorn", „Vom glücklichen Leben"); die „Epistulae morales" - 124 Lehrbriefe an seinen jungen Freund Lucilius, die den Leser zur Philosophie hinleiten sollen; die „Naturales quaestiones" über Themen der Physik sowie „De clementia", ein Fürstenspiegel, der Nero zu herrscherlicher Milde führen sollte.

Senecas Stil, oft pathetisch und manieriert, wurde wegen seines einzigartigen Reichtums an sprachlichen Nuancen auch von der Nachwelt hoch geschätzt. Die christliche Antike und das Mittelalter sahen in ihm einen großen Moralisten (auch wenn seine Lebensführung erheblich von den eigenen philosophischen Lehren abwich!*); ein fingierter Briefwechsel mit dem Apostel Paulus (tatsächlich im 4. Jh. entstanden) ließ ihn zudem als Freund des christlichen Glaubens erscheinen. Dem Vorbild der „Epistulae" folgte die Essayistik Montaignes; auch die Tragödien wirkten fort und beeinflussten vor allem im Zeitalter des Barock das europäische Theater - Shakespeare und Gryphius, Corneille und Calderón.

* So zählte er zu den gierigsten Kredithaien Roms. Seine Zinsforderungen lösten sogar einen Aufstand in Britannien aus.

Ein Kaiser als Künstler: Nero

Als Verkörperung des viel zitierten „Caesarenwahns“ ging er in die Geschichte ein, zudem als Muttermörder und Christenverfolger, schließlich als der „Antichrist“ selbst; freilich wird das Bild Neros (54-69 n. Chr., geb. 37 n. Chr.), des letzten Herrschers aus dem Julisch-Claudischen Kaiserhaus, eher von Sagen und Legenden (sowie der Darstellung durch P. Ustinov im Film!) geprägt als durch die historische Wahrheit.

Bei der Heirat seiner Mutter Agrippina mit ihrem Oheim Claudius wurde der junge L. Domitius Ahenobarbus in die kaiserliche Familie aufgenommen. Von der ehrgeizigen Gemahlin beherrscht, nahm der Princeps hin, dass sein eigener Sohn Britannicus immer weiter in den Hintergrund gedrängt wurde und Nero zum Thronfolger aufstieg. Er adoptierte den Stiefsohn (50 n. Chr.) und vermählte ihn mit seiner Tochter Octavia (53 n. Chr.). Die Erziehung Neros durch Seneca, den bedeutendsten Literaten dieser Zeit, diente ebenfalls den ehrgeizigen Zielen Agrippinas, die ihrem Sohn durch die Vergiftung des Gemahls endgültig den Weg zum Thron ebnete (54 n. Chr.).

Die ersten Regierungsjahre des noch jugendlichen Princeps wurden - im Urteil Traians - zur glücklichsten Epoche der römischen Kaiserzeit; Seneca und der Praetorianerpraefect Burrus lenkten den jungen Herrscher mit staatsmännischer Klugheit. Dagegen sah Agrippina ihren Einfluss schwinden; als Nero fürchtete, sie könnte ihm mit Hilfe des um sein Erbe betrogenen Britannicus gefährlich werden, beseitigte er den Rivalen durch Gift (55 n. Chr.). Schließlich kam es zum endgültigen Bruch zwischen Mutter und Sohn; obwohl die Kaiserin schon längst von der Macht verdrängt war, beschloss Nero - aus unbekannten Gründen - ihren Tod; sie sollte bei einem „Unfall“ ums Leben kommen. Der raffinierte Plan eines inszenierten Schiffsunglücks misslang jedoch; Agrippina rettete sich ans Ufer und wurde dort auf Befehl ihres Sohnes getötet (59 n. Chr.).

Drei Jahre später verstieß Nero seine ungeliebte Gemahlin Octavia und ließ sie wegen angeblicher Untreue ermorden. Jetzt war der Weg frei für eine Vermählung mit der schönen Poppaea, mit der ihn schon lange eine leidenschaftliche Beziehung verband. Aber auch die neue Gattin fiel - freilich ungewollt - dem eigenen Gemahl zum Opfer; ein Fußtritt des wutentbrannten Herrschers gegen ihren schwangeren Leib bedeutete den Tod der Kaiserin (65 n. Chr.).

Nach dem Tod des Burrus (62 n. Chr.) schwand auch der Einfluss Senecas; daher zog er sich von der politischen Tätigkeit zurück und widmete sich seinen literarischen Neigungen. Jetzt konnte Nero ungehemmt die eigenen Wünsche ausleben - er fühlte sich zum Künstler berufen, nicht zum Kaiser! Hatten Burrus und Seneca früher dafür gesorgt, dass seine Auftritte als Kitharoede, Schauspieler und Wagenlenker nur vor einem privaten Kreis ausgewählter Besucher erfolgten, so erstrebte er jetzt öffentlichen Ruhm. Aber nicht die konservativen Römer sollten sein Debüt erleben - den kunstsinnigen Griechen von Neapel bot Nero dieses Schauspiel (64 n. Chr.). Die Gefühle des senatorischen Adels angesichts eines Kaisers, der in Frauenkleidern die Rolle der „Kreißenden Kanake“ spielte, sind leicht vorstellbar. Daher hat die senatorisch geprägte Geschichtsschreibung die künstlerischen Leistungen Neros mit ätzendem Spott geschildert; tatsächlich lassen seine wenigen erhaltenen Verse durchaus ein gewisses Talent erkennen.

Da die antiken Historiker vor allem über die (möglichst skandalösen) Ereignisse bei Hofe berichteten, werden die Erfolge Neros selten erwähnt: Allgemein herrschten Frieden und Wohlstand; Armenien wurde zum römischen Vasallenstaat; in Britannien scheiterte der Aufstand der keltischen Königin Boudicca; erfolgreich ging der spätere Kaiser Vespasian gegen die rebellischen Juden vor.

Da zerstörte ein verheerender Brand große Teile der Hauptstadt (64 n. Chr.). Obwohl Nero energische Maßnahmen zur Linderung der Not ergriff, kamen schon bald Gerüchte auf: Der Kaiser habe nicht nur fasziniert die prasselnden Flammen betrachtet und dabei den Untergang Troias besungen, sondern selbst das Feuer gelegt, um seinen baulichen Ambitionen Raum zu schaffen. So unsinnig diese Verdächtigungen auch waren; Nero suchte „Schuldige“, um den Verdacht von sich abzulenken: Die im Volk verhassten Christen wurden als Sündenböcke hingeopfert - gekreuzigt, den wilden Tieren vorgeworfen oder als lebende Fackeln bei den nächtlichen Festen des Kaisers verbrannt.

Den Wiederaufbau der Stadt nutzte Nero zur Errichtung einer großartigen Residenz; die „Domus Aurea“ erstreckte sich über zwei der sieben Hügel Roms; sie umschloss Parks mit zahmen und wilden Tieren, einen künstlichen See sowie mehrere villenartige Paläste. In der Eingangshalle ragte eine 40 m hohe Statue des Kaisers auf; das gewaltige Standbild, das sogar den Koloss von Rhodos übertraf, gab später dem Kolosseum den Namen. Gold und Elfenbein, Marmor und Malereien schmückten die ungezählten Säle des „Goldenen Hauses“. Auch technische Spielereien liebte der Kaiser: Der kreisrunde Hauptsaal drehte sich fortwährend als Abbild des Weltalls. Jetzt fange er an, wie ein Mensch zu wohnen, wird Nero zitiert; die Römer aber witzelten, die ganze Stadt sei jetzt **ein** Haus geworden.

Nur wenige Reste zeugen noch von der Pracht des neronischen Palastes. Denn nach einem weiteren Brand (104 n. Chr.) errichtete man über der „Domus Aurea" die Traiansthermen sowie den Tempel der Venus und Roma. Bereits in flavischer Zeit war auf den Fundamenten des künstlichen Sees das Kolosseum entstanden. In seiner Nähe blieben einige Säle des „Goldenen Hauses" erhalten, im Volksmund die „Grotten" genannt. Jahrhunderte später fanden die Maler der Renaissance hier Anregungen für einen neuen Stil - die „groteske" Malerei!

Danach verwirklichte sich der Kaiser einen weiteren Traum - eine Tournee durch seine geistige Heimat Griechenland. Als Künstler wie als Wagenlenker errang er triumphale Erfolge und wurde mit 1808 Preisen ausgezeichnet. Auch der Olympiasieg im Zehnergespann fiel ihm zu - ungeachtet eines Rennunfalls, der ihn zur Aufgabe zwang. Zum Dank für die Huldigungen der Hellenen gewährte Nero der gesamten Provinz Achaia die Befreiung von Steuern und Abgaben.

Längst erstrebte die senatorische Opposition den Sturz des Herrschers. Mehrere Anschläge gegen sein Leben wurden aufgedeckt, die Schuldigen hingerichtet. Als angeblicher Mitwisser der Pisonischen Verschwörung erhielt auch Seneca von seinem einstigen Schüler den Befehl zum Selbstmord (65 n. Chr.).

Drei Jahre später erhob sich der Statthalter von Gallien gegen den Kaiser; andere Provinzgouverneure folgten diesem Beispiel. Die Unfähigkeit Neros, der Gefahr durch entschlossenes Handeln zu begegnen, besiegelte sein Schicksal. Als auch die Praetorianergarde von ihm abfiel und ihn der Senat zum Staatsfeind erklärte, versuchte er zu fliehen. Der drohenden Gefangennahme entzog er sich durch den Tod von eigener Hand (68 n. Chr.).

Angesichts des heutigen Urteils über seine Herrschaft und Persönlichkeit mag erstaunen, dass er - vor allem beim Volk - durchaus beliebt war; in den folgenden Jahren traten daher mehrere falsche Neros auf. Erst durch den Sieg des Christentums wurde er zum „Scheusal" und „Antichrist". Die Römer des Mittelalters glaubten, die Seele des ruchlosen Kaisers hause in einem Nussbaum an der Porta Flaminia; um sie zu bannen, entstand im 11. Jh. eine Kapelle, die Sixtus IV. durch die Kirche S. Maria del Popolo ersetzte (1472).

Apostelfürsten: Petrus und Paulus

„Du bist Petrus, der Fels, und auf diesen Felsen will ich meine Kirche bauen" – mit diesen Worten (Mt 16, 18) übertrug Jesus nach biblischem Bericht dem Fischer Simon und seinen Nachfolgern die Schlüsselgewalt über die Kirche. Auf der Berufung des Petrus und seinem Wirken als erster Bischof von Rom beruht das Papsttum und damit die einzigartige geschichtliche Bedeutung der Ewigen Stadt auch nach dem Ende des Römischen Reiches – als geistiger Mittelpunkt des Abendlandes bis in unsere Zeit.

Während die Evangelien übereinstimmend von einer hervorgehobenen Stellung des Simon Petrus unter den Jüngern berichten, fehlen gesicherte Nachrichten über sein weiteres Leben. Nach der Überlieferung leitete er später die Gemeinde von Rom. Dies wird freilich nur durch dürftige Notizen angedeutet; doch ist die Petrustradition in der Stadt so alt und tief verankert, dass sie kaum bezweifelt werden kann, zumal bisher nur schwache Gegenargumente vorgetragen wurden. Unter Nero erlitt er das Martyrium, nach frommer Überlieferung mit dem Kopf nach unten gekreuzigt, weil er sich dagegen verwahrt hatte, wie sein Herr und Meister zu sterben (29.6.64 n. Chr.?).

Nach frühchristlicher Tradition wurde am selben Tag der „Völkerapostel" Paulus vor den Toren der Stadt enthauptet. Zunächst ein leidenschaftlicher Gegner der neuen Lehre, wandelte er sich zum ebenso kühnen wie sprachgewaltigen Künder des christlichen Glaubens. Auf vier Missionsreisen gründete er zahlreiche Gemeinden in Zypern und Kleinasien, Griechenland und Makedonien. In Jerusalem von den Juden vor dem Statthalter angeklagt, appellierte er als römischer Bürger an das kaiserliche Gericht und wurde nach Rom gebracht. Offenbar wurde er dort freigesprochen und wirkte fortan in der Stadt, bis auch er der Neronischen Christenverfolgung zum Opfer fiel. Jude von Geburt, Römer durch das Bürgerrecht, Grieche durch seine Bildung, verkörperte Paulus die Mächte, denen der neue Glaube gegenüberstand. In seinen Briefen begründete er die christliche Theologie; maßgeblich trat er auf dem Apostelkonzil von Jerusalem (49/50 n. Chr.) dafür ein, die zum Christentum bekehrten Heiden von den Verpflichtungen des mosaischen Gesetzes – etwa der Beschneidung – freizustellen. Diese grundlegende Entscheidung ermöglichte erst den Aufstieg der neuen Lehre zu einer weltumspannenden Religion.

Fromme Überlieferung hat zahlreiche Stätten in Rom mit dem Wirken der „Principes Apostolorum" (Apostelfürsten) verbunden: Der Carcer Mamertinus am Fuße des Kapitols gilt als Ort ihrer Kerkerhaft, die Kirche S. Pudenziana als Wohnung des Petrus. An der Via Appia gemahnt das Kirchlein Domine, quo vadis an die Legende, der Apostel habe vor der Verfolgung fliehen wollen, sei jedoch durch die Erscheinung Christi zur Rückkehr bewogen worden. S. Pietro in Vincoli bewahrt seine Ketten, S. Pietro in Montorio wird - in Rivalität zum Vatikan - als Stätte der Kreuzigung verehrt. Am Hinrichtungsort des Paulus erhebt sich die gewaltige Basilika S. Paolo fuori le Mura; das Altarziborium der Laterankirche umschließt die Häupter der Apostelfürsten.

Die höchste Verehrung genießt jedoch schon seit frühchristlicher Zeit das Petrusgrab am Mons Vaticanus, über dem sich seit dem 4. Jh. die konstantinische Basilika von Alt-St. Peter, seit der Renaissance der heutige Petersdom erhebt. Die alte Überlieferung wurde unter dem Pontifikat Pius' XII. durch die archäologische Forschung bestätigt: Unter der Confessio entdeckte man eine Ädikula, die seit dem 2. Jh. als Grab des Apostels galt; weitere Spuren deuteten auf eine Verehrung des Ortes bereits in der Zeit Vespasians hin - nur wenige Jahre nach dem Tod des Petrus.

Während die dabei entdeckten, heute als Reliquien verehrten Gebeine aufgrund mehrfacher Umbettung (und zweifelhafter Fundumstände!) nicht als gesichert gelten können, ist die Echtheit der Grabstätte durchaus glaubhaft. Über dem traditionsgeheiligten Ort aber verkündet die gewaltige Kuppel des Petersdomes weithin den Ruhm des Apostels - und zugleich den weltumspannenden Machtanspruch seiner Nachfolger.

Die ersten Flavier: Vespasian und Titus

Mit dem Tod Neros (68 n. Chr.) war das Julisch-Claudische Kaiserhaus erloschen; eine Zeit der Unruhen und Bürgerkriege begann. Wie die Praetorianergarde in Rom, erhoben in eifersüchtiger Rivalität auch die Legionen in den Provinzen ihre Befehlshaber zur Herrscherwürde. Aus den Kämpfen des „Vierkaiserjahres" (69 n. Chr.) ging T. Flavius Vespasianus (69-79 n. Chr., geb. 9 n. Chr.) siegreich hervor; er begründete eine neue Dynastie, die für ein Vierteljahrhundert Frieden und Stabilität erneuern sollte. Das Herrscherhaus der Flavier nimmt in der römischen Kaisergeschichte eine Schlüsselstellung ein: als erste nichtsenatorische Dynastie nach den altadligen Juliern und Claudiern, die ihre Herkunft auf die Götter zurückführten, und als letzte Herrscherfamilie, die italischem Boden entsprossen war.

Seinen Aufstieg verdankte Vespasian der militärischen Befähigung; er hatte sich als Statthalter der Provinz Germania Superior sowie in Britannien bewährt und für die Eroberung der Insel Wight sowie andere Erfolge die Triumphalinsignien erlangt (der Triumph selbst war seit dem Ende der Republik dem Kaiser vorbehalten). Bei Hof hatte er sich dagegen das Missfallen Neros zugezogen – wagte er doch, bei dessen musischen Darbietungen zu schlafen. Daher erhielt er den Oberbefehl gegen die rebellischen Juden; diese hatten sich im Vertrauen auf messianische Prophezeiungen gegen die römische Herrschaft erhoben.

Mit methodischer Bedachtsamkeit begann Vespasian den Aufstand niederzuwerfen; eine feindliche Festung nach der anderen fiel in seine Hand. Nach der Eroberung von Galiläa und Judäa schloss er mit seinen Truppen Jerusalem ein (68 n. Chr.).

Hier wurde er in den Wirren nach Neros Tod – bereits fast 60-jährig – von den im Orient stationierten Legionen zum Kaiser ausgerufen (69 n. Chr.). Auch der Statthalter Pannoniens trat auf seine Seite und eroberte in einem kühnen Feldzug Italien. Bereitwillig bestätigte der Senat den neuen Herrscher, der im folgenden Jahr in der Hauptstadt eintraf.

Die Belagerung von Jerusalem führte unterdessen sein Sohn Titus fort; in erbitterten Kämpfen wurde die Stadt eingenommen. Gegen den Befehl des römischen Feldherrn wurde dabei der Herodianische Tempel zerstört; nur wenige Reste blieben von dem herrlichen Bau erhalten, darunter die berühmte Klagemauer (70 n. Chr.). Im folgenden Jahr sah Rom den Triumph des Kaisers und seines Sohnes über die Juden, auch wenn sich die letzten Kämpfe noch bis zum Fall der Bergfestung Masada hinzogen (73 n. Chr.).

Als Siegesdenkmal entstand – in der Tradition des augusteischen „Friedensaltares“ errichtet – das parkartige Forum Pacis. Dort konnte das Volk die Beute des Krieges – vor allem die silbernen Tempelposaunen und den Siebenarmigen Leuchter – sowie die bedeutende Skulpturensammlung Neros bestaunen; einige Mauern des Friedenstempels blieben in der Kirche SS. Cosma e Damiano erhalten. Auf dem Forum Romanum erinnert der Titusbogen an die Eroberung von Jerusalem; die Reliefs zeigen seinen Triumph über die Juden, bei dem auch die Tempelschätze aufgeführt werden.

Symbolhaft für die Regierung Vespasians war die Restaurierung des Kapitolstempels, der den Kämpfen des Vierkaiserjahres zum Opfer gefallen war;

der Kaiser legte selbst Hand an das Werk. Wie der Haupttempel des Reiches, so bedurfte das gesamte Staatswesen einer grundlegenden Erneuerung. Neros verschwenderische Herrschaft hatte die öffentlichen Finanzen zerrüttet. Mit eiserner Sparsamkeit nutzte daher Vespasian jede Möglichkeit, die Staatseinnahmen zu mehren; bekannt ist seine Antwort „(pecunia) non olet" (Geld stinkt nicht) auf die Kritik des Titus an der Besteuerung des Harns, der von den Lohgerbern verwendet wurde. Das Heer wurde reorganisiert, der Senat von den unwürdigen Elementen gesäubert, die Nero ihren Aufstieg verdankten. Zukunftweisend war die Verleihung des Latinischen Bürgerrechtes (einer Vorstufe zum vollen römischen Bürgerrecht) an die Bewohner Spaniens - ein bedeutender Schritt auf dem Weg zur allgemeinen Romanisierung des Reiches.

Als Vespasian starb, trat dessen Sohn und Mitregent Titus (79-81 n. Chr., geb. 39 n. Chr.) die Nachfolge an. Seine Regierungszeit war geprägt von Katastrophen - Brand und Pest in Rom sowie dem Untergang von Pompeji und Herculaneum durch den Ausbruch des Vesuvs (79 n. Chr.). Nach nur zweijähriger Herrschaft starb der Kaiser, den man wegen seiner Leutseligkeit und Großzügigkeit die „Liebe und Wonne des Menschengeschlechts" genannt hatte.

Einer der Höhepunkte im Leben des Titus war zweifellos die Einweihung der bedeutendsten baulichen Stiftung seines Vaters: des großen Amphitheaters, das künftig Zehntausenden das blutige Schauspiel von Tierhetzen und Gladiatorenkämpfen bieten sollte. Der Bau knüpfte symbolträchtig an die Domus Aurea (s. Nero, S. 79 ff.) an, denn er wurde über dem künstlichen See des neronischen Palastes errichtet. Vor der Arena ragte das gewaltige Standbild Neros auf, jetzt freilich in eine Statue des Sonnengottes umgewandelt; 24 Elefanten hatten es an den neuen Standort gezogen. Als „Amphitheatrum Flavium" sollte der Riesenbau vom Ruhm des neuen Kaiserhauses künden; auch wenn sich im Volk später die Bezeichnung „Kolosseum" durchsetzte (nicht wegen seiner Größe, sondern nach der riesigen Statue) - noch heute zählt die gewaltige Arena zu den eindrucksvollsten Monumenten der Ewigen Stadt.

Herr und Gott: Domitian

Majestätisch wächst über der tiefen Senke des Circus Maximus der gewaltige Palast der Flavier empor: eindrucksvollstes Monument des römischen Kaisertums, vor allem aber für das Selbstverständnis des T. Flavius Domitianus (81-96 n. Chr., geb. 51 n. Chr.), des letzten Herrschers der Flavischen Dynastie.

Der jüngere Sohn Vespasians hatte alle Höhen und Tiefen des Vierkaiserjahres nach dem Tod Neros erlebt (69 n. Chr.): Nur mit Mühe war er den Kämpfen zwischen Anhängern und Gegnern seines Vaters entronnen; als Erster des Geschlechts nahm er die Huldigung von Senat, Volk und Garde entgegen, da Vespasian noch im Orient weilte. Umso schmerzlicher empfand er die Zurücksetzung hinter seinen älteren Bruder Titus; dass er unter dessen Herrschaft zwar dem Namen nach als Mitregent fungierte, aber keine tatsächlichen Machtbefugnisse erhielt, erbitterte ihn zutiefst.

Nach dem frühen Ableben des Bruders trat Domitian dessen Nachfolge an (81 n. Chr.) und bewies schon bald außergewöhnliche Tatkraft: Durch einen siegreichen Feldzug gegen die germanischen Chatten wurde das Grenzland zwischen Rhein und Donau unterworfen; das eroberte Gebiet schützte fortan der Limes, ein Grenzwall von Remagen bis Regensburg, durch Wachtürme und Kastelle gesichert (85 n. Chr.). Einem gefährlichen Einbruch der Daker in die Donauprovinzen trat er entschlossen entgegen und zwang die Feinde zur Anerkennung der römischen Oberhoheit (86-88 n. Chr.). Danach sicherte er die Donaugrenze gegen Markomannen, Quaden und Jazygen (91/92 n. Chr.). Gleichzeitig kämpfte sein Feldherr Iulius Agricola erfolgreich im nördlichen Britannien.

Dem Glanz der militärischen Erfolge entsprachen Ausmaße und Pracht der Bauten, die Domitian in Rom errichten ließ. Zur Verherrlichung der Flavischen Dynastie entstanden der Tempel des göttlichen Vespasian sowie der Triumphbogen des Titus auf dem Forum Romanum. Den Namen des kaiserlichen Bauherrn sollte ein neues Forum verewigen (das später nach Nerva umbenannt wurde); auf dem Marsfeld wuchsen ein Tempel der ägyptischen Göttin Isis (hier stand der bekannte Elefantenobelisk) sowie ein Stadion empor, Schauplatz des von Domitian gestifteten „Certamen Capitolinum“, das griechische Kampfspiele, Pferderennen und musische Wettkämpfe umfasste. Bis heute bewahrt die Piazza Navona den Grundriss des Stadium Domitiani, der benachbarte Palazzo Massimo das Halbrund des gleichzeitig entstandenen Odeions. Das bedeutendste Projekt des letzten Flaviers aber war die grandiose neue Residenz auf dem Palatin, die sein Architekt Rabirius errichtete. Die monumentale Anlage war mehr als ein prunkvoller Palast, der dem Kaiser jeden erdenklichen Luxus bot - es war die bauliche Umsetzung von Domitians herrscherlichem Selbstverständnis.

Denn weit entfernt von der klugen Bewahrung republikanischer Formen durch Augustus (und die meisten seiner Nachfolger), erstrebte Domitian das unverhüllte Gottkaisertum: Er ließ sich als „Dominus et Deus" (Herr und Gott) bezeichnen; göttergleich erschien er vor dem Senat im Triumphalgewand statt in der bürgerlichen Toga; 17-mal bekleidete er den Konsulat, so oft wie kein Herrscher vor ihm; als Censor perpetuus beanspruchte er die fortwährende Kontrolle über die Senatoren.

Vor allem in ihren Reihen rief der offene Bruch mit den Traditionen der frühen Kaiserzeit Widerstand hervor. Es kam zu Verschwörungen gegen das Leben des Herrschers, der Statthalter von Obergermanien wagte den offenen Aufstand. Immer härter schlug Domitian zurück; Denunzianten verbreiteten bei Hof ein Klima der Angst. Als der Kaiser sogar gegen Mitglieder der eigenen Familie vorging, bildete sich um seine Gemahlin ein weiteres Komplott; ihren Dolchen fiel der verhasste Herrscher zum Opfer (96 n. Chr.).

In der senatorisch geprägten römischen Geschichtsschreibung erscheint Domitian als blutdürstiger Tyrann. Tatsächlich war er bei Volk und Heer beliebt. Die Provinzen wurden hervorragend verwaltet, die Reichsgrenzen erfolgreich gesichert. Der grundlegende Fehler des tatkräftigen Herrschers war die verfrühte Einführung einer hellenistisch-orientalischen Form der Monarchie. Erst ein Jahrhundert später war die Zeit gekommen, an die Stelle des republikanisch verbrämten Prinzipates ein göttergleiches Kaisertum zu setzen.

Kaiserliche Residenz: Rabirius

Durch das Schicksal Caesars gewarnt, hatte Augustus mit kluger Zurückhaltung seine Alleinherrschaft begründet; republikanische Formen verhüllten die uneingeschränkte Macht des Princeps. Daher verzichtete er auch auf die Entfaltung von herrscherlichem Prunk, etwa durch die Errichtung einer angemessenen Residenz. Stattdessen erwarb er das Haus des Redners Hortensius auf dem Palatin. Durch den Ankauf weiterer Gebäude wurde es zwar vergrößert, die

Ausstattung aber blieb bescheiden – „nicht einmal eines Privatmannes würdig" (Sueton, Aug. 73).

Ein Jahrhundert später war die Monarchie fest in Rom verankert; gegen einzelne Herrscher, nicht gegen das Kaisertum als Staatsform erhob sich (falls überhaupt) Opposition. Diesem Wandel folgte auch die herrscherliche Repräsentation; so ließ sich Domitian als „Dominus et Deus" (Herr und Gott) anreden.

Für den göttlichen Kaiser errichtete der Architekt Rabirius – ebenfalls auf dem Palatin – die gewaltige Residenz, deren Südfassade noch heute majestätisch über dem Oval des Circus Maximus aufsteigt. Ein völlig neuer Bautypus war entstanden: ein Palast, der dem zeremoniellen Erscheinen des Herrschers in der Öffentlichkeit diente, aber auch seiner privaten Lebensführung. Die überlieferten Bezeichnungen „Domus Flavia" und „Domus Augustana" galten früher als Benennung verschiedener Trakte, heute dagegen als synonyme Begriffe für den Gesamtkomplex.

Der westliche Teil des Palastes blieb offiziellen Anlässen vorbehalten; um einen riesigen Brunnenhof waren die Räumlichkeiten angeordnet, in denen sich der gottgleiche Kaiser den Untertanen sowie den Gesandten fremder Mächte zeigte, vor allem die Aula regia, in deren Apsis – den Göttern gleich – der Herrscher bei feierlichen Audienzen thronte.

Im Osten schloss sich der private Bereich an: Zunächst gelangte man in einen Brunnenhof; in seinem Becken erhob sich ein Tempel der Minerva, der persönlichen Schutzgöttin des Domitian. Kleinere Wohnräume waren um einen weiteren Hof gruppiert, den ursprünglich bepflanzte Inselchen in Form von Amazonenschilden zierten. Das anschließende „Stadion" – ein säulenumstandenes Oval in Form eines Hippodroms – diente nicht öffentlichen Vorführungen, sondern als Reitbahn und Garten des Kaisers.

Heute ist der Palast seines einstigen Schmucks beraubt: Die Marmorinkrustationen wurden von den Ziegelmauern herabgerissen, Mosaiken und Wandmalereien zerstört, Säulen und Statuen verschleppt. Dennoch lassen die spärlichen Reste noch die frühere Pracht erahnen. Jahrhundertelang galt dieser Bau den Völkern der gesamten Oikumene als der Ort, wo der römische Kaiser, der Herr der Welt, in einzigartiger Macht und Herrlichkeit thronte; und so wurde der Name des palatinischen Hügels zum Synonym für eine herrscherliche Residenz – ob als „Palast" oder „palace", „palais" oder „palacio", „palazzo" oder „palata".

Nur ein Zufall hat uns den Namen des Architekten überliefert; der Dichter Martial nennt ihn in einem Epigramm (7, 56). Doch obgleich wir sonst nichts über das Leben des Baumeisters wissen - durch sein Werk zählt Rabirius zu den Großen der abendländischen Kunst.

Optimus Princeps: Traian

„Sei vom Glück begünstigter als Augustus, besser als Traian!" Mit diesem Ausruf pflegte der Senat jahrhundertelang die Herrscher unmittelbar nach ihrer Erhebung zu begrüßen; zugleich wird dadurch M. Ulpius Traianus (98-117 n. Chr., geb. 53 n. Chr.) als „optimus Princeps" gekennzeichnet, als „Musterkaiser" der römischen Geschichte. Als ihn der greise Nerva an Sohnes Statt annahm, begann das Zeitalter der „Adoptivkaiser" (96-180 n. Chr.): Das Fehlen von Leibeserben zwang die Herrscher, nach geeigneten Nachfolgern zu suchen, um durch die „Wahl des Besten" - ohne dynastische Zwänge - die Kontinuität des Kaisertums zu sichern. Damals erlebte das Römische Reich seine größte Blütezeit; noch heute gilt diese Epoche nach fast übereinstimmendem Urteil der Historiker als die glücklichste Zeit der Weltgeschichte.

Geboren im spanischen Italica (und damit als erster römischer Kaiser von nichtitalischer Herkunft), hatte Traian eine erfolgreiche militärische Laufbahn eingeschlagen. Unter Domitian war er zum Konsul (91 n. Chr.) sowie zum Statthalter der Provinz Germania Superior aufgestiegen. Hier erfuhr er, dass ihn Nerva - von einer Revolte der Praetorianer bedroht - adoptiert und zum Mitregenten erhoben hatte; nur wenige Monate später trat er nach dem Tod des greisen Herrschers dessen Nachfolge an (98 n. Chr.). Bevor er sich aber nach Rom begab, sicherte er die Grenzen an Donau und Rhein, u.a. durch die Gründung der Kolonien Ulpia Traiana (j. Xanten) und Ulpia Noviomagus (j. Nijmegen). Erst im folgenden Jahr zog er in der Hauptstadt ein.

Die Sicherung der Reichsgrenzen betrachtete der neue Kaiser als seine wichtigste Aufgabe, denn er hatte die Gefährdung Roms durch eine falsche Militärdoktrin erkannt: Die von Augustus geschaffenen Flussgrenzen an Rhein, Donau und Euphrat boten nur trügerische Sicherheit. Daher sollten künftig Gebirgsgrenzen das Imperium wirksam gegen äußere Feinde schützen.

Diesem Ziel dienten die Feldzüge Traians gegen das thrakische Volk der Daker, deren König Decebalus im Gebiet des heutigen Rumänien ein mächtiges Reich begründet hatte. Im 1. Dakerkrieg (101/2 n. Chr.) wurde das Land unterworfen und durch die Stationierung einer römischen Besatzung gesichert. Als sich Decebalus erneut erhob, wurde sein Reich in einem weiteren Krieg zerschlagen, er selbst endete von eigener Hand (105/6 n. Chr.). Dakien wurde zur römischen Provinz und in den folgenden Jahrhunderten von der Kultur der Sieger geprägt - die rumänische Sprache ist aus der lateinischen hervorgegangen. Aus der unermesslichen Kriegsbeute wurden eindrucksvolle Siegesdenkmäler gestiftet, unter ihnen das Tropaeum Traiani in Adamklissi (Dobrudscha) sowie das Traiansforum in Rom (s. Apollodorus, S. 91 f.) mit der Triumphsäule des Kaisers.

In den folgenden Jahren widmete er sich der Verwaltung des Weltreiches; soziale Maßnahmen wie die Versorgung mittelloser Kinder wurden eingeführt, die Infrastruktur durch den Bau von Straßen und Seeverbindungen (etwa der Fossa Traiana vom Nil zum Roten Meer sowie des neuen Hafens von Ostia) gefördert. Die unermüdliche Sorge des Kaisers um jedes Detail spiegelt sich in seinem Briefwechsel mit Plinius d. J., dem Statthalter des kleinasiatischen Bithynien.

Der letzte Feldzug des fast 60-jährigen sollte das Partherreich niederwerfen und dadurch die östliche Grenze des Imperiums dauerhaft sichern. Armenien und Mesopotamien wurden erobert, die feindliche Hauptstadt Ktesiphon erstürmt (113-116 n. Chr.). Da zwang ihn ein Aufstand der Juden in Zypern und Alexandria, den Vormarsch abzubrechen. Bereits erkrankt, entschloss sich der Kaiser zur Heimreise nach Italien; auf dem Weg starb er im kilikischen Selinus (j. Selindi). Seine Asche wurde im Sockel der Traianssäule beigesetzt (117 n. Chr.).

Der militärische Ruhm des letzten großen Eroberers in der römischen Geschichte, unter dessen Herrschaft das Imperium die größte Ausdehnung erreichte, dazu seine maßvolle Regierung ließen Traian als den besten aller römischen Kaiser erscheinen. Noch Jahrhunderte später führte Theodosius I. die eigene Herkunft auf den spanischen Landsmann zurück. Auch dem christlichen Mittelalter erschien es unvorstellbar, dass der „optimus Princeps" als Heide der Hölle verfallen sei; eine Legende berichtet daher, Gregor d. Gr. habe Traian von den Toten auferweckt, um ihn nachträglich zu taufen und so seine Seele zu retten.

Der schönste Platz der Welt: Apollodorus von Damaskus

Zu den wenigen namentlich bekannten Künstlern der römischen Kaiserzeit zählt Apollodorus von Damaskus. Auch wenn über ihn nur spärliche Nachrichten vorliegen, zeigen die Werke des Meisters - noch als Ruinen - seine hohe Bedeutung für die Geschichte der antiken Architektur.

Als Ingenieur zeichnete er sich ebenfalls aus; so errichtete er im Krieg gegen die Daker beim heutigen Debrecen eine Brücke über die Donau, die uns durch ein Relief der Traianssäule überliefert ist. Ein Werk über die Technik im militärischen Bereich sollte seine Kenntnisse und Erfahrungen für die Nachwelt bewahren. Zudem schuf er den Hafen von Centum Cellae (j. Civitavecchia) sowie in Rom einen Circus und ein Odeion, deren Lage und Gestalt nicht bekannt sind. Zwei bedeutende Bauprojekte machten ihn jedoch erst unsterblich: die Thermen und das Forum des Traian. Freilich blieben nur geringe Reste von der ersten monumentalen Bäderanlage Roms erhalten (330 x 315 m), die der Kaiser über der neronischen „Domus Aurea“ errichten ließ; ihrem streng axialen Grundriss folgten später die Thermen des Caracalla und Diocletian.

Nach der Eroberung Dakiens erbaute Apollodor als gewaltiges Siegesdenkmal das Forum Traiani (107-113 n. Chr.), das der Antike als schönster Platz der Welt galt. Der neue Markt sollte weiteren Raum für Handel und Handwerk bieten; wie bereits bei der Anlage des Caesarforums trat jedoch der praktische Zweck in den Hintergrund; die Geschäftsstraßen der „Mercati Traianei“ blieben hinter der grandiosen Platzanlage verborgen, die den Ruhm des siegreichen Princeps verkündete.

Das gewaltige Rechteck des Forums (300 x 185 m), beherrscht durch ein vergoldetes Reiterstandbild des kaiserlichen Stifters, öffnete sich zu zwei halbrunden Exedren. Bei schlechtem Wetter fanden die Handelsgeschäfte in der Basilica Ulpia statt, der größten Markt- und Gerichtshalle der Antike (170 x 60 m). Nur in wenigen Resten erhalten, wird der fünfschiffige Bau durch den Besuch von S. Paolo fuori le mura vorstellbar: Die gewaltige Pilgerbasilika über dem Grab des Völkerapostels ist eine nahezu exakte Kopie der traianischen Halle (s. Theodosius d. Gr., S. 116 f.). Der reiche Reliefschmuck ihrer Fassade wurde im 4. Jh. für den Triumphbogen Constantins d. Gr. wieder verwendet.

Hinter der Basilika ragt die Triumphsäule des Traian auf; ein - ursprünglich bemaltes - Reliefband (ca. 200 m) schildert die Feldzüge gegen die Daker. Der

Sockel umschloss die Urne des Kaisers; ein Standbild des Herrschers (im 16. Jh. durch eine Petrusstatue ersetzt) bekrönte die Säule und zeigte an, dass er durch seine Virtus vom Grab zu göttlichen Ehren aufgestiegen war.

Den tiefen Eindruck, den das Traiansforum bei späteren Generationen hinterließ, vermittelt der Bericht des Ammianus Marcellinus über den Rombesuch des Kaisers Constantius II. (357): „Dann kam der Kaiser zum Traiansforum ... Da blieb er wie vom Donner gerührt stehen, und seine Gedanken schweiften um die gigantischen Konstruktionen, die Worte nicht schildern können und die von Menschen nicht noch einmal erreicht werden. Ihm schwand die Hoffnung, einen ähnlichen Versuch zu wagen; nur das Pferd Traians im Mittelpunkt des Atriums, das den Kaiser selbst trägt, wolle und könne er nachbilden. Nahe bei ihm stand der Königssohn Hormisdas ... Mit angeborener Gewandtheit erwiderte er: „Vorher, mein Kaiser, lass einen solchen Stall bauen, wenn du dazu imstande bist.“ (16, 10, 15 f.; Übersetzung nach W. Seyfarth).

Stolz und Selbstbewusstsein erfüllten den Mann, der dieses Wunderwerk geschaffen hatte; im Vertrauen auf seine Verdienste wagte Apollodor dem Nachfolger Traians zu widersprechen, als dieser eigene Entwürfe für den Tempel der Venus und Roma vorlegte. Aber auch aller Ruhm vermochte den großen Baumeister nicht vor Strafe zu bewahren; auf Befehl Hadrians büßte er seine Kühnheit mit dem Tode.

Ein düsteres Bild der Zeit: Tacitus

Die Einführung der Monarchie hatte Italien ebenso wie den Provinzen Frieden und Wohlstand gebracht. Auch wenn sich einige Herrscher als unfähig oder gar als „kaiserliche Scheusale“ erwiesen hatten, wünschte doch niemand ernsthaft eine Wiederherstellung der Republik. Lediglich der senatorische Adel trauerte der einstigen „Libertas“ nach, weniger aufgrund der verlorenen Macht als vielmehr wegen einer philosophischen Grundhaltung, die von griechischen Freiheitsidealen geprägt war. Diese Opposition konnte zwar niemals die kaiserliche Herrschaft ernstlich gefährden, aber ihre grundsätzliche Ablehnung der monarchischen Staatsform beeinflusste maßgeblich die römische Geschichtsschreibung, der sich weiterhin vor allem Senatoren widmeten, unter ihnen P. Cornelius Tacitus (geb. 55/56 n. Chr.).

Sein Lebenslauf war der altrömischen Tradition verhaftet, dass sich der Historiker erst nach einer erfolgreichen politischen Karriere im Alter der Historiografie zuwandte: Tacitus stieg unter der Herrschaft Domitians zum Praetor (88 n. Chr.), in Nervas Regierungszeit zum Konsul auf (97 n. Chr.); später verwaltete er die Provinz Asia (112/13 n. Chr.).

Er hatte selbst die Einschränkung der geistigen Freiheit unter Domitian erlebt; dessen Ermordung befreite ihn von schwerem seelischen Druck. Durch diese Ereignisse entscheidend geprägt, begann er sich der literarischen Tätigkeit zu widmen. Zunächst verfasste er die Biografie seines Schwiegervaters Iulius Agricola, der als Statthalter in Britannien durch siegreiche Feldzüge gegen die nördlichen Stämme (im heutigen Schottland) militärischen Ruhm erlangt hatte. Selbst durch rhetorische Fähigkeiten berühmt, behandelte Tacitus in dem (in seiner Echtheit umstrittenen) „Dialog über die Redner" den Verfall dieser Kunst in Rom, den er auf das Ende der republikanischen Freiheit zurückführte.

Von besonderer Bedeutung für die deutsche Frühgeschichte ist sein Büchlein „De origine et situ Germaniae" (Über Ursprung und Lage Germaniens). Vielleicht als Vorstudie zu den historischen Schriften entstanden (geografische und völkerkundliche Exkurse waren in antiken Geschichtswerken üblich), schildert die „Germania" das Land und seine Bewohner - allgemein germanische Sitten und Gebräuche ebenso wie die Besonderheiten der zahlreichen Einzelstämme. Geprägt vom Bild des „edlen Wilden" (das später mit Chateaubriands „Atala" und Karl Mays „Winnetou" seinen Höhepunkt erreichen sollte) wurde die Darstellung der fremden Lebensformen zu einem Sittenspiegel für die in den Augen des Historikers dekadenten Zeitgenossen: „Virtus" und „Libertas", in Rom längst untergegangen, machen die Germanen zum gefährlichsten Gegner des Römischen Reiches.

Mit den „Historiae", einer Darstellung der Zeitgeschichte vom Vierkaiserjahr (s. Vespasian, S. 83 ff.) bis zum Tod Domitians (69-96 n. Chr.) in 14 Büchern (erhalten bis zum Beginn des 5. Buches) legte Tacitus das erste monumentale Geschichtswerk vor. In der Erkenntnis, die Herrschaft Traians zu dessen Lebzeiten nicht ohne politische Rücksichtnahme behandeln zu können, wandte er sich danach in den „Annalen" (16 Bücher; erhalten mit Lücken: 1.-6.; 11.-16.) der Epoche vom Ableben des Augustus bis zum Ende Neros zu (14-68 n. Chr.).

Die Historiografie betrachtete Tacitus als epische Kunst; nicht zufällig ist der erste Satz der „Annalen" als (epischer) Hexameter geformt: „Urbem Romam a principio reges habuere" (Zuerst beherrschten Könige die Stadt Rom.). In seinem Stil folgt er dem Vorbild des Sallust; dieser ist geprägt von kunstreicher Verknappung des Ausdrucks, von - gewollten! - Brüchen und Archaismen. Gnadenlos in ihrer Schärfe sind seine Charakterschilderungen, großartig die dramatischen Szenen. Anders als Livius griff der gewissenhafte Forscher auf originale Akten und Quellen zurück; zudem befragte er Augenzeugen: Auf Bitten des befreundeten Historikers verfasste Plinius, der in seiner Jugend den Untergang Pompejis (79 n. Chr.) miterlebt hatte, den berühmten Bericht über den Ausbruch des Vesuvs.

Im Prooemium der „Annalen“ bekundet Tacitus, er wolle die geschichtlichen Ereignisse „sine ira et studio“ (Ohne jede Parteinahme aufgrund von Zuneigung und Abneigung) darstellen. Sicher haben keine persönlichen Motive seinen Blick getrübt; von der grundsätzlichen Ablehnung der Monarchie hat sich der senatorische Geschichtsschreiber jedoch nicht lösen können. Das Ergebnis ist u. a. ein verfälschtes Bild des Tiberius: Seine menschliche Tragödie hat Tacitus nicht erkannt, den Kaiser vielmehr zum verschlagenen Tyrannen umgedeutet. Aus heutiger Sicht ist zudem unbefriedigend, dass er die Darstellung weitgehend auf die Vorgänge in der Hauptstadt beschränkt; dadurch bleibt etwa die wirtschaftliche und kulturelle Blüte der Provinzen in der frühen Kaiserzeit unberücksichtigt.

Im Mittelalter kaum gelesen und daher nur lückenhaft überliefert wurde Tacitus in der Renaissance wiederentdeckt: durch die deutschen Humanisten als Künder der germanischen Vorfahren, von den niederländischen Rebellen gegen die spanische Herrschaft (wie auch später in der Französischen Revolution) als Feind der Tyrannei; Corneille und Racine fanden in den Charakterschilderungen des Tacitus reiche Anregungen. Und ungeachtet aller historischen Kritik - noch heute kann man sich nur schwer der düsteren Faszination entziehen, die sein finsteres, aber grandioses Bild der römischen Kaiserzeit erweckt.

Der Reisekaiser: Hadrian

Als glücklichste Zeit in der Geschichte der Menschheit - so beurteilten zahlreiche Historiker die Epoche der „Adoptivkaiser“ (s. Traian, S. 89 f.). Zweifellos brachte ihre Herrschaft dem Römischen Reich eine einzigartige wirtschaftliche und kulturelle Blüte. Hatte Traian das Imperium auf den Gipfel seiner Ausdehnung und militärischen Stärke geführt, so wirkte dessen Nachfolger P. Aelius Hadrianus (117-138 n. Chr., geb. 76 n. Chr.) unermüdlich für die Mehrung des allgemeinen Wohlstandes im Schutz der „Pax Augusta", des Kaiserfriedens.

Entfernt mit Traian verwandt stammte er gleichfalls aus dem spanischen Italica (bei Sevilla) und unterstand nach dem Tod der Eltern dessen Vormundschaft. Als Militärtribun überbrachte er Traian die Nachricht vom Ableben Nervas - und damit von seiner Erhebung zum Herrn des Weltreiches. Noch enger verband ihn die Heirat mit dessen Großnichte Sabina mit dem Herrscherhaus. Auf den Feldzügen gegen die Daker (101/2 und 105/6 n. Chr.) zeichnete sich Hadrian aus und diente auch im Partherkrieg in hervorragender Stellung, zunächst im kaiserlichen Generalstab, dann als Statthalter von Syrien.

Ungeachtet dieser Verdienste überraschte die Nachricht, Traian habe ihn auf dem Sterbebett durch Adoption zu seinem Erben bestimmt; bereits in der Antike vermutete man, dass die Kaiserin Plotina nach dem Tod ihres Gemahls diese Nachfolgeregelung fingiert hätte (117 n. Chr.). Offenbar wurde deren Rechtmäßigkeit auch in der Generalität bezweifelt; darauf lässt die Hinrichtung der vier bedeutendsten Feldherren Traians wegen angeblicher Verschwörung gegen den neuen Kaiser schließen.

Schon zu Beginn seiner Regierung vollzog Hadrian einen radikalen Bruch mit der Außenpolitik des Vorgängers; die jüngst eroberten Provinzen Assyria, Mesopotamia und Armenia wurden wieder aufgegeben. Die Vollendung des germanischen Limes, die Sicherung Britanniens durch den Hadrianswall - noch heute das eindrucksvollste römische Monument des Landes - sowie Numidiens durch das Fossatum Africae zeigen die neue, rein defensive Strategie des Imperiums.

In den folgenden Jahren besuchte der Kaiser systematisch alle Gebiete des Reiches; nahezu die Hälfte seiner Regierungszeit verbrachte er auf Reisen. Die Gründung neuer Städte - u. a. Aquincum (j. Budapest), Hadrianopolis (j. Edirne) und Aelia Capitolina (Jerusalem) - sowie der Bau von Straßen und Wasserleitungen dienten der Förderung des Wohlstandes in allen Provinzen.

Auf einer der Inspektionsreisen hatte der homoerotisch veranlagte Kaiser im kleinasiatischen Bithynien den jungen Antinous kennengelernt, der ihn fortan begleitete. Als der Jüngling auf einer Reise durch Ägypten im Nil umkam - wahrscheinlich opferte er sich freiwillig aufgrund der religiösen Vorstellung, er könne damit Hadrians Leben verlängern -, war der Kaiser untröstlich. Seinem

Liebling wurden göttliche Ehren zuerkannt, am Todesort zu ewigem Gedenken die Stadt Antinoupolis gegründet.

Zu den wichtigsten innenpolitischen Maßnahmen des Herrschers zählen die Stärkung der zivilen Verwaltung, die erstmalige Gesetzeskodifikation sowie eine humane Rechtsprechung - u. a. zugunsten von Sklaven. Nur einmal wurde der Frieden im Römerreich ernsthaft erschüttert: Empört über die Errichtung eines Jupiterheiligtums auf den Grundmauern des Herodianischen Tempels in Jerusalem, erhoben sich die Juden und führten unter dem als „Messias" verehrten Fürsten Bar Kochba einen grausamen Guerillakrieg gegen Rom. Erst nach dreijährigem erbitterten Ringen konnte der Aufstand niedergeschlagen werden; ihm fielen angeblich 500.000 Juden zum Opfer (132–135 n. Chr.).

Maßgeblich hat Hadrian, der selbst als Dichter, Philosoph und Architekt dilettierte, das kulturelle Schaffen dieser Zeit geprägt. Der begeisterte Philhellene - wegen seines griechischen Philosophenbartes auch als „Graeculus" (Griechlein) verspottet - förderte das erneute Aufblühen von hellenischer Kunst und Literatur. Dreimal besuchte er Athen, das durch die Gründung der Hadriansstadt erweitert und mit bedeutenden Stiftungen - Olympieion und Hadriansbibliothek - geschmückt wurde.

Auch in Rom wuchsen herrliche Bauten empor: Über dem zerstörten „Goldenen Haus" Neros entstand der gewaltige Tempel der Venus und Roma, auf dem Marsfeld ein Doppelheiligtum für die Schwiegermutter des Kaisers sowie dessen eigenen Kult; am Tiberufer ragte das Mausoleum Hadriani auf, das später als „Engelsburg" zur Festung der Päpste wurde. Das bedeutendste Projekt dieser Epoche geht wahrscheinlich auf die Entwürfe des kunstsinnigen Herrschers selbst zurück: das Pantheon, der besterhaltene Bau der römischen Antike. Seiner Bedeutung als Tempel aller Götter entspricht die Bekrönung mit einer gewaltigen Kuppel als Symbol der Himmelswölbung - bis heute der größten gemauerten Kuppel der Welt.

Anders als sein Vorgänger hatte Hadrian die Nachfolge weit vorausblickend geregelt; durch Adoption wurde T. Aelius Antoninus (Pius) zum Erben bestimmt. Dieser musste wiederum den späteren Kaiser M. Aurel an Sohnes Statt annehmen und so die Kontinuität der Herrschaft sichern. Nach Hadrians Tod in Baiae, dem „Biarritz der Antike" am Golf von Neapel, führte er das große Werk des Vorgängers fort (138 n. Chr.).

Mehr noch als in den stadtrömischen Bauten spiegelt sich das Wesen des großen Griechenfreundes auf dem Kaiserthron in seiner Villa in Tibur (j. Tivoli).

Weit von der Unrast der Metropole entfernt hatte sich der Herrscher hier eine Stätte der Beschaulichkeit geschaffen - mit Gärten und Wasserspielen, Studiensälen und Bibliotheken, vor allem aber mit „Reiseerinnerungen“: Am Fuße der Sabinerberge ließen die kaiserlichen Architekten das griechische Tempetal, den Canopus von Alexandria, sogar das sagenumwobene Atlantis wieder erstehen - als Landschaft der Phantasie, die in ihrer Verbindung von Kunst und Natur sowie dem Rückgriff auf bauliche Vorbilder aus vergangener Zeit die Gärten des Barock und die Architektur des Historismus vorwegnahm.

Ein Philosoph auf dem Kaiserthron: Marc Aurel

Als siegreichen Heerführer gegen die Feinde des Reiches - so zeigt die berühmte Reiterstatue auf dem Kapitol den Kaiser M. Aurelius Antoninus (161-180 n. Chr., geb. 121 n. Chr.), zweifellos eine der edelsten Gestalten der römischen Geschichte. Aber kein triumphierendes Lächeln liegt auf seinem Antlitz, sondern der ruhige Ernst des Philosophen. In bitterer Ironie hat das Schicksal den Stoiker auf dem Kaiserthron dazu gezwungen, nahezu seine gesamte Regierungszeit an der Front und im Feldlager zu verbringen.

Bereits der greise Hadrian hatte Begabung und Charakter des Knaben erkannt, den er (in Anspielung auf dessen ursprünglichen Namen M. Annius Verus) liebevoll als „Verissimus“ (den Wahrhaftigsten) bezeichnete. Daher befahl er seinem präsumptiven Nachfolger Antoninus (Pius), ihn sowie L. Verus, den Sohn des ursprünglich zum Nachfolger bestimmten Aelius Caesar, zu adoptieren (138 n. Chr.). Hervorragende Lehrer - M. Fronto und Herodes Atticus - sorgten für die bestmögliche Ausbildung des künftigen Herrschers, der durch die Heirat mit Faustina, der Tochter des Antoninus Pius, noch enger in die kaiserliche Familie einbezogen und zum Mitregenten erhoben wurde, ohne freilich wirkliche Machtbefugnisse zu erhalten (146 n. Chr.). Nach dem Ableben des Adoptivvaters trat M. Aurel die Regierung an und ernannte Verus zum gleichgestellten Mitherrscher; freilich zeigte dieser bis zu seinem Tode (169 n. Chr.) wenig Interesse an der Regierungsarbeit.

Mit einer gefährlichen Offensive der Parther begann bereits im zweiten Regierungsjahr des neuen Kaisers eine fast ununterbrochene Kette feindlicher Invasionen; das Imperium geriet in tödliche Gefahr. Erst nach vierjährigen

Kämpfen (162–166 n. Chr.) konnte die Euphratgrenze gesichert werden. Eine verheerende Folge des Partherkrieges war die Pest, die von den zurückkehrenden Legionen in das Reich eingeschleppt wurde.

Weitaus größere Gefahr drohte jedoch aus dem Norden: Von innergermanischen Völkerbewegungen getrieben durchbrachen Markomannen und Quaden die Donaugrenze und fielen in Italien ein (167/68 n. Chr.); von den römischen Truppen zunächst zurückgeschlagen, kehrten sie bereits im folgenden Jahr wieder und belagerten das oberitalische Aquileia. Auch an der unteren Donau brach die Reichsverteidigung zusammen; Germanen sowie sarmatische Jazygen - ein iranisches Reitervolk - überrannten Dakien und Moesien. Sie drangen bis nach Griechenland vor und zerstörten das hoch verehrte Heiligtum von Eleusis; Kleinasien wurde von den Bastarnern verwüstet. So groß war die Bedrängnis, dass der Kaiser zur Finanzierung der Feldzüge die Kronjuwelen versteigern musste. Unter dem Eindruck von Pest, Krieg und Not kam es in den Provinzen zu Christenverfolgungen; ihre bekanntesten Opfer waren die Märtyrer von Lugdunum (j. Lyon).

In den folgenden Jahren drängte M. Aurel in zähen Abwehrkämpfen den Feind nach Norden zurück. Aber nun wollte er sich nicht mehr mit einer Stabilisierung der Donaulinie begnügen; er hatte vielmehr die Unzulänglichkeit der Flussgrenzen erkannt und strebte daher die Sicherung des Reiches durch Gebirgsbarrieren an. Die Unterwerfung der Markomannen und Quaden (173/74 n. Chr.) sowie der Jazygen im folgenden Jahr sollte durch die Errichtung der neuen Provinzen Marcomannia und Sarmatia von Dauer sein; die Gebirgszüge von Böhmerwald und Erzgebirge, Sudeten und Karpaten sollten künftig das Imperium wirksam schützen.

Überraschend zwang die Usurpation des Avidius Cassius, seines Statthalters im Orient, den Kaiser zum Abbruch des Germanenfeldzuges; auf dem Marsch nach Osten erfuhr er jedoch, dass der Gegner von den eigenen Truppen beseitigt worden war und dem Reich dadurch ein Bürgerkrieg erspart blieb (175 n. Chr.). Eine Erhebung der Markomannen ließ den Krieg im Norden erneut aufleben; während der Kämpfe starb M. Aurel in Vindobona, dem heutigen Wien (180 n. Chr.). Die Aufgabe der eroberten Gebiete nördlich der Donau durch seinen Nachfolger Commodus sollte sich bitter rächen; in den folgenden Jahrhunderten erwies sich die Donaugrenze als Achillesferse des Reiches. Nach Auffassung zahlreicher Militärhistoriker hätte dagegen die von M. Aurel geplante Verteidigungslinie das Imperium dauerhaft geschützt.

17 (von 19!) Jahre hatte der Kaiser im Felde verbracht; daher kündeten auch seine Denkmäler in der Hauptstadt von kriegerischem Ruhm: Die Marc-Aurels-Säule schilderte nach dem Vorbild der traianischen Triumphsäule die Heldentaten des Herrschers; seine Reiterstatue zeigt ihn als Sieger über die „Barbaren". Da sie dem Mittelalter als Abbild des ersten christlichen Kaisers Constantin galt, blieb sie als einziges Reiterstandbild eines römischen Imperators erhalten. Michelangelo ließ sie vom ursprünglichen Standort neben der Lateranbasilika auf den neu angelegten Kapitolsplatz bringen; 1997 wurde sie dort durch eine Kopie ersetzt (das Original befindet sich jetzt im Konservatorenpalast).

Bereits in jungen Jahren hatte sich M. Aurel der stoischen Lehre zugewandt. Die eigenen philosophischen Gedanken legte er in seinen „Selbstbetrachtungen" dar; sie gewähren einen einzigartigen Einblick in das innerste Empfinden einer der anziehendsten Persönlichkeiten der Geschichte.

Mit dem Ableben M. Aurels endete die Epoche der „Adoptivkaiser" (s. Traian, S. 89 f.); als erster Herrscher seit nahezu einem Jahrhundert hatte er einen Leibeserben. Als unwürdiger Sohn eines großen Vaters trat Commodus seine Nachfolge an. Nach zwölf Jahren - geprägt von Unfähigkeit, Günstlingswirtschaft und persönlicher Überspanntheit - fiel er einer Verschwörung zum Opfer.

Die „Rache Hannibals": Septimius Severus

Wie einst auf den Sturz Neros, folgte auch auf die Ermordung des Commodus (192 n. Chr.) eine Zeit der Wirren und Bürgerkriege. Empört über die Ereignisse in der Hauptstadt - dort hatte die Praetorianergarde die Kaiserwürde an den meistbietenden Senator versteigert - erhoben auch die Legionen in Britannien, an der Donau sowie in den östlichen Provinzen ihre Befehlshaber zur Herrschaft. Aus den Kämpfen des 2. Vierkaiserjahres ging L. Septimius Severus (193-211 n. Chr., geb. 146 n. Chr.) als Sieger hervor.

Im nordafrikanischen Leptis Magna geboren, hatte er eine erfolgreiche Karriere durchlaufen, die ihn bis zur Verwaltung mehrerer Provinzen sowie zum Konsulat führte (190 n. Chr.). Von seinen Truppen wurde der Statthalter Oberpannoniens in Carnuntum (beim heutigen Wien) zum Augustus proklamiert. Ohne auf ernsthaften Widerstand zu stoßen, eroberte er Italien; der

Kaiser von Gnaden der Praetorianer wurde nach nur 66-tägiger „Herrschaft“ erschlagen (193 n. Chr.).

Um einen Zweifrontenkrieg zu vermeiden, erkannte Septimius Severus den Herrscher des Westens, Clodius Albinus, als Mitregenten an. Dann wandte er sich gegen Pescennius Niger, den die Legionen im Orient zum Kaiser ausgerufen hatten. An historischer Stätte wurde er bei Issos in Kleinasien besiegt und hingerichtet (194 n. Chr.). Nun ließ Septimius Severus auch gegenüber dem letzten Rivalen die Maske fallen; bei Lugdunum verlor Clodius Albinus Schlacht und Leben (197 n. Chr.).

Bereits nach dem Sieg von Issos hatte der Kaiser die Euphratlinie durch einen Feldzug gegen die Parther gesichert; in einem weiteren Krieg sollte die Grenze bis zum Tigris vorgeschoben werden. Ktesiphon und Babylon wurden erobert, eine Provinz Mesopotamia eingerichtet. Da die Belagerung der Wüstenstadt Hatra scheiterte, blieb dem römischen Heer jedoch ein durchschlagender Erfolg versagt (197/98 n. Chr.).

Die folgenden Jahre wurden zur Erneuerung von Armee und Verwaltung genutzt. Der Kaiser ging nicht nur mit zahlreichen Todesurteilen gegen oppositionelle Tendenzen im Senat vor (daher galt er dem Gremium als „Rache Hannibals an Rom“), sondern verdrängte auch die altehrwürdige Körperschaft aus den Schlüsselstellen der Reichsverwaltung. Italien büßte den Vorrang gegenüber den Provinzen ein; entgegen einer jahrhundertealten Tradition wurden dort Truppen stationiert: Die Verlegung der Legio II Parthica nach Albanum in unmittelbarer Nähe der Hauptstadt sollte ein Gegengewicht zu den Praetorianern schaffen, vor allem aber den Kern einer mobilen Feldarmee bilden, die der Kaiser jederzeit an bedrohte Grenzen führen konnte.

Als wichtigste Stütze des neuen Herrscherhauses wurde das Militär großzügig belohnt: Der Sold wurde erhöht, die Eheschließung während der (20-jährigen) Dienstzeit gestattet; die Centurionen erlangten ritterlichen Rang. Ferner versuchte Septimius Severus die eigene Herrschaft auch dynastisch zu legitimieren; diesem Ziel diente die (unwahre!) Behauptung, M. Aurel habe ihn einst adoptiert. In Anklang an den vorgeblichen Ahnherrn der Severer wurde fortan sein Sohn Caracalla mit dessen Namen M. Aurelius Antoninus bezeichnet.

Den Ruhm des Kaisers verkündeten zahlreiche neue Bauten in der Hauptstadt: An die Siege gegen die Parther gemahnte der Triumphbogen auf dem Forum Romanum mit seinen figurenreichen Bildfeldern; die Residenz auf dem Palatin wurde erweitert; noch heute prägen die gewaltigen Bögen der Severerzeit ihre Südfassade über der Senke des Circus Maximus. Eine monumentale Brunnenwand, das Septizodium, entstand unterhalb des Palastes am Beginn der Via Appia. Auch Bauwerke früherer Herrscher, die durch einen Brand unter Commodus beschädigt worden waren, ließ Septimius Severus restaurieren, u.a. das Templum Pacis des Vespasian sowie das Heiligtum der Vesta. Als außerstädtische Residenz entstand das Sessorium (bei der heutigen Kirche S. Croce in Gerusalemme).

Bereits über 60-jährig brach der Kaiser zu einem Feldzug gegen die Völker des nördlichen Britannien auf (208–211 n. Chr.); den Strapazen des Krieges erlag er in Eburacum (j. York). Seine letzten Worte an die beiden Söhne Caracalla und Geta zeigen den beginnenden Wandel vom bürgerlichen Prinzipat zur Militärmonarchie der „Soldatenkaiser“:

„Seid einig, bereichert die Soldaten, sonst kümmert euch um nichts!“.

Brudermörder: Caracalla

Unter der Bezeichnung für einen keltischen Kapuzenmantel - seine bevorzugte Gewandung - ging M. Aurelius Antoninus (211–217 n. Chr., geb. 186 n. Chr.), der Sohn des Septimius Severus, als „Caracalla“ in die Geschichte ein. Die ursprüngliche Benennung Bassianus hatte er zugunsten des Antoninennamens abgelegt, der die fiktive Adoption der Severer durch M. Aurel (s. Septimius Severus, S. 99 ff.) bekunden sollte.

Schon früh erlangte er kaiserliche Würden; als Zehnjähriger wurde er zum Caesar, zwei Jahre später zum Augustus erhoben. Nach dem Tod des Vaters trat er mit seinem Bruder Geta die Nachfolge an (211 n. Chr.). Eine gemeinsame Herrschaft erschien jedoch unmöglich - zu groß war der beiderseitige Hass; eine Reichsteilung verhinderte ihre Mutter Iulia Domna. Bereits nach wenigen Monaten entschied Caracalla den Machtkampf für sich: Geta wurde ermordet, zahlreiche seiner Anhänger hingerichtet (212 n. Chr.).

Im selben Jahr erließ der Kaiser die Constitutio Antoniniana; alle Bewohner des Reiches erhielten das römische Bürgerrecht. Auch wenn ein zeitgenössischer Historiker vermutete, dass Caracalla durch dieses Gesetz lediglich die Erbschaftssteuer auf das gesamte Imperium ausdehnen wollte, hat es doch maßgeblich zur allgemeinen Romanisierung der Reichsbevölkerung beigetragen.

Danach sicherte er die Grenzen gegen die Alamannen am Rhein sowie die dakischen Karpen (deren Namen die Karpaten bis heute bewahren) an der Donau (213/14 n. Chr.). Immer mehr nahm sich der junge Herrscher die Heldengestalt Alexanders d. Gr. zum Vorbild; seinen Taten wollte er gleichkommen, sein Weltreich erneuern. Ein romantisches Heiratsprojekt - die Vermählung Caracallas mit einer parthischen Prinzessin - sollte Ost und West erneut vereinen. Die Ablehnung dieses Vorschlags durch den Partherkönig bedeutete Krieg. Auf dem Vormarsch fiel der Kaiser einer Verschwörung zum Opfer; in wehrlosester Situation wurde er ermordet (217 n. Chr.).

Wie bereits sein Vater, stützte sich auch Caracalla vor allem auf die Soldaten; besonderes Vertrauen schenkte er den „Löwen", der germanischen Leibgarde. Auch das einfache Volk wollte er für sich gewinnen; diesem Ziel diente eine soziale Gesetzgebung, ferner bedeutende bauliche Stiftungen in Rom: Auf dem Quirinal erhob sich der riesige Tempel des Serapis, von dessen Größe und Pracht heute nur noch wenige Säulenreste im Hof der Università Gregoriana zeugen.

Das großartigste Monument seiner Herrschaft sind jedoch die Caracalla-Thermen, der bis zu dieser Zeit größte Bade- und Sportpalast der Hauptstadt. Ihre schlichten Ziegelmauern, der reichen Ausstattung mit Mosaiken, Marmor und Skulpturen beraubt, vermitteln nur noch einen schwachen Abglanz einstiger Herrlichkeit. Aber mit ihren gewaltigen Ausmaßen und den kühnen Bögen der Gewölbe zählen sie noch heute zu den eindrucksvollsten Baudenkmälern des kaiserlichen Rom.

Restitutor Orbis: Aurelian

Die tödliche Bedrohung durch auswärtige Feinde sowie das innere Chaos (von 235-284 n. Chr. wurden mehr als 60 „Soldatenkaiser" erhoben) hatten in der Weltkrise des 3. Jhs. n. Chr. fast zum Untergang des Römischen Reiches geführt. Seine Rettung verdankte das Imperium den Herrschern illyrischer Herkunft, die in unermüdlichem Wirken die Grenzen sicherten und das innere Gefüge des Staates erneuerten. Unter ihnen ragt L. Domitius Aurelianus hervor (270-275 n. Chr., geb. 214 n. Chr.), der als „Restitutor Orbis" (Erneuerer des Erdkreises) seine verlorene Einheit wiederherstellte. Denn in den Stürmen der

Reichskrise war das Imperium in drei Machtbereiche zerfallen: Die östlichen Provinzen von Kleinasien bis Ägypten waren dem nominell verbündeten, faktisch aber unabhängigen Königreich Palmyra zugefallen; im Westen umfasste das „Gallische Sonderkaisertum“ Gallien, Spanien und Britannien: das „Mittelreich“ war auf Italien, die Balkanprovinzen sowie Afrika beschränkt.

Mit der Herrschaft über diese Gebiete musste sich auch Aurelian zunächst begnügen, als er zum Nachfolger Claudius' II., des Gotensiegers von Naissus (j. Niš) erhoben wurde. Von niedriger Herkunft, hatte er sich zum Befehlshaber der Reiterarmee, die damals das Rückgrat des römischen Heeres bildete, und damit zum mächtigsten Mann nach dem Kaiser emporgedient. Die (vorläufige) vertragliche Anerkennung der palmyrenischen Machtstellung im Orient ermöglichte Aurelian die Abwehr der Vandalen und Sarmaten in Pannonien. Auch die in Italien eingefallenen Alanen und Juthungen wurden zurückgedrängt, eine Revolte in Rom niedergeschlagen (270 n. Chr.).

Der Sicherung der Hauptstadt vor künftigen germanischen Invasionen diente das größte Bauprojekt seiner Regierung: Die Aurelianische Mauer umschloss Rom in einer Gesamtlänge von 19 km, gesichert von fast 400 Türmen. In weiten Abschnitten erhalten, prägt sie - vor allem im Süden - noch heute das Bild der Ewigen Stadt.

Durch einen Sieg über die Goten sicherte der Kaiser im folgenden Jahr die Donaugrenze; allerdings musste unter wachsendem germanischen Druck die Provinz Dakien aufgegeben werden. Danach wandte er sich gegen Palmyra; dort hatte die machtbewusste Königin Zenobia die formelle Oberhoheit Roms abgeworfen und für sich sowie ihren Sohn den Kaisertitel angenommen (271 n. Chr.). Der Sieg Aurelians bei Emesa (j. Homs) und die Eroberung Palmyras entschieden unerwartet schnell den Krieg (272 n. Chr.); die besiegte Herrscherin wurde in Rom im Triumph des Siegers aufgeführt, dann aber begnadigt und nach Tibur (j. Tivoli) verbannt.

Nachdem er die römische Macht im Osten erneuert hatte, zog der Kaiser gegen das Gallische Reich, dessen Herrscher Tetricus ihn selbst gebeten hatte, er möge ihn von der Willkür seiner unbotmäßigen Soldaten erlösen. Der Verrat des Gegners an den eigenen Truppen in der Schlacht auf den Katalaunischen Feldern (bei Chalons-sur-Marne) ermöglichte Aurelian einen leichten Sieg und die Wiedereingliederung der westlichen Provinzen in das Reich (273 n. Chr.).

In den folgenden Monaten widmete sich der Kaiser inneren Reformen sowie der Einführung eines neuen Reichskultes: Die allgemeine Verehrung des Sol invictus, des unbesiegbaren Sonnengottes, sollte die innere Einheit des Imperiums fördern; ihm wurde auf dem Marsfeld ein gewaltiger Tempel errichtet. Weit blickend waren seine militärischen Maßnahmen; die Aufstellung schwergepanzerter Reitereinheiten, der Kataphrakten und Clibanarier, wies bereits in das Mittelalter voraus, in dem geharnischte Ritter die Schlachtfelder Europas beherrschten. Die Aufnahme geschlossener germanischer Verbände in die römische Armee war der Beginn der später so verhängnisvollen „Barbarisierung" des Heeres.

Auf dem Weg nach Byzantium zum Feldzug gegen die Perser fiel der Kaiser der Intrige seines Sekretärs zum Opfer, der wegen eines Vergehens Strafe befürchten musste (275 n. Chr.). Nur fünf Jahre hatte Aurelian geherrscht; aber er hatte in dieser kurzen Zeit die Einheit des Reiches erneuert und den Weg für Diocletian und Constantin d. Gr. bereitet, die sein Werk vollenden sollten.

DIE KUNST DER RÖMISCHEN KAISERZEIT

Frieden und Wohlstand der frühen Kaiserzeit ließen alle bildenden Künste aufblühen. Zahlreiche Monumentalbauten entstanden, ebenso ungezählte Statuen, Porträtbüsten und Sarkophage, die bis heute maßgeblich unser Bild der römischen Antike bestimmen. Aus der Regierungszeit des ersten Kaisers stammen – neben der Umgestaltung des Forum Romanum – Marcellustheater und Augustusforum, das Mausoleum des Herrschers auf dem Marsfeld und das „Haus der Livia" auf dem Palatin, die Ara Pacis sowie die Reste der gigantischen Sonnenuhr als wichtige Zeugnisse der augusteischen Propaganda, ferner die Cestius-Pyramide am Rand der Stadt. Die Panzerstatue sowie die Wandmalereien von Primaporta bezeugen die Blüte von Skulptur und Malerei. Unter den späteren Stiftungen der Julisch-Claudischen Dynastie ragt Neros „Goldenes Haus" mit seinen einzigartigen Fresken hervor.

In flavischer Zeit entstanden Kolosseum und Titusbogen, ferner die gewaltige Residenz auf dem Palatin sowie das Stadion des Domitian (die heutige Piazza Navona). Weniger bekannt sind die Titusthermen auf dem Oppius – aber dort wurde die Laokoongruppe gefunden! Hochberühmte Bauten wuchsen unter den Adoptivkaisern empor: Forum und Triumphsäule des Traian, das Pantheon und die heutige Engelsburg sowie der Tempel der Venus und Roma. An den Philosophenkaiser M. Aurel erinnern dessen Siegessäule sowie seine herrliche Reiterstatue. Unter den Stiftungen der Severer ragen die Thermen des Caracalla hervor. Die tödliche Bedrohung durch die Reichskrise des 3. Jhs. n. Chr. spiegelt sich in der Aurelianischen Mauer, der allmähliche Aufstieg des Christentums in den zahlreichen Katakomben vor den Toren der Stadt.

Die Spätantike (284–565 n. Chr.)

Die gewaltige Basilika S. Paolo fuori le Mura kündet vom Sieg des Christentums über die alten Götter.

Unter der tatkräftigen Herrschaft Diocletians und seiner Mitregenten wurden die Grenzen des Reiches gesichert, das Staatswesen erneuert; allerdings verlor Rom die Funktion als kaiserliche Residenz. Die Usurpation des Maxentius - des letzten großen „heidnischen“ Bauherrn der Ewigen Stadt - war eine Reaktion der einstigen Weltmetropole auf diesen Bedeutungsverlust. Nach dem Sieg an der Milvischen Brücke wandte sich Constantin d. Gr. dem Christentum zu; durch die Gründung Konstantinopels - das Rom gleichgestellt wurde - vollzog er den Bruch mit der traditionsgeheiligten Hauptstadt, die noch lange den alten Göttern verbunden blieb; auch kaiserliche Besuche wurden selten.

Mit der Niederlage bei Adrianopel begann die germanische Völkerwanderung; die gotischen Angriffe auf Italien gipfelten in der Plünderung Roms durch Alarich (410 n. Chr.). Mächtige Heermeister verdrängten allmählich die schwachen Kinder- und Schattenkaiser. Das Reich zerfiel in germanische Staaten: Die Westgoten beherrschten Spanien, die Franken Gallien; Britannien wurde durch die Angelsachsen erobert, Nordafrika von den Vandalen. Dagegen blieb das Hunnenreich Attilas trotz seiner gewaltigen Ausdehnung eine kurzlebige Episode. Schließlich wurde der letzte weströmische Kaiser Romulus Augustulus von seinen germanischen Söldnern abgesetzt (476). Eine Nachblüte erlebte Italien unter dem ostgotischen König Theoderich d. Gr. Nach dessen Tod erneuerte der byzantinische Kaiser Justinian für wenige Jahre das Imperium Romanum; doch ging Italien schon bald durch den Einmarsch der Langobarden verloren. Im Osten bewahrte das Byzantinische Reich bis zur Eroberung Konstantinopels durch die osmanischen Türken (1453) das römische Erbe.

Reichsreform und Christenverfolgung: Diocletian

Die tödliche Bedrohung für das Imperium Romanum durch die Reichskrise des 3. Jhs. n. Chr. war überwunden. Bis auf den Verlust Dakiens hatte das Reich seine Grenzen behauptet, die feindlichen Angriffe ließen allmählich nach. Aber in dieser Zeit der Kriege und inneren Wirren war das wirtschaftliche und kulturelle Leben weitgehend zum Erliegen gekommen, das Gefüge des Staates hatte sich aufgelöst. Das Reich bedurfte einer neuen Ordnung; sie wurde das Werk Diocletians (284-305 n. Chr.) und seiner Mitregenten.

Im illyrischen Salona (beim heutigen Split) in einfachsten Verhältnissen geboren, hatte sich Diocles (erst als Herrscher nannte er sich C. Aurelius Valerius Diocletianus) zum Befehlshaber der kaiserlichen Leibwache hochgedient; nach dem Tod Numerians wurde er zu dessen Nachfolger ausgerufen (284 n. Chr.). Bereits im folgenden Jahr ernannte er seinen Freund Maximian als Caesar zum Mitregenten und übertrug ihm den Kampf gegen die Bagauden, eine sozial motivierte Aufstandsbewegung in Gallien. Auch wenn er dessen Sieg mit der Erhebung zum Augustus belohnte (286 n. Chr.), blieb der Rangunterschied der beiden Kaiser gewahrt: Diocletian bezeichnete sich als Sohn des Jupiter (Iovius), Maximian galt als Spross des Hercules (Herculius).

Die Loyalität seines Mitregenten ermutigte Diocletian zur Erweiterung des Herrscherkollegiums. Damit sollte ein Grundübel der Reichskrise überwunden werden, die willkürliche Erhebung (und Beseitigung!) von Kaisern durch die Soldaten. Wenn an allen Fronten legitime Herrscher kommandierten, konnte kein Machtvakuum entstehen, das Raum für Usurpationen bot. Daher wurden zwei verdiente Militärs zu Caesares (Unterkaisern) erhoben, die jeweils einem Augustus (Oberkaiser) zugeordnet waren: Galerius unterstand Diocletian, Constantius dessen Kollegen Maximian (293 n. Chr.). Nach 20-jähriger Herrschaft sollten die Augusti abdanken, die Caesares in deren Rang aufrücken und durch die Zuwahl von neuen Stellvertretern das Kaiserkollegium ergänzen. Zweifellos war die „Tetrarchie“ (Viererherrschaft) ein künstliches Gebilde; sie nahm auch keine Rücksicht auf das in der Armee tief verwurzelte dynastische Gefühl. Geprägt von der dominierenden Persönlichkeit Diocletians, gab sie dennoch in den folgenden Jahrzehnten dem Römischen Reich ungewohnte Stabilität. Seine bekannteste künstlerische Darstellung hat das einträchtige Kaiserkollegium in einer Skulpturengruppe an der Markuskirche von Venedig gefunden.

Obwohl nur noch letzte Ausläufer der verheerenden Barbareninvasionen die Reichsgrenzen bedrohten, mussten doch weiterhin Abwehrkämpfe geführt werden: an der Donau gegen die Sarmaten und Karpen (die Diocletian endgültig vernichtete), am Rhein gegen Alamannen und Franken. Der Osten wurde durch einen glänzenden Sieg des Galerius (297 n. Chr.) für Jahrzehnte gesichert. Gelegentlich kam es noch zur Erhebung von Gegenkaisern; bis auf die Usurpation des Carausius in Britannien (287/88–293 n. Chr.) wurden diese jedoch rasch niedergeworfen. Die Vermehrung der Truppenstärke auf über 500.000 Mann und die Verstärkung der Grenzbefestigungen sollten die Sicherheit des Reiches auf Dauer gewährleisten.

Auf seine innere Erneuerung zielten grundlegende Reformen. Das Kaisertum wurde nicht nur durch die Begründung der Tetrarchie institutionell abgesichert, sondern auch ideologisch gefestigt: Eine göttergleiche Überhöhung des Herrschers sollte die im Chaos der Reichskrise geschwundene Ehrfurcht vor der kaiserlichen Würde mehren und dadurch Usurpationen vorbeugen. Diesem Ziel diente auch die Entmachtung der Statthalter durch eine Verkleinerung der Provinzen sowie die Trennung von ziviler Verwaltung und militärischem Kommando. Italien verlor seine Sonderstellung; Rom behielt dagegen die althergebrachten Privilegien. Allerdings büßte die Stadt faktisch den Rang einer Kaiserresidenz ein, da die Tetrarchen ihren Sitz in der Nähe der bedrohten Grenzen nahmen: Diocletian im kleinasiatischen Nikomedia (j. Izmit), Maximian in Mailand, Galerius in Sirmium (bei Belgrad), Constantius in Trier, dessen Bauten noch heute die spätantike Bedeutung der Stadt bezeugen.

Aufgrund der Vergrößerung von Armee und Verwaltung war der Finanzbedarf des Staates erheblich gestiegen und konnte nur durch eine drastische Erhöhung der Steuerbelastung gedeckt werden. Die Einführung des erblichen Berufszwangs stellte die öffentliche Versorgung sicher; ein Höchstpreisedikt sollte stabile Kosten für alle Waren und Dienstleistungen - insbesondere zur Versorgung der Armee - garantieren.

Erhebliche Mittel erforderte die großzügige Baupolitik der Tetrarchen; Tempel und Paläste, Thermen und Theater entstanden in ihren neuen Residenzen. Auch in Rom stifteten sie eindrucksvolle Bauten: auf dem Forum Romanum das Fünfsäulenmonument mit den Statuen des Iuppiter Optimus Maximus sowie der vier Mitglieder des Kaiserkollegiums, von dem freilich nur eine Säulenbasis erhalten blieb. Zahlreiche ältere Bauwerke - die Curia und das Heiligtum des Saturn, das Caesarforum sowie das Theater des Pompeius - wurden nach einer verheerenden Feuersbrunst restauriert. Das bedeutendste stadtrömische Monument der Tetrarchie sind jedoch die gewaltigen Diocletiansthermen, deren Mittelsaal - im 16. Jh. in die Kirche S. Maria degli Angeli umgewandelt - noch heute einen Eindruck der antiken Pracht vermittelt.

Nicht nur die äußere Sicherung und innere Festigung des Reiches waren das Ziel Diocletians; auch geistig sollte das Imperium erneuert werden. Daher wurden die altrömischen Kulte gefördert, fremde Glaubensgemeinschaften, etwa die Manichäer, dagegen unerbittlich verfolgt. Im Kampf für die Wiederbelebung der alten Staatsreligion ging der Kaiser in den letzten Jahren seiner Regierung auch gegen die größte „unrömische“ Glaubensgemeinschaft vor: Die Entlassung christlicher Offiziere und Beamter aus dem kaiserlichen Dienst sowie die Vernichtung von Kirchen und Schrifttum leiteten die größte Christenverfolgung der Antike ein. Ein zweites Edikt stellte die Geistlichen vor die Wahl, den Göttern zu opfern oder in den Tod zu gehen, ein drittes erlegte diese Entscheidung allen Christen auf (303 n. Chr.). Auch wenn die Verfolgung nicht überall wütete (so verweigerte Constantius in seinem Reichsteil ihre Durchführung), fielen ihr doch zahlreiche Märtyrer zum Opfer. Die Ausrottung des Christentums gelang dennoch nicht; vielmehr bewog das Vorbild standhafter Gläubiger viele Heiden, sich taufen zu lassen.

Nach 20-jähriger Regierung legte Diocletian gemeinsam mit Maximian die Herrschaft nieder. Galerius und Constantius traten als Augusti die Nachfolge an; dass man bei der Ergänzung des Kollegiums die Kaisersöhne Constantin und Maxentius überging, sollte sich freilich schon bald als verhängnisvoll erweisen (305 n. Chr.).

Die letzten Lebensjahre verbrachte der greise Diocletian in der illyrischen Heimat; ein wehrhafter Palast nahe seiner Geburtsstadt Salona bot ihm Sicherheit und kaiserlichen Luxus. In den Slawenstürmen des 7. Jhs. diente er der umwohnenden Bevölkerung als Zufluchtsort und wurde zur Keimzelle der mittelalterlichen Stadt Spalato (j. Split). Mauern und Tore, Kaisermausoleum und Jupitertempel (j. Dom und Baptisterium) blieben dadurch als einer der eindrucksvollsten Baukomplexe der Spätantike weitgehend erhalten.

Im Alter musste der ehemalige Herrscher noch den Zusammenbruch der von ihm so kunstvoll erdachten Tetrarchie durch die Usurpationen von Constantin und Maxentius erleben. In dieser erneuten Krise des Staates fand er sich dazu bereit, in Carnuntum einem Kongress aller damaligen Kaiser (außer Maxentius) zu präsidieren; das Ansinnen, nochmals die Bürde der Herrschaft zu übernehmen, wies er dagegen entschieden zurück (308 n. Chr.).

Bitter ließen ihn die folgenden Jahre die eigene Machtlosigkeit spüren; er musste die Ermordung aller seiner Angehörigen in den Wirren der Bürgerkriege sowie den Aufstieg des Christentums miterleben. Fast vergessen starb er in seinem Palast an der dalmatinischen Küste (313 oder 316 n. Chr.). Tatkräftig hatte er das Reich erneuert; Constantin d. Gr. sollte dieses Werk vollenden, jedoch nicht im Kampf, sondern im Bunde mit den aufstrebenden Mächten der Zeit - den Germanen und der christlichen Kirche.

Der letzte große Bauherr: Maxentius

Die Reformen Diocletians hatten der Ewigen Stadt den Rang als kaiserliche Residenz genommen, aber ihre Privilegien nicht angetastet. Seinen Nachfolgern war diese Rücksichtnahme auf alte Traditionen fremd; die Steuerfreiheit der Bewohner sollte beseitigt, die Praetorianergarde aufgelöst werden. Dies wollten weder die Soldaten noch die Plebs urbana hinnehmen; daher erhoben sie Maxentius zum Kaiser (306–312 n. Chr., geb. 279 n. Chr.), den Sohn des Maximianus Herculius (s. Diocletian, S. 106 ff.). Dass man ihn bei der Ergänzung des Kaiserkollegiums übergangen hatte, erwies sich jetzt als verhängnisvoller Fehler - wie auch die Zurücksetzung des ebenfalls dynastisch legitimierten Constantin, der wenige Monate zuvor im Westen die Kaiserwürde usurpiert hatte.

Allerdings hatte dieser lediglich den Reichsteil seines früh verstorbenen Vaters übernommen. Die Erhebung des Maxentius verletzte dagegen die Rechte eines anderen Kaisers; daher wurde ihm die Anerkennung verweigert. Mehrere Versuche der legitimen Herrscher, den Usurpator mit militärischen Mitteln zu beseitigen, scheiterten jedoch; die Soldaten weigerten sich, gegen den Sohn ihres einstigen kaiserlichen Feldherrn zu kämpfen.

Nachdem er seine Macht erfolgreich behauptet hatte, mehrte Maxentius den Glanz Roms durch ein für diese Epoche einzigartiges Bauprogramm: Das Heiligtum der Venus und Roma wurde nach einem Brand restauriert, der Kaiserpalast auf dem Palatin durch Thermen erweitert. An der Via Appia entstand eine Villa des Maxentius mit einem Circus sowie dem Heroon seines Sohnes, dessen Name Romulus gleichfalls die Hinwendung des Vaters zu den historischen Traditionen der Ewigen Stadt bezeugt. Auf dem Forum Romanum ließ er als eindrucksvollstes Monument seiner Herrschaft die gewaltige Basilica errichten, in deren mächtigen Bögen die römische Wölbetechnik ihren Höhepunkt erreichte.

Da er die politische Bedeutung der Stadt erneuert hatte und in seinen Bauten und Münzprägungen ihren uralten Überlieferungen huldigte, war der Kaiser zunächst durchaus beliebt, vor allem beim einfachen Volk. Der Senat litt dagegen unter dem Steuerdruck; die riesige Armee des Herrschers sowie die aufwendigen Bauprojekte erforderten ungeheure Summen. Nach dem Abfall Afrikas - der Kornkammer Italiens - wurde er auch bei der Plebs zunehmend unpopulär, zumal er bei einer Hungerrevolte 6.000 Menschen niedermetzeln ließ (310 n. Chr.).

Das anfangs freundschaftliche Verhältnis zu Constantin, das durch dessen Vermählung mit der Schwester des Maxentius noch gefestigt wurde, verschlechterte sich allmählich. Als der Beherrscher Galliens seinem Schwager - ohne Kriegserklärung! - die Iberische Halbinsel entriss, wurde eine militärische Auseinandersetzung unvermeidlich. Constantin marschierte in Oberitalien ein und drang nach Siegen bei Turin und Verona in die Nähe der Hauptstadt vor. Im Vertrauen auf das glückliche Omen stellte sich Maxentius am 28.10.312 n. Chr. - seinem „Dies Imperii", dem Tag der Kaisererhebung - vor den Toren Roms zur Schlacht, die mit einem triumphalen Sieg Constantins endete; sein Gegner ertrank auf der Flucht im Tiber.

Die Schlacht an der Milvischen Brücke entschied nicht nur den Machtkampf zwischen zwei Kaisern. Sie wurde zu einem Wendepunkt der abendländischen Geschichte (s. Constantin d. Gr., s. u.); das christliche Zeitalter Europas hatte begonnen.

Als Gegenbild zur „Lichtgestalt" Constantins musste Maxentius von der frühchristlichen Geschichtsschreibung in den düstersten Farben gezeichnet werden. Der Propaganda des Siegers folgend wurde er als Urbild eines Tyrannen sowie (obgleich in Wirklichkeit tolerant) als Christenverfolger geschildert. Ein byzantinischer Historiker charakterisierte ihn gar als den „schlechtesten der römischen Kaiser" (Georgios Monachos). Erst die moderne Forschung lässt ihm Gerechtigkeit widerfahren - als dem letzten großen Bauherrn der Antike, einer untergehenden Welt, die bald von den Basiliken des siegreichen Christengottes verdrängt werden sollte.

In diesem Zeichen wirst du siegen: Constantin d. Gr.

Die Entscheidung des Bürgerkrieges stand unmittelbar bevor; nahe der Hauptstadt standen sich die Armeen der kaiserlichen Rivalen Constantin und Maxentius gegenüber. Nach eigenem Bericht erhielt Constantin vor der Schlacht in einer Vision die Weisung Christi, die griechischen Buchstaben X P (lat.: Chr) als Symbol seines heilbringenden Namens auf die Schilde der Soldaten zu setzen und in diesem Zeichen zu siegen. Er folgte der göttlichen Verheißung und erfocht an der Milvischen Brücke vor Rom einen glänzenden Sieg; Maxentius kam auf der Flucht in den Fluten des Tibers ums Leben (28.10.312 n. Chr.). Der

Sieger aber unterließ beim Triumphzug die üblichen Opfer für die alten Götter und bekundete so die Hinwendung zu seinem himmlischen Schlachtenhelfer, dessen Anhängern er im folgenden Jahr durch das Edikt von Mailand nach Jahrzehnten der Verfolgung Duldung gewährte.

So schildert eine fromme Überlieferung die Ereignisse, die zu einem Wendepunkt in der Geschichte des Abendlandes wurden; die Annahme des Christentums durch Constantin veränderte das Antlitz der Welt. Trotz aller legendärer Verklärung, ungeachtet der wenig christlichen Lebensführung des Kaisers, der später seinen Sohn und die eigene Gemahlin gnadenlos dem Henker überliefern sollte (326 n. Chr.) - an der Bekehrung Constantins kann nicht gezweifelt werden.

Geboren in Naissus (j. Niš) als Sohn des späteren Kaisers Constantius und seiner Konkubine Helena, einer Gastwirtstochter, wuchs der junge Flavius Valerius Constantinus (306-337 n. Chr., geb. um 285 n. Chr.) nach der Erhebung seines Vaters zum Caesar am Hof Diocletians in Nikomedia (j. Izmit) auf. Bei der Ergänzung des Kaiserkollegiums nach dessen Abdankung übergangen (305 n. Chr.) wurde er bereits im folgenden Jahr beim Ableben des Vaters in Britannien durch die Soldaten zum Nachfolger ausgerufen und von den anderen Herrschern anerkannt. Mit dem in Italien erhobenen Usurpator Maxentius schloss er zunächst ein Neutralitätsabkommen, doch mehrten sich später die Spannungen zwischen beiden Rivalen. Der Sieg an der Milvischen Brücke machte Constantin zum Herrn über den gesamten Westen des Reiches.

Danach unterwarf er auch den östlichen Teil des Imperiums; bei Adrianopel und Chrysopolis geschlagen, musste sein letzter Gegner Licinius im kleinasiatischen Nikomedia kapitulieren. Erstmals seit nahezu 40 Jahren war das ganze Reich wieder in einer Hand vereint (324 n. Chr.).

In den folgenden Jahren erwies sich Constantin - als Heerführer einer der Großen der Geschichte - auch als bedeutender Staatsmann, dessen Reformen das Werk Diocletians vollendeten: Der kaiserliche Hof und die Verwaltung des Reiches wurden umgeformt. Eine Münzreform schuf mit dem Solidus (4,48 g Gold) die Leitwährung des Mittelmeerraumes für nahezu ein Jahrtausend; die neue stabile Währung ermöglichte nach Jahrzehnten von Chaos und Krise eine erneute wirtschaftliche Blüte im Römischen Reich.

Auch die Organisation des Heeres wurde umgestaltet; die Trennung des Feldheeres (Comitatenses) von der Grenzmiliz (Limitanei) wurde vollendet, anstelle der aufgelösten Praetorianer eine neue Leibgarde (Scholae Palatinae) aufgestellt. Zukunftweisend war die Aufnahme zahlreicher Germanen in die Armee, denen nun auch die höchsten Ränge offen standen.

Von weltgeschichtlicher Bedeutung war die Hinwendung Constantins zur christlichen Religion, deren Macht fortan Kaiser und Reich stützte. Staat und Kirche verschmolzen in der Rom-Theologie des Eusebius von Caesarea, die das Imperium als Teil des göttlichen Heilsplanes deutete. Aber die enge Verbindung des Herrschers zur christlichen Gemeinschaft erforderte auch das staatliche Eingreifen in die zahlreichen und erbitterten innerkirchlichen Auseinandersetzungen. Die wichtigste dogmatische Streitfrage dieser Zeit hatte der Presbyter Arius aufgeworfen: War Christus mit dem göttlichen Vater wesensgleich oder lediglich dessen wesensähnliches Geschöpf? Das erste ökumenische Konzil in Nicaea (j. Iznik) verurteilte die arianische Lehre als häretisch und definierte Christus als wesensgleich mit dem Vater (325 n. Chr.). Die unerbittliche Haltung der siegreichen Orthodoxie ließ die theologische Auseinandersetzung freilich noch Jahrzehnte fortdauern. Dass der Kaiser - obgleich noch nicht getauft! - auf dem Konzil den Vorsitz führte, dass die Bischöfe von ihm die Durchsetzung kirchlicher Entscheidungen erwarteten, notfalls mit staatlicher Gewalt, zeigt den radikalen innerkirchlichen Wandel durch die „Konstantinische Wende".

Auch in seiner Gesetzgebung förderte der Herrscher die christliche Gemeinschaft: Die Erlaubnis zur Annahme von Erbschaften schuf die Grundlage für ihren ungeheuren Reichtum; die Einsetzung der Bischöfe als Richter in zivilen Streitigkeiten erhöhte das Ansehen der kirchlichen Würdenträger; in die Gesetze floss christliches Gedankengut ein, etwa in einem neuen Eherecht sowie einer Humanisierung der Sklavenhaltung; der Sonntag wurde zum staatlichen Feiertag erhoben (321 n. Chr.).

Die Bekehrung zum Christentum entfremdete den Kaiser zunehmend von altrömischen Traditionen und damit auch von der heidnisch geprägten Hauptstadt des Reiches. Nach der Schlacht an der Milvischen Brücke hatte er Rom als Residenz gewählt und der Metropole durch zahlreiche bauliche Stiftungen seine Huld bezeugt: An den Triumph über Maxentius erinnerten der Constantinsbogen auf dem Forum Romanum sowie die kolossale Statue des Kaisers in der gewaltigen Basilica des geschlagenen Gegners, die nun den Namen des Siegers trug (die erhaltenen Teile des Standbildes heute im Hof des Konservatorenpalastes); der Circus Maximus wurde erweitert, neue Thermen auf dem Quirinal errichtet.

Für seinen göttlichen Schlachtenhelfer stiftete Constantin als erste monumentale Kirche der Christenheit eine Erlöserbasilika, die heute den Namen

S. Giovanni in Laterano trägt; der dabei neu geschaffene Bautypus sollte die sakrale Architektur des Abendlandes für Jahrhunderte prägen. Weitere Kirchen wurden dem Gedächtnis der römischen Märtyrer geweiht: St. Marcellinus und Petrus an der Via Labicana, die Basilica Apostolorum (j. S. Sebastiano ad Catacumbas) an der Via Appia, vor allem aber die gewaltige Basilika von Alt-St. Peter über dem Grab des Apostelfürsten am Mons Vaticanus. Die fromme Mutter des Kaisers stiftete die Palastkirche im Sessorium (j. S. Croce in Gerusalemme), seine Tochter die Basilika der Hl. Agnes (S. Agnese fuori le Mura).

Wahrscheinlich bei der Vicennalienfeier Constantins (326 n. Chr.) kam es zum Bruch mit der alten Hauptstadt, die an ihren Göttern festhielt und daher seinem Denken fremd geworden war. Der Kaiser beschloss, der heidnischen Metropole ein neues christliches Rom entgegenzusetzen, das seinen Namen tragen sollte. Thessalonike und Serdica (j. Sofia), Nikomedia sowie das durch Sage und Geschichte berühmte Ilion (Troia) wurden als Standorte der neuen Hauptstadt erwogen, dann entschied jedoch der Blick des Feldherrn: An der strategisch wichtigen Schwelle zwischen Europa und Asien sollte die „Nea Roma" am Bosporus über dem griechischen Byzantion entstehen. Die historische Entwicklung bestätigte die Entscheidung des Kaisers; aufgrund seiner einzigartigen Lage wurde Konstantinopel für Jahrhunderte zur größten und bedeutendsten Stadt der Welt.

Die neue Stadt war ein Abbild Roms; sie besaß sieben Hügel und 14 Regionen, einen eigenen Senat sowie einen „Goldenen Meilenstein" als symbolischen Mittelpunkt der Welt; ihre Einwohner genossen dieselben Privilegien, Steuerfreiheit und kaiserliche Spenden.

Auch an Schönheit sollte die neue Hauptstadt der Rivalin gleichkommen; daher brachte man aus allen Teilen des Reiches Kunstwerke an den Bosporus. Prächtige Bauten wuchsen empor: ein gewaltiger Palast für den Herrscher, ein Forum mit seiner Triumphsäule, die Kirchen der Apostel sowie der Hl. Eirene. Aber kein heidnischer Tempel ragte in der Gründung des ersten christlichen Kaisers auf und ihrer Einweihung (11.5.330 n. Chr.) gaben keine Opfer für die alten Götter das Geleit, sondern feierliche Gottesdienste und Prozessionen.

Wie gegen seine innerrömischen Rivalen blieb Constantin auch gegen die auswärtigen Feinde erfolgreich; am Rhein wurden Franken und Alamannen, an der Donau Goten und Sarmaten zurückgeschlagen. Die kraftvolle Herrschaft des Kaisers ließ auch - außer einer unbedeutenden Revolte auf Zypern (334 n. Chr.) - keine inneren Unruhen aufkommen.

Gegen Ende seines Lebens verschlechterten sich die Beziehungen zum Neupersischen Reich; während der Vorbereitungen für einen Krieg gegen die Sassaniden erkrankte der Kaiser. Erst auf dem Totenbett empfing er die Taufe, um - durch das Sakrament von allen Sünden gereinigt - unmittelbar in den Himmel einzugehen. In der Apostelkirche zu Konstantinopel wurde er beigesetzt; angeblich umstanden zwölf Stelen den Sarkophag als Symbol der Apostel - und als Sinnbild für sein Selbstverständnis als „apostelgleicher“ Herrscher (337 n. Chr.).

Keine Gestalt der römischen Geschichte hat so unterschiedliche Beurteilung erfahren wie Constantin. Von den christlichen Schriftstellern zumeist hymnisch gepriesen und von der Orthodoxie als Heiliger verehrt wurde er durch die Gegner der Kirche - von Julian Apostata bis Jacob Burckhardt - als brutaler Machtmensch und Mörder der eigenen Angehörigen verdammt. Das Mittelalter erhob ihn zum Idealherrscher und verklärte sein Bild in der „Legenda Aurea“ sowie der „Silvesterlegende“ um die „Konstantinische Schenkung“. Die Nachwelt hat ihm den Beinamen des „Großen“ verliehen.

Tatsächlich war er eine der prägenden Gestalten der Geschichte. Im Gegensatz zu Diocletian erkannte er, dass der römische Staat nur im Bunde, nicht im Kampf mit den neuen Mächten der Epoche überleben konnte. Auch wenn die Völkerwanderung das Imperium Romanum im Westen Europas hinwegfegte, wurde die durch Constantin geschaffene Verbindung von Römertum, Christentum und Germanentum zur Grundlage des mittelalterlichen Abendlandes.

Noch tiefer hat das Wirken des Kaisers den Osten des Kontinents geprägt, wo sich das Oströmisch-Byzantinische Reich im Schutz seiner Gründung Konstantinopel, der uneinnehmbaren Festung am Bosporus, in den Stürmen der Völkerwanderung sowie der folgenden Jahrhunderte behaupten konnte. Unschätzbar sind seine Verdienste um die Bewahrung und Vermittlung des geistigen Erbes der Antike, aber auch bei der Weitergabe der christlichen Kultur und Religion an die slawischen Völker. Auch wenn Konstantinopel nach jahrhundertelangem Abwehrkampf dem Ansturm des Islam erlag (1453) - in der orthodoxen Kirche lebt der Geist des Byzantinischen Reiches bis heute fort.

Sieg des Christentums: Theodosius d. Gr.

Das römische Heer war vernichtet, der Kaiser gefallen, mordend und plündernd durchzogen die siegreichen Westgoten die Donauprovinzen: Mit der Niederlage bei Adrianopel (378 n. Chr.) hatte die Völkerwanderung begonnen - und damit der Todeskampf des Römischen Reiches. In dieser kritischen Situation erhob der im Westen regierende Kaiser Gratian den erfahrenen Feldherrn Flavius Theodosius (379-395 n. Chr., geb. 347 n. Chr.) zum Herrscher des östlichen Reichsteiles (379 n. Chr.).

Auch ihm gelang es freilich nicht, die Feinde über die Donau zurückzudrängen. Daher wurde den Goten in einem Friedensvertrag die Ansiedlung im nördlichen Thrakien gestattet. Dort genossen sie volle Autonomie; sie stellten zwar Truppenkontingente für die römische Armee, doch unterstanden diese nicht den kaiserlichen Heerführern, sondern ihren eigenen Fürsten (382 n. Chr.). Damit hatte die germanische Staatenbildung auf dem Reichsgebiet begonnen; an ihrem Ende sollte die Auflösung des Imperiums stehen. Als schwere Belastung erwiesen sich zudem die hohen Soldzahlungen an die neuen Verbündeten; der wachsende Steuerdruck führte zu Unruhen. Dagegen wurde die Ostgrenze durch die Teilung des alten Zankapfels Armenien zwischen Rom und dem Sassanidenreich gesichert.

In seiner Religionspolitik vollendete Theodosius das Werk Constantins d. Gr.; ein kaiserliches Gesetz erklärte das orthodoxe Bekenntnis zur einzigen erlaubten Religion im Römischen Reich (380 n. Chr.). Damit wurden die lästigen dogmatischen Streitigkeiten vermindert, zugleich aber der Glaubenszwang begründet, der für Jahrhunderte die geistige Freiheit Europas einschränken sollte. Auch gegen die Anhänger der alten Götter schritt der Kaiser ein; alle heidnischen Kulthandlungen wurden untersagt (392 n. Chr.).

Die kaiserlichen Maßnahmen gegen die altrömische Religion gingen wahrscheinlich auf den wachsenden Einfluss des Bischofs Ambrosius von Mailand zurück. Wegen eines blutigen Massakers in Thessalonike - 7.000 Menschen waren dort bei einer Revolte von den Soldaten wahllos niedergemetzelt worden - hatte er den Herrscher zu öffentlicher Buße gezwungen; es war der erste Sieg der Kirche über die weltliche Macht in der Geschichte des Abendlandes!

Nach dem Sieg über den Usurpator Magnus Maximus, der Gratian gestürzt und jahrelang den westlichen Reichsteil beherrscht hatte (388 n. Chr.), begab sich Theodosius nach Rom. Es war der erste Kaiserbesuch seit mehr als 30 Jahren - so sehr hatte die Stadt ihre einstige Bedeutung verloren! Über dem Grab des Völkerapostels Paulus stiftete der Herrscher eine gewaltige Basilika (j. S. Paolo fuori le Mura, s. Titelbild). In Grundriss und Ausmaß folgte der Bau, für über ein Jahrtausend die größte Kirche der Christenheit, der Basilica Ulpia auf dem Traiansforum; denn Theodosius führte die eigene Herkunft (gegen die historische Wahrheit) auf seinen spanischen Landsmann Traian zurück.

Eine weitere Usurpation im Westen des Reiches - der unbotmäßige fränkische Heermeister Arbogast hatte den Rhetoriklehrer Eugenius zum Kaiser erhoben - zwang ihn nochmals zum Krieg. Dieser wurde zum Kampf der Religionen, da sich die letzten Altgläubigen Roms mit dem Usurpator verbanden, der zwar selbst Christ war, in seiner Bedrängnis aber jede Hilfe annehmen musste. Der Sieg des Theodosius am Frigidus mit Hilfe der Naturgewalten - eine starke Bora hatte seine Gegner buchstäblich niedergeworfen - erschien den Zeitgenossen als Gottesurteil: Die alten Götter waren dem christlichen Glauben erlegen (394 n. Chr.). Während des Feldzuges erkrankte der Kaiser; auf dem Totenbett betraute er seinen Schwiegersohn Stilicho mit der Fürsorge für die noch jungen Söhne Arcadius und Honorius.

Die gemeinsame Herrschaft der Brüder bedeutete nicht (wie mitunter behauptet) eine Teilung des Reiches. Vielmehr war dessen Aufspaltung in getrennte Verwaltungsbereiche unter mehreren Kaisersöhnen schon früher üblich gewesen; allerdings ist das Imperium nie wieder in einer Hand vereinigt worden (395 n. Chr.).

Als letzter Gesamtherrscher des Reiches, der zudem weitgehend dessen territoriale Integrität bewahrte, ist Theodosius in die Geschichte eingegangen; den Beinamen eines „Großen“ verdankt er freilich der Kirche, die er zur Staatsreligion erhob. Dennoch erscheint er nicht als unverdient, zumal angesichts der verheerenden Katastrophen, die nach dem Ableben des Kaisers das Imperium trafen und seine Regierung als die letzte Epoche erscheinen ließen, in der das Reich weitgehend Frieden und Sicherheit genoss.

Treuer Sachwalter oder Verräter: Stilicho

Als Theodosius d. Gr. überraschend den Strapazen des Feldzuges gegen den Usurpator Eugenius erlag (395 n. Chr.), traten die Söhne des Kaisers die Nachfolge an: der 17-jährige Arcadius im Osten des Reiches, sein erst zehn Jahre alter Bruder Honorius in den westlichen Provinzen. Erstmals besaß das Imperium keinen Herrscher, der tatsächlich die Macht ausüben konnte. Daher hatte Theodosius auf dem Sterbebett seine Söhne der Fürsorge ihres nächsten Verwandten anvertraut, des germanischen Heermeisters Flavius Stilicho (um 365–408).

Als Sohn eines vandalischen Offiziers in römischen Diensten hatte auch er erfolgreich die militärische Laufbahn eingeschlagen. Durch die Heirat mit Serena, der Nichte und Adoptivtochter des Theodosius, war er in die kaiserliche Dynastie aufgenommen worden. Diese familiäre Bindung suchte er nach dem Tod des Schwiegervaters zu vertiefen; daher verheiratete er die eigenen Töchter nacheinander mit seinem Schützling Honorius.

Der Tod des tatkräftigen Herrschers hatte die Westgoten zum Bruch des Friedens ermutigt (s. Theodosius d. Gr., S. 116 f.); unter ihrem König Alarich brachen sie in Illyricum ein. Einen Sieg Stilichos verhinderte ein Befehl des oströmischen Kaisers Arcadius: Unter dem Einfluss seiner Ratgeber wies er den Feldherrn an, Illyricum zu räumen. Hier zeigte sich erstmals ein Krebsübel der folgenden Jahre: Die Gegner des germanischen Heermeisters am Hof zu Konstantinopel wussten den willensschwachen kaiserlichen Jüngling geschickt zu lenken. Einen Erfolg Stilichos versuchten sie um jeden Preis zu verhindern; die Rivalität der führenden Politiker in beiden Teilen des Reiches sollte die Verteidigung des Imperiums entscheidend schwächen.

Während Alarichs Scharen Griechenland verheerten, sicherte Stilicho die Grenzen an Rhein und Donau. Rasch gelang ihm die Beseitigung des Heermeisters Gildo, der – mit Billigung des oströmischen Hofes! – die Abspaltung Afrikas vom Reich betrieben hatte (398). Bedrohlicher war der Einfall Alarichs in Italien (401); während die kaiserliche Residenz Mailand von den Goten belagert wurde, fand der Hof in Ravenna Zuflucht, das durch seine Lage in undurchdringlichen Sümpfen nahezu uneinnehmbar war. In Rom wurde die Aurelianische Mauer verstärkt, Türme und Stadttore erhöht; davon zeugt noch heute der eindrucksvolle Bau der Porta Appia im Süden der Stadt.

Die Gefahr wurde jedoch durch Stilichos Siege bei Pollentia und Verona gebannt. Der Heermeister zwang die Goten, Italien zu räumen, und wies ihnen

Wohnsitze an der Save zu (402). Dass er die Feinde nicht völlig vernichtete, ist nach seinem Sturz als Verrat gedeutet worden. Tatsächlich führte er lediglich die Strategie des Theodosius fort, die bereits halb zivilisierten Goten zur Abwehr der wilderen „Barbaren“ einzusetzen. Die Hoffnung auf ein späteres Bündnis mit Alarich verbot daher dessen völlige Vernichtung, auch wenn ein tödlicher Schlag möglich gewesen wäre.

In den folgenden Jahren brandeten weitere Wogen der Völkerwanderung gegen die Reichsgrenzen; ein gewaltiges Heer von angeblich 100.000 Germanen fiel unter der Führung des Radagais in Italien ein. Bei Faesulae (j. Fiesole) gelang es Stilicho, die feindlichen Scharen einzuschließen. Hier gab es keine Gnade: Zehntausende Gefangene wurden in die Sklaverei verkauft, ihr Anführer endete auf dem Schafott (405/6).

Nur wenige Monate später durchbrach jedoch der Ansturm der Sueben, Alanen und Vandalen die Rheingrenze, die wegen der Bedrohung Italiens durch Alarich von Truppen entblößt war; von diesem Schlag sollte sich das Imperium nicht mehr erholen. Die verheerenden Raubzüge der germanischen Feinde riefen eine Kette von Usurpationen im Westen des Reiches hervor; Gallien, Spanien und Britannien waren verloren (406/7). Zudem nutzte Alarich die Schwäche des römischen Staates zur Erpressung einer ungeheuren Geldsumme.

Damit war das Schicksal Stilichos besiegelt; während er plante, nach dem Tod des Arcadius im Osten des Reiches die Regentschaft zu übernehmen, siegte in Italien - wie wenige Jahre zuvor in Konstantinopel - eine antigermanische Reaktion, die der Überfremdung von Heer und Staat durch die „Barbaren“ ein Ende setzen wollte. Da sich Honorius an die Spitze dieser Bewegung stellte, suchte Stilicho in einer ravennatischen Kirche Zuflucht. Als er jedoch das sichere Asyl im Vertrauen auf kaiserliche Versprechungen verließ, wurde er enthauptet; der Sohn des Heermeisters, später auch seine Gemahlin verfielen ebenfalls dem Henker (408).

Als einer der letzten Helden Roms gefeiert, als Verderber des Reiches verdammt: Bereits im Urteil der Zeitgenossen schwankt das Bild Stilichos. Fraglos war er die prägende Gestalt dieser Zeit, entgegen allen Verleumdungen dem Herrscherhaus treu ergeben - noch im Tode, denn er untersagte den Soldaten, mit Waffengewalt seine Hinrichtung zu verhindern. Aber er sollte schon bald einen Rächer finden; zwei Jahre nach Stilichos Ende sah das gedemütigte Rom die siegreichen Scharen Alarichs in seinen Mauern.

Sieg über Attila: Aetius

Den „letzten Römer“ hat man ihn genannt - den Feldherrn Flavius Aetius (um 390-454), die dominierende Persönlichkeit in den letzten Jahrzehnten des Weströmischen Reiches, dessen Sieg auf den Katalaunischen Feldern das Abendland vor den Scharen Attilas rettete. Als Sohn des Heermeisters Gaudentius in Durostorum (j. Silistra) geboren musste er bereits in jungen Jahren der römischen Außenpolitik dienen: Drei Jahre bürgte er als Geisel für den Vertrag mit Alarich (405-408), danach für das Bündnis mit den Hunnen. Die Verbindungen, die er damals mit dem Adel des Steppenvolkes anknüpfte, sollten sich später als unschätzbarer Vorteil erweisen.

Denn als Hofbeamter des Usurpators Johannes warb Aetius für den Krieg gegen das legitime Kaiserhaus eine Armee von hunnischen Söldnern an. Zwar waren die Kämpfe bei ihrer Ankunft in Italien bereits beendet; für die Rückführung seiner Truppen in die Heimat wurde er jedoch amnestiert und als Heermeister mit der Sicherung Galliens gegen Franken und Goten betraut (425).

Im Westen des Reiches herrschte damals der erst sechs Jahre alte Valentinian III., für den seine Mutter Galla Placidia die Regentschaft führte. Die einflussreichste Persönlichkeit bei Hofe war jedoch der Heermeister Felix; als dieser bei einer Meuterei in Ravenna erschlagen wurde, trat Aetius die Nachfolge an (430). Aber der frühere Anhänger ihres Gegners Johannes war Galla Placidia verhasst, daher übertrug sie seine Würde als oberster Reichsfeldherr ihrem alten Getreuen Bonifatius, dem Statthalter Afrikas. Da Aetius die Macht nicht kampflos aufgab, kam es zum Bürgerkrieg; bei Ariminum (j. Rimini) siegte Bonifatius, erlag aber einer Verwundung die er angeblich im Zweikampf mit seinem Rivalen erlitten hatte (432). Mit hunnischer Unterstützung, die er durch die Abtretung Pannoniens erkauft hatte, gewann Aetius gegen Bonifatius' Schwiegersohn und Nachfolger Sebastianus die frühere Machtposition zurück (434).

In den folgenden Jahren sicherten seine Siege die römische Herrschaft in Gallien; die Vernichtung des Burgunderreiches um Worms mit Hilfe hunnischer Söldner lebt im Nibelungenlied fort. Dagegen konnte er den Verlust Britanniens an die Angeln, Sachsen und Jüten sowie der letzten Stützpunkte in Afrika an die Vandalen nicht verhindern.

Tödliche Gefahr drohte dem westlichen Europa, als der Hunnenkönig Attila, dessen Macht vom Rhein bis zum Schwarzen Meer reichte, einen Großangriff auf das Abendland plante. In kluger Diplomatie schloss Aetius mit den Westgoten ein Bündnis gegen den übermächtigen Feind. Auf den Katalaunischen Feldern wurde Attila unter ungeheuren Verlusten - auch der Gotenkönig Theoderich zählte zu den Gefallenen - besiegt und zum Rückzug gezwungen (451).

Allerdings überschätzte Aetius die Wirkung der hunnischen Niederlage; unerwartet traf ihn daher im folgenden Jahr der Einmarsch Attilas in Italien. Angeblich auf Bitten Papst Leos d. Gr., tatsächlich wohl wegen Versorgungsschwierigkeiten und Seuchen in seinem Heer trat der Hunnenkönig jedoch den Rückzug an; wenige Monate später erlag er einem Blutsturz.

Der Tod des gefürchteten Gegners und der Zerfall seines Reiches ließen Aetius als entbehrlich erscheinen. Zudem empfand der Kaiser die eigene Schwäche gegenüber dem allmächtigen Heermeister als demütigend; er ist auch wahrscheinlich nicht der willenlose Scheinherrscher gewesen, als den ihn eine - dem Aetius wohlgesinnte - Überlieferung schildert. Als er durch die Verlobung seines Sohnes mit einer Tochter Valentinians auch den eigenen Nachkommen die Macht sichern wollte, war das Schicksal des Reichsfeldherrn besiegelt; bei einer Audienz auf dem Palatin wurde er vom Kaiser eigenhändig ermordet (454). Dass sich die Bluttat in Rom abspielte - und nicht am Hof zu Ravenna - zeigt ein von der historischen Forschung bisher wenig beachtetes Phänomen: Unter der faktischen Herrschaft der allmächtigen Militärs residierten die Schattenkaiser wieder in der alten Hauptstadt des Reiches. Denn diese konnte wegen ihres Umfangs nicht wirksam verteidigt werden und lag zudem weit von den Standorten der Armee entfernt. Daher waren die nominellen Herrscher in Rom den tatsächlichen Machthabern nahezu schutzlos ausgeliefert.

Der ermordete Reichsfeldherr fand schon bald einen Rächer: Bereits im folgenden Jahr wurde Valentinian auf dem Marsfeld von einem ehemaligen Leibwächter des Aetius getötet. Mit ihm endete die Dynastie Theodosius' d. Gr.; die Agonie des Weströmischen Reiches begann.

Anfänge des Papsttums: Leo d. Gr.

Gestützt auf die einzigartige historische Tradition der Ewigen Stadt sowie den Ruhm des Apostelgrabes am Mons Vaticanus hatten die römischen Bischöfe bereits seit dem 2. Jh. n. Chr. den Vorrang in der Kirche beansprucht. Dieser wurde unter dem Pontifikat Leos d. Gr. durchgesetzt (440-461), der daher -

nicht aus theologischer, wohl aber aus historischer Sicht – als erster wahrer „Papst" gelten kann.

Bereits vor der Erhebung zum Bischof war der hochgebildete Tuszier als Diakon in der römischen Gemeinde höchst einflussreich gewesen. Nach seiner Wahl zeigte er sich als großer Seelsorger und Prediger, zudem als bedeutender Theologe, der die zeitgenössischen „Irrlehren" in eigenen Schriften bekämpfte, sowie als machtbewusster Kirchenpolitiker: Erfolgreich setzte er im Westen des Reiches den Primat der römischen Bischöfe als Nachfolger des Apostelfürsten Petrus durch; in einem Reskript bestätigte Valentinian III. das kirchliche Jurisdiktionsrecht des Papstes in den westlichen Provinzen (445).

Dagegen scheiterte Leos Versuch, dieselbe Stellung im Osten des Reiches zu erlangen. Zwar fand seine Lehrmeinung von der Doppelnatur Christi als Gott und Mensch im Streit mit dem Monophysitismus weitgehende Anerkennung auf dem Konzil von Chalkedon (451). Der Beschluss der Versammlung über die Ranggleichheit des Patriarchen von Konstantinopel mit dem römischen Bischof bedeutete dagegen einen schweren Affront für den Papst. Der Streit um den Primat sollte für Jahrhunderte die Beziehungen zwischen Ost- und Westkirche vergiften – bis zum endgültigen Bruch im Schisma von 1054.

Ein grundlegender Wandel kündigte sich im Verhältnis von geistlicher und weltlicher Macht an. Auch wenn Leo die traditionelle Stellung des Kaisers als oberster Schutzherr der Kirche nicht in Frage stellte, zwang ihn die Schwäche der letzten weströmischen Herrscher zu eigenem politischen Handeln: Als Attila nach der Niederlage auf den Katalaunischen Feldern (s. Aetius, S. 120 f.) in Italien einfiel und das Land verheerte, zog ihm der Papst bis zum Mincio entgegen und bewog den Hunnenkönig zum Rückzug. Mochten ihn auch tatsächlich Seuchen und Nachschubprobleme dazu veranlasst haben oder der Aberglauben (Alarich war wenige Monate nach der Plünderung Roms einer Krankheit erlegen) – die Stadt blieb vor unendlichem Leid bewahrt (452). Dagegen konnte Leo dem Vandalenkönig Geiserich bei dessen Angriff auf Rom in den Wirren nach dem Tod Valentinians III. (455) lediglich das Versprechen abringen, auf Mord und Brand zu verzichten. Während der 14-tägigen Plünderung erlitt die Stadt schwerste Schäden; ungeheure Schätze wurden auf die vandalischen Schiffe geschleppt, darunter die heiligen Geräte, die Titus einst in Jerusalem erbeutet hatte.

Sichtbare Spuren hat das Pontifikat Leos d. Gr. nicht hinterlassen; seine baulichen Stiftungen – die Stephansbasilika an der Via Latina sowie das Kloster der Hll. Johannes und Paulus am Vatikan - blieben nicht erhalten. Nur Denkmäler späterer Jahrhunderte künden von seinem Ruhm: In den Stanzen des Vatikanischen Palastes stellte Raffael die Begegnung des Papstes mit Attila dar; dieselbe Szene erscheint auf einem barocken Altar im linken Querhaus des Petersdomes. Dieser umschließt die Gebeine Leos d. Gr., der als erster Papst in Alt-St. Peter beigesetzt und später in den neuen Bau übertragen wurde.

Sein Pontifikat hatte maßgeblichen Anteil am Aufstieg des Papsttums zur beherrschenden Macht des Abendlandes. Leo d. Gr. begründete die kirchliche Rom-Idee: dass die Stadt durch die Apostelfürsten Petrus und Paulus zum „Caput Mundi“ (Haupt der Welt) wurde, dessen geistlicher Rang die weltliche Macht der antiken Imperatoren bei Weitem überträfe.

Das Ende des Reiches: Romulus Augustulus

Auf den Tod des Aetius und die Ermordung Valentinians III. (455) folgte eine Zeit chaotischer Wirren: In rascher Folge wurden kurzlebige Kaiser erhoben und gestürzt, meist nur Marionetten der allmächtigen Heermeister. Auch der Hof zu Konstantinopel griff mehrfach bei Thronvakanzen im Westen des Reiches ein. Gegen den von Ostrom gestützten Kaiser Iulius Nepos erhob sich der Heermeister Orestes, der aus Pannonien stammte und zwei Jahrzehnte zuvor Attila als Sekretär gedient hatte. Während der abgesetzte Herrscher nach Dalmatien floh, ließ Orestes seinen eigenen Sohn Romulus Augustus zum Kaiser ausrufen, den bereits die Zeitgenossen aufgrund des jugendlichen Alters „Augustulus“ nannten (475).

Freilich war die römische Macht längst auf Italien und einen Teil des südlichen Gallien beschränkt. In Spanien herrschten die Sueben und Westgoten; die Vandalen hatten Nordafrika, Angeln und Sachsen Britannien erobert. Gallien war in einen fränkischen und einen westgotischen Machtbereich zerfallen; dazwischen behauptete sich ein unabhängiger römischer Reststaat unter dem Heermeister Syagrius.

Der Verlust dieser Gebiete hatte zu einer drastischen Verminderung der staatlichen Einnahmen geführt; es wurde immer schwieriger, die Truppen zu entlohnen. Nicht länger gewillt, ihre Dienste auf Kredit zu gewähren, riefen die zumeist germanischen Söldner den Skiren Odoakar zu ihrem Heerkönig aus und erhoben sich gegen Orestes. Der Heermeister wurde in Placentia (j. Piacenza) getötet, der junge Herrscher fand dagegen Erbarmen. Man wies ihm eine Villa bei Neapel an der Stelle des heutigen Castel dell' Ovo zu, außerdem ein hohes Ruhegehalt (476); wahrscheinlich lebte er noch unter der Herrschaft Theoderichs d. Gr.

Mit der Absetzung des letzten weströmischen Kaisers - der zufällig die Namen des Stadtgründers sowie des ersten Princeps vereinte - endete das Imperium Romanum im Westen Europas. Die Germanenreiche der Völkerwanderung traten seine Nachfolge an, während Byzanz das Erbe Roms im Osten weitertrug.

Nachblüte der Antike: Theoderich d. Gr.

Mit der Absetzung des Romulus Augustulus hatte das Weströmische Reich ein unrühmliches Ende gefunden; an seine Stelle war in Italien das Heerkönigtum des Odoakar getreten. Da dessen Herrschaft am Hof zu Konstantinopel als unrechtmäßig galt, entsandte man gegen ihn einen anderen Germanenfürsten: den Amaler Theoderich (490-526, geb. um 453), den man in Byzanz ebenso schätzte wie fürchtete.

Im Alter von sieben Jahren war der Sohn des Ostgotenkönigs Thiudimer als Bürge eines Vertrages an den oströmischen Hof gekommen. Der zehnjährige Aufenthalt in der Kaiserstadt hatte ihn tief geprägt; durch die klassische Bildung, die er hier erhalten hatte, überragte er alle anderen Germanenherrscher dieser Zeit. Nach der Heimkehr und ersten kriegerischen Ruhmestaten trat er 474 die Nachfolge seines Vaters an. In den nächsten Jahren wechselten sich immer wieder Feldzüge gegen das Oströmische Reich mit friedlichen Zeiten ab, in denen er bei Hof mit höchsten Ehren - sogar dem Konsulat (484) - ausgezeichnet wurde.

Um den stets bedrohlichen Nachbarn aus der Nähe von Konstantinopel zu entfernen und zugleich Odoakar zu beseitigen, bewog Kaiser Zenon den Gotenkönig, mit seinem ganzen Volk nach Italien zu ziehen (488). Nach mehreren siegreichen Schlachten schloss Theoderich den Gegner in Ravenna ein; die dreijährige Belagerung der uneinnehmbaren Stadt spiegelt sich in der „Rabenschlacht" der deutschen Heldensage wider. Angesichts der militärischen Pattsituation vereinbarten die beiden Rivalen schließlich eine gemeinsame Herrschaft über Italien. Die Ermordung Odoakars bei dem Festmahl, das den Vertrag besiegeln sollte, ist der dunkelste Fleck im Leben des Gotenkönigs (493).

So verbrecherisch seine Herrschaft auch begonnen hatte, sie wurde zum Segen für das Land, das eine letzte spätantike Blütezeit erlebte. Theoderich regierte als „Kaiser ohne Titel": Mit oströmischer Billigung trug er den kaiserlichen Purpur und besaß das ursprünglich dem Kaiser vorbehaltene Recht, einen der Konsuln zu ernennen. Das Volk huldigte ihm an Festtagen mit dem Zuruf „Augustus"; seine Münzen priesen ihn als „Propagator Nominis Romani" (Künder des römischen Namens).

Die römische Verwaltung ließ der König unangetastet; allerdings bildeten seine Goten einen „Staat im Staate": Nur sie durften Waffen tragen, Heiratsverbindungen mit Römern waren untersagt. Ohnehin trennte die beiden Völker ein unüberbrückbarer Gegensatz: Die Germanen hatten die arianische Lehre (s. Constantin d. Gr., S. 111 ff.) angenommen und galten daher den Römern als „irrgläubig". Auch wenn der König zeitlebens religiöse Toleranz wahrte - die konfessionelle Spaltung sollte ebenso wie der geringe Anteil der Goten an der Gesamtbevölkerung Italiens (ca. 1-1,5 %) maßgeblich zum Untergang seines Reiches beitragen.

Politische Stabilität und wirtschaftliche Prosperität ermöglichten eine letzte Blüte der antiken Kultur: In der Residenzstadt Ravenna ließ Theoderich einen neuen Palast mit einer Hofkirche errichten (j. S. Apollinare Nuovo), ferner das Baptisterium der Arianer sowie das berühmte Mausoleum, das in der Verbindung eines antiken Grabbaus mit der germanischen Deckplatte seine Herrschaft über beide Völker symbolisiert. In Rom erinnert dagegen nur wenig an Theoderich, etwa das kleine Oval im Stadion des Kaiserpalastes auf dem Palatin sowie der Name der Kirche S. Agata dei Goti. In tiefer Ehrfurcht vor der reichen Tradition der Ewigen Stadt ließ der König antike Bauten restaurieren; der von ihm berufene „Conservator" der römischen Monumente war der erste hauptamtliche Denkmalpfleger Europas.

Klassischen Vorbildern folgte auch das literarische Schaffen seines Sekretärs Cassiodor und des Symmachus, ebenso der „Trost der Philosophie", den Boethius in bitterer Kerkerhaft verfasste. In eine neue Zeit wies dagegen der Mönch Dionysius Exiguus, der die bis heute gültige Zeitrechnung nach Christi Geburt begründete, ebenso die Anfänge des abendländischen Mönchtums durch Benedikt von Nursia.

Zur äußeren Sicherung des Ostgotenreiches knüpfte Theoderich ein Netz von Heiratsverbindungen zwischen den germanischen Staaten. Lediglich der Frankenkönig Chlodwig ließ sich nicht in dieses Friedenssystem einbeziehen; durch den Sieg bei Vouillé (507) verdrängte er die Westgoten aus dem südwestlichen Gallien. Zur Wahrung eines europäischen Gleichgewichts trat Theoderich dem aufstrebenden Reich der Merowinger entgegen und übernahm zeitweise für seinen minderjährigen Enkel die Regentschaft im westgotischen Spanien (511).

In den letzten Lebensjahren des Königs verschlechterten sich die Beziehungen zum byzantinischen Hof; im römischen Adel wuchs der Widerstand gegen die Fremdherrschaft. Die Hinrichtung des Boethius und seines Schwiegervaters Symmachus, der führenden Persönlichkeiten der senatorischen Opposition (524/25), bedeutete den endgültigen Bruch zwischen Goten und Römern; beim Ableben Theoderichs war sein Reich daher bereits dem Untergang geweiht. Dennoch hat ihm die Geschichte den Beinamen eines „Großen" verliehen - als einzigem Herrscher, dessen Werk nicht von Dauer war.

Bewunderung und Hass spiegeln sich in den Legenden, die den Amaler schon bald umrankten: Der Kirche galt er als Christenverfolger, der als „Wilder Jäger" zu ewiger Unrast verdammt ist. In der deutschen Heldensage lebt er als Dietrich von Bern fort, in der römischen Geschichte jedoch als der Herrscher, der eine letzte glanzvolle Epoche der Spätantike begründete, bevor Italien im Chaos des frühen Mittelalters versank.

DIE KUNST DER SPÄTANTIKE

Allgemein gilt diese Epoche als Zeitalter des künstlerischen Niedergangs; tatsächlich ist ein Verfall von Skulptur und Reliefbild unübersehbar. Andererseits erwuchs aus der Malerei der Katakomben sowie aus Elementen der höfischen Repräsentation die frühchristliche Kunst, von der die folgenden Jahrhunderte maßgeblich beeinflusst wurden. Aus tetrarchischer Zeit blieben die Diokletiansthermen sowie die Stiftungen des Maxentius erhalten, vor allem seine gewaltige Basilika auf dem Forum Romanum. An die Dynastie Constantins d. Gr. erinnern der Triumphbogen und die Monumentalstatue des ersten christlichen Kaisers (j. im Hof des Konservatorenpalastes), zudem die ersten Kirchen der Stadt: die Lateranbasilika und S. Costanza mit den ältesten frühchristlichen Mosaiken. Verloren ist dagegen die ehrwürdige Basilika von Alt-St. Peter; sie bleibt jedoch vorstellbar durch S. Paolo fuori le mura, eine Stiftung Theodosius' d. Gr. Zahlreiche weitere Sakralbauten – etwa S. Maria Maggiore, S. Pudenziana, S. Sabina und SS. Cosma e Damiano – künden mit ihren herrlichen Mosaiken vom reichen künstlerischen Schaffen der Spätantike.

Rom im Mittelalter (565–1450)

Ungezählte Kirchen – wie S. Maria in Cosmedin mit der berühmten Bocca della Verità - zeugen von mittelalterlicher Pilgerfrömmigkeit.

Auch nach dem Untergang des Weströmischen Reiches konnte Rom seine historische und politische Bedeutung bewahren: Als Residenz der Päpste - die ihre Ansprüche ebenso auf das Apostelgrab am Mons Vaticanus stützten wie auf die altehrwürdigen Traditionen der Ewigen Stadt - wurde es zum geistigen Zentrum Europas (und ersehnten Ziel ungezählter Pilger). Nach der Neubegründung des westlichen Kaisertums durch Karl d. Gr. und die Ottonen lebte zudem die Rom-Idee durch Jahrhunderte im Abendland fort, ebenso im Byzantinischen Reich sowie später in Moskau, dem „Dritten Rom".

Das Machtvakuum in der Tiberstadt und die Bedrohung durch die Langobarden ermöglichte den Päpsten seit Gregor d. Gr., sich von Byzanz zu lösen und selbst die Herrschaft über die Stadt und den werdenden Kirchenstaat zu erringen; allerdings dauerten die Machtkämpfe mit Adel und Kommune bis in das 15. Jh. an. Die päpstlichen Hilferufe an Pippin III. und dessen Enkel Karl d. Gr. leiteten eine Erneuerung des abendländischen Kaisertums ein, die sich auch in Kunst und Literatur der Karolingischen Renaissance widerspiegelt. Im Bund mit den fränkischen und deutschen Herrschern stieg das Papsttum nach einer Phase des Niedergangs („Hurenregiment") zu universaler Bedeutung auf. Im Investiturstreit löste es sich jedoch vom kaiserlichen Einfluss und errang unter Innozenz III. und Bonifaz VIII. die Vorherrschaft über das Abendland. Dann aber führte die „Babylonische Gefangenschaft" der Päpste in Avignon zu einer tiefen Krise der Kirche, zudem zum politischen und wirtschaftlichen Niedergang Roms; der Versuch Cola di Rienzos, die einstige Macht der Stadt zu erneuern, war zum Scheitern verurteilt. Erst nach der Rückkehr Gregors XI. und dem Ende des Abendländischen Schismas begann ihr Wiederaufstieg; er sollte in die Hochblüte der Renaissance münden.

Der Konsul Gottes: Gregor d. Gr.

Erfolgreich hatte Leo d. Gr. den geistlichen Primat der römischen Bischöfe im Abendland durchgesetzt und damit den Aufstieg des Papsttums eingeleitet; mit Gregor d. Gr. (590-604, geb. um 540) gelangten die Nachfolger Petri auch zu weltlicher Macht. Der Tradition seiner reichen und bedeutenden senatorischen Familie folgend, hatte der gebürtige Römer zunächst die Beamtenlaufbahn eingeschlagen und das hohe Amt eines Stadtpräfekten erreicht

(572/3). Nach dem Tod seines Vaters wandte sich Gregor jedoch dem geistlichen Stand zu; aus dem väterlichen Erbe stiftete er sieben monastische Gemeinschaften, darunter das Andreaskloster im Palast der Familie auf dem Mons Caelius (j. S. Gregorio Magno), in das er selbst als Mönch eintrat. Für Papst Pelagius II., der seine politischen und diplomatischen Fähigkeiten schätzte, übernahm er wichtige Aufgaben und Missionen und trat nach dessen Ableben die Nachfolge an (590). Als erster Klostergeistlicher auf dem Thron Petri förderte Gregor das Mönchtum und zog es vermehrt zur Verwaltung der päpstlichen Besitzungen heran.

Da er das Ende der Welt nahe glaubte, versuchte er möglichst viele Seelen für das Reich Gottes zu gewinnen. Daher widmete er sich dem Kampf gegen die zeitgenössischen „Irrlehren“ sowie der Mission; so entsandte er den Abt Augustinus an den Hof des heidnischen Königs Ethelbert in Canterbury (597). Aber er fühlte sich auch zum Dienst an der Welt verpflichtet; daher führte er als erster Papst den Titel „Servus Servorum Dei“ (Knecht der Knechte Gottes) und gründete soziale Einrichtungen, etwa zur Speisung der Armen sowie zum Freikauf von Römern, die in die Gefangenschaft der Langobarden geraten waren.

Diese waren einige Jahre nach dem Untergang des Ostgotenreiches in Italien eingewandert und hatten große Teile des Landes erobert; auch Rom war ihrem ständigen Druck ausgesetzt. Als König Agilulf mit seinem Heer die Stadt einschloss, übernahm der Papst den Oberbefehl: Er leitete die Verteidigung, erreichte den Abzug der Belagerer gegen eine Tributzahlung (592/3) und vermittelte schließlich ein Friedensabkommen zwischen den Langobarden und dem oströmischen Kaiser (598). Das Machtvakuum in Mittelitalien hatte Gregor diese Aufgaben geradezu aufgezwungen; damit begann jedoch die weltliche Herrschaft der Päpste in der Ewigen Stadt.

Dadurch änderte sich auch ihre Stellung gegenüber dem Hof zu Konstantinopel; war der römische Bischof in der byzantinischen Reichskirche zunächst nur ein Patriarch unter anderen gewesen, so gewann er durch den Niedergang der kaiserlichen Herrschaft in Italien eine eigenständige Machtposition. Zu Recht wird Gregor daher in seiner Grabinschrift als „Consul Dei“ (Konsul Gottes) gepriesen, der Rom - wie einst die höchsten Beamten der Republik - vor inneren Wirren und äußeren Feinden geschützt hatte.

Bedeutend war auch das literarische Schaffen des Papstes: Die „Libri morales“ - ein Kommentar zum Buch Hiob - nutzte das Mittelalter als Handbuch für moralische Fragen, die „Regula pastoralis“ als Leitfaden der seelsorgerischen

Arbeit, in ihrer Nachwirkung nur der Ordensregel Benedikts von Nursia vergleichbar. Weit verbreitet waren auch seine Predigten sowie die „Dialogi", eine Sammlung von Wunderberichten. Als Exeget und Moraltheologe hat Gregor das kirchliche Denken tief beeinflusst - weit über das Mittelalter hinaus bis zu Bossuet und Fénelon. Dagegen wurde ihm zu Unrecht die Begründung des Gregorianischen Gesanges zugeschrieben.

Als einer der vier lateinischen Kirchenväter verehrt galt Gregor d. Gr. durch Jahrhunderte als Idealbild eines Papstes. An sein Pontifikat gemahnt bis heute der Name der Engelsburg - während einer Pestepidemie soll ihm die Vision eines Engels auf dem Mausoleum des Hadrian das Ende der Seuche verkündet haben - vor allem aber die mächtige barocke Fassade von S. Gregorio Magno auf dem Caelius, wo einst die geistliche Laufbahn eines der bedeutendsten Päpste der Kirchengeschichte begann.

Ein schicksalhafter Hilferuf: Stephan II.

Das Machtvakuum in Italien nach der Landnahme der Langobarden (568) hatte dem Papsttum zu weltlichem Einfluss verholfen, formell gehörte Rom jedoch weiterhin zum byzantinischen Staat. Erst durch das Bündnis Stephans II. (752-757) mit dem aufstrebenden Frankenreich lösten sich die Nachfolger Petri endgültig vom Einfluss des Hofes zu Konstantinopel.

Seit dem Beginn des Bilderstreites (726) hatte sich die westliche Kirche zunehmend von Byzanz abgewandt und - vor allem durch die Vermittlung des Bonifatius - dem fränkischen Reich angenähert. Dort führten anstelle der merowingischen Schattenkönige tatsächlich die mächtigen Hausmeier aus dem Geschlecht der Karolinger die Herrschaft. Pippin der Kurze, dessen Vater Karl Martell bei Tours und Poitiers die Araber zurückgeschlagen hatte (732), wollte sich jedoch nicht mehr mit der faktischen Macht begnügen. Gegen die germanische Vorstellung eines erblichen Königsheils setzte er als neue Legitimation die kirchliche Autorität: Seine Anfrage in Rom, wer die Franken regieren sollte, beschied Papst Zacharias mit der berühmten Antwort, „es sei besser, dass der König heiße, der die Macht habe, als der, dem keine königliche Gewalt verblieben sei". Auf diese Entscheidung gestützt setzte Pippin die Dynastie der Merowinger ab und ließ sich selbst zum Herrscher wählen (751).

Inzwischen war der Druck der Langobarden auf die byzantinischen Besitzungen in Italien gewachsen; ihr tatkräftiger König Aistulf hatte Ravenna erobert (751) und forderte die Unterwerfung Roms. Da die erhoffte Unterstützung aus Konstantinopel ausblieb, bat Zacharias' Nachfolger Stephan II. den neuen Frankenherrscher um Hilfe. Als erster Papst überschritt er die Alpen und begab sich an den Hof Pippins, der im Vertrag von Ponthion gelobte, die Rechte und Besitzungen des Hl. Petrus zu schützen (Januar 754).

Zum Dank erteilte ihm der Papst mit seinen Söhnen Karl und Karlmann in St. Denis die Salbung (28.7.754) und bekräftigte so die Übertragung der Königswürde auf die neue Dynastie. Die Verleihung des Titels „Patricius Romanorum", den früher der byzantinische Exarch von Ravenna getragen hatte, zeigte, dass der Schutz der Kirche nunmehr den Karolingern oblag.

Im folgenden Jahr brach Pippin nach Italien auf; durch zwei siegreiche Feldzüge zwang er den Langobardenkönig, die fränkische Oberhoheit anzuerkennen und die früheren byzantinischen Besitzungen um Ravenna abzutreten (755/56); diese wurden dem Papst übertragen, freilich als private Ländereien, nicht als selbstständiges Territorium. Dennoch begründete die „Pippinische Schenkung" den späteren Kirchenstaat, der bereits damals weite Teile Mittelitaliens umfasste.

Stephan II. war zudem ein großzügiger Bauherr, der die ehrwürdige Basilika von Alt-St. Peter durch reiche Stiftungen schmückte: Über einem spätantiken Kaisermausoleum wurde die Petronillakapelle für die Tochter des Apostels errichtet, ferner der erste Glockenturm der Ewigen Stadt. Vor allem aber hatte er die Verbindung des Papsttums zu den fränkischen (und deutschen) Herrschern begründet, die für Jahrhunderte die Geschichte des Abendlandes prägen sollte. Die Entstehung des Kirchenstaates aber gab der weltlichen Macht der Päpste eine territoriale Grundlage, die bis zur Einigung Italiens im 19. Jh. fortbestand und in der Souveränität des Vatikanstaates bis heute weiterlebt.

Strahlendes Kleinod: Paschalis I.

Seit dem Hilferuf Stephans II. an Pippin den Kurzen stand das Papsttum im Schatten der fränkischen Macht; daher erneuerte Paschalis I. (817-824) unmittelbar nach seiner Wahl mit Ludwig dem Frommen das „Pactum Hludovicianum“, das die Schenkungen und die Schutzherrschaft der Karolinger über die römische Kirche bestätigte. Die Kaiserkrönung von Ludwigs Sohn Lothar (823) sowie die gemeinsame Missionstätigkeit bei den Dänen schienen das gute Einvernehmen zu bestätigen. Aber bereits wenige Monate später wurden zwei hohe kirchliche Würdenträger, die der fränkischen Partei bei Hofe angehörten, im Lateranpalast von Anhängern des Papstes getötet; einer gerichtlichen Untersuchung durch den Kaiser entzog sich Paschalis durch einen Reinigungseid. Wenig später endete der Konflikt mit dem Tod des Papstes. Aufgrund der allgemeinen Erbitterung über seine strenge Herrschaft kam es danach zu schweren Unruhen. Diese nutzten die Karolinger zur Festigung der kaiserlichen Macht durch die Constitutio Romana (824), die den neu gewählten Papst noch vor seiner Weihe zum Treueid auf den Herrscher verpflichtete sowie Rom der gemeinsamen Aufsicht eines kaiserlichen und eines päpstlichen „Missus“ unterstellte.

Politisch eher unbedeutend, war Paschalis I. einer der größten Bauherren Roms im frühen Mittelalter. In Trastevere ließ er die Kirche der Hl. Caecilia erneuern, in der trotz zahlreicher Umbauten das Apsismosaik mit dem Stifterbild des Papstes erhalten blieb; auf dem Caelius entstand S. Maria in Domnica (auch: in Navicella), deren Mosaiken den thronenden Weltenherrscher sowie Maria mit dem Bild des knienden Stifters zeigen.

Den bedeutendsten Mosaikenzyklus dieser Zeit aber bewahrt S. Prassede, die Grabkirche des Papstes: An ihrem Triumphbogen erscheint das Himmlische Jerusalem, auf dem Apsisbogen die Apokalypse. In der Apsiswölbung empfängt Christus die Apostel Petrus und Paulus sowie die heiligen Schwestern Praxedis und Pudentiana; ihnen gesellt sich erneut der päpstliche Stifter. Das schönste Kleinod dieser Epoche einer frühen Renaissance ist jedoch die kleine Zenokapelle, die Paschalis als Grablege für seine Mutter Theodora an die Kirche anfügte; mit ihrem reichen musivischen Dekor erschien sie den mittelalterlichen Pilgern als Paradiesgärtlein. Auch wenn ihr flächiger, linearer Stil den Werken der spätantiken Kunst nicht gleichkommt – die Ausdruckskraft der Mosaiken zieht noch heute den Besucher in ihren Bann.

Eine schlichte Mauer: Leo IV.

Achtlos wird sie zumeist von den Pilgern durchschritten; die schlichte Leoninische Mauer bleibt stets im Schatten der angrenzenden Kolonnaden des Petersplatzes. Dabei war ihre Entstehung ein wichtiger Schritt in der städtebaulichen Entwicklung Roms. Wie ungezählte andere Städte an den Küsten des Mittelmeeres war auch die Ewige Stadt das Opfer sarazenischer Piraten geworden. Besonders schwer hatte die Plünderung die konstantinische Petersbasilika getroffen; außerhalb der Aurelianischen Mauer gelegen, war sie - wie auch S. Paolo fuori le Mura - dem Wüten der moslemischen Räuber wehrlos preisgegeben (846).

Als im folgenden Jahr der tatkräftige Leo IV. (847-855) den Thron Petri bestieg, widmete er sich daher vor allem dem Schutz der Küsten: Durch die Ansiedlung von korsischen Flüchtlingen erneuerte er die spätantike Hafenstadt Portus und gründete die Stadt Leopolis bei Centumcellae (j. Civitavecchia). Mit Unterstützung Kaiser Lothars I. und anderer weltlicher Herren ließ er den Bezirk um den Petersdom - künftig „Leostadt" genannt - durch eine mit 44 Türmen bewehrte Befestigung umschließen (848-852).

Als die arabischen Räuber erneut an der Küste Latiums erschienen, wurden sie von der päpstlichen Flotte mit Unterstützung aus Amalfi, Gaeta und Neapel vor Ostia zurückgeschlagen (849); die Gefangenen mussten als Sklaven beim Bau der Leoninischen Mauer fronen. Den Seesieg des Papstes haben die Schüler Raffaels in den Stanzen des Vatikans verewigt; ein weiteres Fresko zeigt, wie sein Gebet nach legendärer Überlieferung eine verheerende Feuersbrunst im Borgo, dem Viertel um den Petersdom, zum Erlöschen brachte.

Um die von den Sarazenen geraubten Schätze zu ersetzen, machte Leo IV. den Basiliken der Apostelfürsten reiche Schenkungen. Zudem ließ er im hadrianischen Tempel der Venus und Roma über einem älteren Oratorium die Kirche S. Maria Nova errichten (seit dem 15. Jh.: S. Francesca Romana). Seine bedeutendste Stiftung aber war die dreischiffige Basilika SS. Quattro Coronati auf dem Caelius. Obwohl sie nach der Zerstörung durch die Normannen im Investiturstreit (1084) erneuert wurde, blieben in dem romanischen Bau große Teile der ursprünglichen Kirche erhalten. Noch heute erinnert ihre gewaltige karolingische Apsis an den Papst, dessen Befestigungsanlagen den Petersdom für Jahrhunderte vor Plünderung und Entweihung bewahrten.

Frauenherrschaft: Alberich und das „Hurenregiment"

Seine tiefste Demütigung erlebte das Papsttum in den Wirren nach dem Verfall des Karolingerreiches; die römischen Bischöfe sanken zu Marionetten des städtischen Adels herab. Dieses Zeitalter, in dem die päpstliche Würde von ehrgeizigen und willensstarken Frauen vergeben wurde, ging als „Hurenregiment" oder „Pornokratie" in die Kirchengeschichte ein. Die beherrschende Gestalt der Epoche war Marozia, die Tochter des Theophylakt, der als „consul et dux" Rom regiert hatte, ohne dass die rechtliche Grundlage seiner Herrschaft erkennbar wäre.

Dem damaligen Pontifex Sergius III. soll sie einen Sohn geboren haben, den späteren Papst Johannes XI. Danach heiratete sie den Markgrafen Alberich von Spoleto, der im Bund mit Theophylakt ihren Liebhaber Sergius zu seiner Würde erhoben hatte und einige Jahre später durch den Sieg am Garigliano Mittelitalien vor den Arabern rettete (915); ihm gebar sie einen Sohn gleichen Namens. Auch nach dem Tod des Gatten bewahrte Marozia ihre führende Stellung in Rom. Dagegen verbündete sich Johannes X., der angeblich seine Würde einer Affäre mit Marozias Mutter verdankte, mit König Hugo von Italien. Im (Ehe-) Bund mit dessen Stiefbruder Wido von Tuszien stürzte die energische Witwe Alberichs den „unbotmäßigen" Papst, der wahrscheinlich im Kerker erdrosselt wurde (928). Drei Jahre später sah sich die ehrgeizige „Senatrix et Patricia" am Ziel; ihr Sohn bestieg als Johannes XI. den Stuhl Petri.

Eine dritte Heirat - nunmehr mit dem einstigen Gegner Hugo - sollte die Stellung der machtbewussten Frau sichern; dagegen erhob sich jedoch ihr Sohn Alberich (gest. 954): Unter seiner Führung erstürmten die Römer die Engelsburg, wo das neu vermählte Fürstenpaar residierte. Hugo entkam zu den eigenen Truppen, indem er sich nachts von der Mauer abseilen ließ; Marozia wurde eingekerkert; ihr weiteres Schicksal ist nicht überliefert (932). Mehrfach versuchte der vertriebene Herrscher, Rom zurückzugewinnen; nachdem drei Angriffe auf die Stadt gescheitert waren (933, 936, 941), kam es zu einem Friedensabkommen, das durch Alberichs Heirat mit Hugos Tochter besiegelt wurde.

Danach herrschte der Sohn der Marozia über 20 Jahre als „Princeps ac Senator omnium Romanorum" (Fürst und Senator aller Römer); der Gehorsamseid von Adel, Volk und Klerus zeigt seine fürstliche Stellung ebenso wie die Münzprägung im eigenen Namen. Die päpstliche Macht blieb auf den geistlichen Bereich beschränkt. Alberich ließ zahlreiche Kirchen und Klöster erneuern und förderte die Bestrebungen Odos von Cluny zur Reform des abendländischen Mönchswesens. Unter seiner Herrschaft genoss Rom Sicherheit und Frieden im sonst so unruhigen 10. Jahrhundert.

Um die weltliche und geistliche Macht in der Stadt endgültig zu vereinen und dauerhaft der eigenen Familie zu sichern, ließ er die römischen Adligen schwören, nach dem Ableben des regierenden Papstes seinen Sohn Octavian - dessen Name ebenso wie Alberichs Herrschertitel die Anknüpfung an antike Traditionen zeigt - zum Nachfolger zu wählen; tatsächlich wurde dieser als Johannes XII. ein Jahr nach dem Tod seines Vaters (954) zum Pontifex erhoben.

Allerdings erfüllten sich Alberichs dynastische Hoffnungen nicht: Schon bald zwangen die veränderten Machtverhältnisse in Italien seinen Sohn Johannes XII., den deutschen König Otto I. um Hilfe zu bitten. Dieser erneuerte das Kaisertum Karls d. Gr. (962) und begründete das Heilige Römische Reich (Deutscher Nation), das den Adel der Ewigen Stadt für Jahrzehnte entmachtete.

Jugendlicher Schwärmer: Otto III.

Mit seiner Krönung im alten Petersdom (962) hatte Otto d. Gr. das westliche Kaisertum erneuert und das Römerreich der Deutschen begründet, das bis zur Niederlegung der Krone durch Franz II. (1806) währen sollte; seither war die höchste Würde des Abendlandes untrennbar mit dem deutschen Königtum verbunden. Durch das Bündnis mit den Ottonen stieg das Papsttum aus der stadtrömischen Enge, in die es unter dem „Hurenregiment“ und der Herrschaft Alberichs verstrickt war, wieder zu abendländischer Geltung auf.

Unter der Regierung Ottos III. (983-1002, geb. 980) sollte der Bund zwischen beiden Häuptern der Christenheit seine (freilich kurzlebige) Vollendung erreichen.

Bereits im Alter von drei Jahren verlor der Enkel Ottos d. Gr. den Vater, der überraschend in Rom der Malaria erlegen war (983). Bis zu ihrem Tod (991) führte seine Mutter, die byzantinische Prinzessin Theophanu, die Regentschaft, danach die Großmutter Adelheid. Der hochbegabte junge König wurde von hervorragenden Lehrern erzogen, dem späteren Bischof Bernward von Hildesheim sowie dem Griechen Johannes Philagathos.

Mit der Schwertleite (dem „Ritterschlag“) übernahm Otto selbst die Regierung (994). Zwei Jahre später führte ihn der erste Italienzug nach Rom, wo die

Adelsfamilie der Crescentier in dem Machtvakuum nach dem Ableben Theophanus die Herrschaft an sich gerissen hatte. Als ihn die Römer baten, einen Nachfolger für den verstorbenen Papst zu erheben, benannte Otto den eigenen Vetter - als Gregor V., der erste deutsche Pontifex - und wurde von ihm zum Kaiser gekrönt (996). An seinen Hof in Rom berief der junge Herrscher die bedeutendsten Persönlichkeiten dieser Zeit, darunter den hochgelehrten Gerbert von Aurillac sowie Adalbert von Prag.

Die Vertreibung Gregors V. und die Erhebung des Johannes Philagathos - seines einstigen Lehrers - zum Gegenpapst durch Crescentius zwangen Otto zur Rückkehr nach Italien. Johannes wurde auf der Flucht ergriffen und nach grausamer Verstümmelung an Augen, Ohren, Nase und Zunge eingekerkert. Crescentius hatte sich in der Engelsburg verschanzt; dort wurde er gefangen genommen und enthauptet (998).

Beim Ableben Gregors erhob Otto seinen väterlichen Freund Gerbert zum Nachfolger; dieser nannte sich Silvester II. und kennzeichnete so den Herrscher als neuen Constantin (999). Die enge persönliche Bindung zwischen Kaiser und Papst ermöglichte ein in der europäischen Geschichte einzigartiges Zusammenwirken der beiden höchsten Würdenträger des Abendlandes. Dabei blieb der Vorrang des weltlichen Herrschers gewahrt; Otto förderte die Kirche, wies aber päpstliche Ansprüche zurück, die auf der legendären „Konstantinischen Schenkung" basierten (die der hochgebildete Kaiser als Fälschung erkannte).

Einträchtig erstrebten die beiden Häupter der Christenheit eine „Renovatio Imperii Romani": Die Ewige Stadt sollte wieder zum „Caput Mundi", zur Hauptstadt der Welt, werden; daher errichtete Otto als einziger Kaiser des Mittelalters in bewusster Anknüpfung an die Residenz der antiken Herrscher eine Pfalz auf dem Palatin. Das Hofzeremoniell wurde nach römischem Vorbild umgeformt, antike Hofämter und Titulaturen neu belebt.*

Leitbild für die weitreichenden Pläne des jungen Kaisers war das Reich Karls d. Gr. In tiefer Verehrung für den gewaltigen Karolinger ließ er angeblich sogar dessen Grab in der Pfalzkapelle zu Aachen öffnen und entnahm ihm das Halskreuz des Vorgängers sowie andere Reliquien (1000).

Auch die östlichen Nachbarländer sollten in das neue Imperium einbezogen werden. Auf seiner Wallfahrt nach Polen an das Grab Adalberts von Prag, der

* Der Rückgriff auf römische Traditionen spiegelt sich auch in der Christussäule des Bischofs Bernward von Hildesheim, die dem Vorbild der Traianssäule folgt.

in Preußen als Märtyrer gestorben war, gründete Otto das Erzbistum Gnesen als geistliches Zentrum des Landes. Gleichzeitig wurde der polnische Herzog Boleslaw Chrobry zum „Amicus Populi Romani“ (Freund des römischen Volkes) und „Cooperator Imperii“ (Mitwirkender des Reiches) erhoben. Der schwärmerische Jüngling träumte von einem universalen Reich als Bund befreundeter Staaten; tatsächlich ermöglichte er - wie bereits die Zeitgenossen erkannten - die Lösung des Nachbarlandes von dem bisher dominierenden deutschen Einfluss (1000). Durch die Gründung des Erzbistums Gran und die Königserhebung Stephans I., dessen Taufpate Otto gewesen war, wurde auch Ungarn mit dem Imperium verbunden (1001).

Noch im selben Jahr zwang ihn ein Aufstand der Römer zur Flucht nach Ravenna. Während der Vorbereitungen zum Angriff auf die treulose Stadt erlag der Kaiser auf der Burg Paternò am Soracte der Malaria (1002); sein Grab fand er in der Pfalzkapelle zu Aachen.

Das Werk Ottos III., der den Zeitgenossen als „Mirabilia Mundi“ (Weltwunder) erschien, blieb unvollendet. Sein Nachfolger Heinrich II. wandte sich von den hochfliegenden Plänen ab und begnügte sich mit der Konsolidierung des Reiches. Die wirkliche Herrschaft über Rom und damit eine wahre „Renovatio Imperii“ blieb ein unerfüllter Traum des Kaisers, der von allen Herrschern des Mittelalters der Ewigen Stadt am tiefsten verbunden war.

Der Weg nach Canossa: Gregor VII.

„Nach Canossa gehen wir nicht!“ Das stolze Wort Otto v. Bismarcks zeigt, wie tief noch im 19. Jh. eine längst vergangene Kränkung schmerzte - die Demütigung des deutschen Königs Heinrich IV. durch Gregor VII. (1073-1085, geb. um 1020) eine der eindrucksvollsten, aber auch umstrittensten Gestalten der Kirchengeschichte.

Als Mönch hatte Hildebrand den höchsten Triumph des mittelalterlichen Kaisertums über den Klerus erlebt - die Absetzung von drei unwürdigen Päpsten durch Heinrich III. (1046). Einen der Verurteilten hatte er selbst nach Deutschland in die Verbannung begleitet, bis ihn Leo IX. nach Rom zurückberief. In hohen Ämtern und wichtigen Gesandtschaften wirkte er seither für die kirchliche Reformbewegung, die vom burgundischen Kloster Cluny ausgegangen war; sie erstrebte die Beseitigung von Simonie (dem Kauf geistlicher Würden) und Laieninvestitur (der Verleihung kirchlicher Ämter durch die weltliche Macht), die Befreiung des Papsttums von der kaiserlichen Macht sowie die Durchsetzung des bis dahin in der abendländischen Kirche nicht verbindlichen Zölibates.

Nach dem Tod Alexanders II. wurde Hildebrand - unter Missachtung des unter seiner eigenen Mitwirkung beschlossenen Papstwahldekrets von 1059 - unter Tumulten vom Volk zum Papst erhoben; erst später wurde die „Wahl" von den Kardinälen bestätigt. Nun konnte sich Gregor VII. - im Namen folgte er dem ersten Mönchspapst Gregor d. Gr. - seiner Vision widmen: der Befreiung der Kirche von weltlichem Einfluss.

Diesem Ziel diente die Forderung nach einem Kreuzzug gegen den Islam zur Unterstützung des Byzantinischen Reiches, ebenso die Förderung der Reconquista in Spanien. Dagegen scheiterte der Versuch, die abendländischen Herrscher zur Anerkennung seiner Oberhoheit zu bewegen. Zutiefst überzeugt von der göttlichen Sendung des Papsttums beanspruchte Gregor in geradezu revolutionärer Abkehr von jahrhundertealten Traditionen der Kirche in seinem „Dictatus Papae" (1075) Ungeheuerliches: Der Papst sollte über allen Herrschern thronen, diese sogar absetzen dürfen, während er selbst keiner irdischen Gerichtsbarkeit unterstehe. Diese Forderungen mussten zwangsläufig zum Konflikt mit dem Kaisertum führen, zumal ein päpstliches Verbot der Laieninvestitur die Stellung der Herrscher bedrohte, deren zuverlässigste Stütze bisher die geistlichen Fürsten waren.

Zum Anlass für den „Investiturstreit", die epochale Auseinandersetzung zwischen beiden Häuptern der Christenheit, wurde die Besetzung des Erzbistums Mailand mit dem Hofkaplan Heinrichs IV. Auf die Drohung des Papstes, gegen den jungen König den Kirchenbann zu verhängen, antwortete die Reichsversammlung mit der Absetzung des „falschen Mönchs" Hildebrand. Daraufhin verkündete Gregor die Exkommunikation des Saliers, seine Absetzung sowie die Lösung der Untertanen von ihrem Treueid. Nun regte sich die fürstliche Opposition gegen den unbeliebten Herrscher: Sollte er nicht binnen Jahresfrist vom Bann gelöst sein, würde ein Nachfolger gewählt.

In dieser Situation beschloss Heinrich, sich dem päpstlichen Willen zu unterwerfen; seine Buße auf der Burg Canossa (bei Modena) zwang Gregor zur Aufhebung des Banns. Allerdings war der taktische Erfolg des Herrschers gegen die fürstlichen Widersacher mit der unerhörten Demütigung des Königtums teuer erkauft (28.1.1077).

Inzwischen hatten seine deutschen Feinde den schwäbischen Herzog Rudolf von Rheinfelden zum Gegenkönig gewählt. Nach anfänglicher Neutralität belegte Gregor den Salier erneut mit dem Bann; Heinrich erhob dagegen den Erzbischof von Ravenna als Clemens (III.) zum Gegenpapst. Nach Rudolfs Schlachtentod zog er nach Italien und empfing in Rom die Kaiserwürde (1084), während sich Gregor in der Engelsburg verschanzt hielt. Als seine normannischen Verbündeten heranrückten, zog sich das deutsche Heer zurück.

Allerdings wüteten die päpstlichen Bundesgenossen so verheerend in der Stadt, dass Gregor ihnen folgen musste, um nicht der Rache der Römer zu verfallen. In Salerno starb er im folgenden Jahr im Exil (1085). Dass er sich unerschütterlich im Recht wähnte, zeigen seine berühmten letzten Worte: „Ich habe die Gerechtigkeit geliebt und das Unrecht gehasst, daher sterbe ich in der Verbannung."

Leidenschaftlich und unbeugsam hatte er der kirchlichen Reformbewegung entscheidend zum Sieg verholfen; nach Gregorovius' Worten „flößte er dem Papsttum einen caesarischen Geist ein". Bereits sein Nachfolger Urban II. (1088-1099) übernahm mit der Ausrufung des 1. Kreuzzuges die Führung des christlichen Europas. Aber die Einheit von Imperium und Sacerdotium, die das frühe Mittelalter geprägt hatte, war in Canossa zerbrochen; der Kampf zwischen Kaisertum und Papsttum sollte das Abendland fortan für Jahrhunderte spalten.

Keine Künstlerfamilie: Die Cosmaten

Ein barbarischer Akt der Zerstörung stand am Beginn ihrer Arbeit - am Ende aber herrlicher Zierrat für ungezählte Kirchen: Die „Cosmaten" haben die mittelalterlichen Sakralbauten der Ewigen Stadt entscheidend geprägt. Dass die „Marmorarii Romani" des 12. und 13. Jhs. später unter dem Begriff der „Cosmaten" zusammengefasst wurden, gründete in der irrigen Ansicht, es handle sich um eine große Künstlerfamilie. Inzwischen konnten jedoch etwa 50 einzelne Meister aus sieben Familien festgestellt werden; unter ihnen ist häufig der Name „Cosmas" anzutreffen. Sie waren vor allem in Latium tätig, aber ihre Werke finden sich auch in anderen Landschaften Italiens (etwa in der herrlichen Kanzel des Domes zu Ravello) sowie im Norden Europas (Grab Heinrichs III. von England in der Westminster Abbey).

Bei der „Cosmatenkunst" handelt es sich um kleinteilige, polychrome, mosaikartige Marmorinkrustationen („Opus sectile"). Das Material fanden die „Marmorarii" in den antiken Bauten der Stadt: Säulen und andere Architekturteile aus Marmor, Porphyr und Verde antico wurden rücksichtslos hinweggeschleppt und zu kleinen Stücken zersägt; dann verband man die Fragmente in kunstvollen Mustern. Diese Technik wurde vor allem für die Ausgestaltung von Kirchen verwendet: Altarschranken, Bischofsthrone, Kanzeln, Osterleuchter sowie teppichartige Fußböden. In S. Clemente und S. Maria in Cosmedin ist diese liturgische Ausstattung fast vollständig erhalten; für über 200 Kirchen ist derartiger Schmuck bezeugt.

Seit der Mitte des 12. Jhs. übertrug man den Künstlern auch umfangreichere Aufgaben, etwa Kirchenvorhallen (u. a. für S. Lorenzo fuori le Mura) sowie Klosterhöfe. Mit ihrem vielfarbig leuchtenden Dekor aus Gold und Stein zählen die Kreuzgänge von S. Giovanni in Laterano und S. Paolo fuori le Mura zu den schönsten Zeugnissen der Cosmatenkunst.

Auch wenn die mittelalterlichen Marmorkünstler unzählige Werke des Altertums zerstörten - ihr Schaffen ist Teil einer „Renovatio Romae", die in der Auseinandersetzung zwischen Kaisern und Päpsten bewusst an den Glanz der einstigen Hauptstadt des Weltreiches anknüpfte. Bereits Jacob Burckhardt hat daher die Kunst der Cosmaten als „kleinen Anfang der Renaissance" gewürdigt.

Radikale Reformideen: Arnold von Brescia

Im Machtvakuum nach dem Untergang des Römischen Reiches war den Päpsten allmählich die faktische, freilich niemals rechtlich begründete Herrschaft über die Stadt zugefallen. Bis zum Ende des Mittelalters regte sich dagegen vielfach Widerstand bei den Bürgern, die eine Autonomie nach dem Vorbild der anderen Kommunen Italiens erstrebten. Einen Höhepunkt erreichte diese Auseinandersetzung im 12. Jh.: Der „Popolo", eine Führungsschicht aus niederem Adel und aufstrebendem Bürgertum, begründete im Rückgriff auf die antiken Traditionen der Stadt eine neue römische Republik, an deren Spitze ein Patricius sowie 56 Senatoren standen (1143/44); seitdem residierten die Päpste zumeist in anderen Städten des Patrimonium Petri. Unterstützung fand diese Entwicklung auch im Klerus, vor allem bei dem radikalen Denker Arnold von Brescia (um 1100-1155).

Dieser hatte bereits als Propst der Augustiner-Chorherren in seiner Heimatstadt Brescia Forderungen von Laien nach innerkirchlichen Reformen unterstützt; deswegen beim Papst angeklagt war er nach Paris geflohen. Zunächst Schüler des bedeutenden Theologen Abaelard, wurde er später dessen Nachfolger; mit den Studenten lebte er in apostolischer Armut und bestritt den Lebensunterhalt durch Betteln. Wie sein Lehrer wurde auch Arnold von Brescia der Verbreitung von „Irrlehren" bezichtigt; die erbitterte Feindschaft und der weit reichende Einfluss des Bernhard von Clairvaux zwangen ihn, Paris zu verlassen; schließlich unterwarf er sich der Kirche und begab sich nach Rom (1144).

Dort unterstützte er die Kommune in ihrem Kampf um die Unabhängigkeit, da ihre Ziele seinen eigenen Reformideen entsprachen: Die Kirche sollte sich von Besitz und weltlicher Herrschaft lösen und ganz der Seelsorge widmen. Aufgrund dieser Forderungen verfiel Arnold dem Kirchenbann (1148).

Große Hoffnungen setzte der „Popolo" auf die deutschen Könige als Gegengewicht zur päpstlichen Macht. Daher boten die Bürger dem Staufer Konrad III. an, die Kaiserkrone aus ihrer Hand zu empfangen und seine Residenz in Rom zu nehmen (1149). Da dies den endgültigen Bruch mit dem Papsttum bedeutet hätte, wies der Herrscher das Angebot jedoch zurück. Mit der Wahl Hadrians IV. (1154) verschärfte sich der Streit zwischen Kirche und Kommune. Durch ein Interdikt erzwang der neue Papst die Verbannung Arnolds von Brescia aus Rom; in den Krönungsverhandlungen mit Konrads Nachfolger Friedrich Barbarossa verlangte er die Auslieferung des radikalen Reformers. Ein erneutes Angebot des „Popolo", gegen ein Geschenk von 5.000 Pfund Gold die Kaiserwürde vom römischen Volk entgegenzunehmen, lehnte der Staufer ab.

Am Tag seiner Krönung kam es in Rom zum Aufstand; die Erhebung wurde jedoch von den deutschen Rittern niedergeschlagen. Arnold von Brescia fiel in die Hand des neuen Kaisers; er wurde an Hadrian IV. ausgeliefert und auf Befehl des päpstlichen Stadtpräfekten hingerichtet. Nach einem (umstrittenen) Bericht wurde er gehängt, der Leichnam verbrannt, die Asche in den Tiber geschüttet. Seine Anhängerschaft ging schon bald in neuen „ketzerischen" Bewegungen auf. Der Konflikt zwischen den päpstlichen Stadtherren und der römischen Kommune wurde erst 1188 beigelegt; Clemens III. erkannte die städtische Autonomie an, die Bürger die Oberhoheit des Papstes.

„Weltherrschaft der Päpste“: Innozenz III.

Mit Gregor VII. hatten die Nachfolger Petri erstmals den Anspruch auf die weltliche Herrschaft über das Abendland erhoben; auch Friedrich Barbarossa war dem Reformpapsttum unterlegen. Den Höhepunkt seiner Macht erreichte es jedoch mit dem Pontifikat Innozenz' III. (1198-1216, geb. 1160/61).

Weder in seinen theologischen Schriften noch durch die Mitarbeit im Kardinalskollegium war der hochgebildete Aristokrat Lothar von Segni hervorgetreten, als er - zudem der jüngste unter den Kardinälen - zum Papst gewählt wurde (1198). Von tiefem Sendungsbewusstsein durchdrungen verstand sich der neu gewählte Pontifex als geistlicher und weltlicher „Vicarius Christi“ nach dem Vorbild des alttestamentlichen Priesterkönigs Melchisedech. Daher setzte er energisch die päpstliche Herrschaft in der Kirche durch: Ihre Macht gegenüber den Bischöfen wurde gestärkt, die Kurie zur zentralen Verwaltung der abendländischen Kirche umgeformt, Missstände in Weltklerus und Ordensgemeinschaften entschlossen bekämpft.

Leidenschaftlich forderte Innozenz die Befreiung des Heiligen Grabes zu Jerusalem von der Herrschaft der „Ungläubigen“. Der von ihm ausgerufene 4. Kreuzzug (1202-1204) entglitt jedoch bald seiner Führung; geschickt lenkten die Venezianer den Feldzug gegen das christliche Byzanz, um den eigenen Einfluss im östlichen Mittelmeer zu vergrößern. Die Eroberung Konstantinopels durch die Kreuzfahrer wurde von Innozenz zunächst als Schritt zur Union mit der orthodoxen Kirche begrüßt, die Gräueltaten der Sieger dagegen entschieden verurteilt.

Mit aller Härte bekämpfte der Papst die zeitgenössischen „Häresien“, vor allem die dualistische Lehre der Katharer (in Frankreich nach ihrem Zentrum Albi auch Albigenser genannt), deren Sittenstrenge weithin Anhänger fand. Als moralische Alternative förderte Innozenz die neuen Bettelorden der Dominikaner und Franziskaner; zugleich forderte er ein gewaltsames Vorgehen der weltlichen Macht gegen die „ketzerischen“ Lehren. Mit der Proklamation eines Kreuzzuges gegen die Albigenser begann ein blutiger Raubkrieg im Süden Frankreichs, der im Massaker von Béziers an Tausenden von Frauen, Kindern und Greisen gipfelte (1209) und - nach dem Ableben des Papstes - von der französischen Krone zur Unterwerfung des Landes genutzt wurde.

Entschlossen nutzte Innozenz das Machtvakuum nach dem frühen Tod Kaiser Heinrichs VI. (1197): In den „Rekuperationen“ besetzte er - weit über die ursprünglichen Grenzen des Patrimonium Petri hinaus - große Teile Mittelitaliens bis zur Adria und schuf so einen Sperrriegel zwischen dem Königreich Sizilien und Reichsitalien. In Rom wurde der Ausbau der Residenz am Vatikan weitergeführt, Atrium und Apsismosaik von Alt.-St. Peter restauriert sowie das verwahrloste Hospital von S. Spirito in Sassia erneuert.

Nach der doppelten Königswahl in Deutschland (1198) unterstützte der Papst den schwächeren Welfen Otto IV., der dafür im Neußer Eid auf eine eigenständige Italienpolitik verzichteten musste. Als sich aber ein Sieg der staufischen Partei abzeichnete, suchte Innozenz einen Ausgleich mit Philipp von Schwaben. Nachdem dieser einem Anschlag aus persönlichen Motiven zum Opfer gefallen war, wurde sein welfischer Gegner aufgrund der allgemeinen Kriegsmüdigkeit in ganz Deutschland als König anerkannt.

Nach seiner Kaiserkrönung (1209) nahm Otto die staufische Italienpolitik wieder auf; als er gegen das unter päpstlicher Oberhoheit stehende Königreich Sizilien vorrückte, verfiel er dem Kirchenbann. Zudem förderte Innozenz jetzt den jungen Staufer Friedrich (II.), sein früheres Mündel, der mit kirchlicher Unterstützung zum deutschen König gewählt wurde (1211) und sich gegen den Welfen durchsetzte.

Wegen der Neubesetzung des Erzbistums Canterbury kam es auch mit dem englischen Herrscher zu langjährigem Streit. Angesichts der Drohung mit einem Kreuzzug nahm Johann Ohneland sein Reich vom Papst zu Lehen (1213/14). Freilich blieb diese Oberhoheit wirkungslos; die Aufhebung der Magna Charta durch Innozenz III. wurde nicht einmal von den englischen Bischöfen unterstützt.

Der Ausrufung eines erneuten Kreuzzuges und der Vollendung der kirchlichen Reformen sollte das IV. Laterankonzil dienen. Eindrucksvoll zeigte die größte Kirchenversammlung des Mittelalters die führende Stellung des Papsttums im christlichen Abendland (1215). Während der Vorbereitungen für den Kreuzzug starb Innozenz im folgenden Jahr zu Perugia - zweifellos einer der bedeutendsten Päpste der Kirchengeschichte, zugleich die prägende Gestalt seiner Zeit.

Niederwerfung des Adels: Andaló Brancaleone

Kein einziges Bauwerk der Ewigen Stadt verdankt ihm seine Entstehung - und doch haben wenige das Stadtbild Roms so sehr verändert wie Andaló Brancaleone (um 1220-1258). Dem damaligen Brauch zahlreicher italienischer Kommunen folgend, wurde der Jurist aus seiner Heimatstadt Bologna als „Senator" nach Rom berufen, um dort für drei Jahre zu regieren (1252). Ihm oblagen die Verwaltung sowie die höchste Gerichtsbarkeit, die Außenpolitik und der Oberbefehl im Kriegsfall. Allerdings mussten seine Maßnahmen von der Volksversammlung bestätigt werden, die sich vor S. Maria in Aracoeli auf dem Kapitol zu versammeln pflegte. Die fremde Herkunft des Stadtregenten, der meist als Podestà bezeichnet wurde, sollte verhindern, dass er mit Hilfe seiner Hausmacht eine Tyrannis errichtete.

Andaló regierte mit harter, aber gerechter Hand; er beschränkte die Macht des Adels, dessen Fehden zu fortwährendem Krieg in der Stadt geführt hatten, und beteiligte Volk und Zünfte an den politischen Entscheidungen. Durch die Eroberung von Tivoli für die römische Kommune geriet er in Gegensatz zum Papst, der selbst die Herrschaft über Latium beanspruchte.

Nach dem Ende der dreijährigen Amtszeit entbrannte in Rom erbitterter Streit: Adel und Kirche, ebenso die mit seiner Strenge Unzufriedenen widersetzten sich einer Wiederwahl des Brancaleone. Dieser wurde gefangen gesetzt; ihm drohte die Hinrichtung. Jetzt bewährte sich seine kluge Voraussicht; er hatte nämlich den Vertrag mit der römischen Kommune durch adlige Geiseln abgesichert. Obwohl der Papst deren Freilassung forderte, weigerte sich seine Vaterstadt, die Bürgen der Abmachung freizugeben. Auch ein kirchliches Interdikt - das Verbot aller geistlichen Handlungen in der Stadt - vermochte die Bologneser nicht umzustimmen. Ihre Beharrlichkeit rettete das Leben des Brancaleone, der aus der Haft entlassen wurde (1256).

Im folgenden Jahr erhob sich in Rom das Volk gegen den Adel; Andaló wurde zurückberufen und übernahm erneut die Regierung. Seine Gegner wurden mit Tod und Exil bestraft, Ruhe und Ordnung wiederhergestellt. Um die Macht der Adelsfamilien auf Dauer zu brechen, ließ der Brancaleone die Geschlechtertürme zerstören, die damals (wie heute noch im toskanischen S. Gimignano) das Stadtbild beherrschten. Oft über antiken Bauten errichtet - dem Circus Maximus, dem Kolosseum sowie den Bögen des Titus und Constantin -, bildeten sie als kleine Burgen inmitten der Stadt das Rückgrat der Adelsmacht und den

Ausgangspunkt der innerstädtischen Fehden. 140 von diesen Türmen ließ Andaló niederlegen; es war der tiefste Eingriff in die Silhouette Roms, aus der seither nur noch die kirchlichen Bauten hervorragten.

Bereits im folgenden Jahr starb der Brancaleone, vielleicht an Malaria oder aber durch Gift. Die hohen Ehrungen für den Verstorbenen zeigten die Dankbarkeit der Römer für den Mann, der adliger Willkür und kriegerischen Auseinandersetzungen in der Stadt ein Ende gesetzt hatte.

Vorläufer der Renaissance: Arnolfo di Cambio

Die Spuren der millionenfachen Küsse frommer Pilger zeigen es nur allzu deutlich: Kein Kunstwerk der Ewigen Stadt wird so tief verehrt wie die Bronzestatue des Apostels Petrus im Mittelschiff des Petersdomes. Nach der Legende wurde sie aus der Statue des Jupiter Capitolinus gefertigt; dass man (angeblich) das erhabenste Götterbild des heidnischen Rom zu einem Kultbild des neuen Glaubens umgeformt hatte, sollte den Sieg des Christentums über die alten Götter symbolisieren. Lange Zeit war die Datierung der Apostelstatue umstritten; wegen ihrer spätantiken Wesenszüge galt sie zunächst als Werk des 5. Jhs. Heute wird sie allgemein einem der großen Meister des italienischen Hochmittelalters zugeschrieben, dem Bildhauer und Baumeister Arnolfo di Cambio (um 1240–1302/10?).

Erste Erfahrungen hatte er in Siena in der Werkstatt von Niccolò Pisano gesammelt; dessen Rückbesinnung auf die Kunst der Antike sollte sein späteres Schaffen entscheidend prägen. Später arbeitete er am Dominicus-Schrein zu Bologna, dann ließ er sich in Rom nieder (1266). Dort trat er in den Dienst Karls I. von Anjou, des Königs von Sizilien, und stellte ihn lebensgroß in der Haltung eines thronenden römischen Senators dar (j. im Konservatorenpalast). Danach dominierten kirchliche Aufträge: Der Meister schuf prunkvolle Grabmäler für Päpste und Kardinäle, u. a. für Honorius IV. (j. in S. Maria in Aracoeli) sowie Bonifaz VIII. (j. in den Vatikanischen Grotten). In S. Maria Maggiore errichtete er ein Oratorium für die Krippe von Bethlehem, die dort seit dem 7. Jh. verehrt wird. In der Renaissance wurde Arnolfos Bau durch die Cappella Sistina ersetzt; lediglich einige Krippenfiguren blieben erhalten.

Ein hervorragendes Beispiel für sein Schaffen ist das Altarziborium von S. Paolo fuori le Mura (1285): Während die architektonischen Formen des Baldachinaltares dem gotischen Zeitgeist folgen, zeigen Reliefs und Skulpturen den ureigenen Stil des Meisters: Die Eckfiguren - Petrus, Paulus, Timotheus sowie der stiftende Abt Bartholomäus - sind individualistisch gezeichnet; die Engel in den Zwickeln gleichen römischen Victorien, die Eva der Paradiesesszene einer antiken Venus. Der ruhige Rhythmus der Gesten zeigt keine Ähnlichkeit mit der zeitgenössischen gotischen Skulptur.

In den letzten Jahren wirkte der Künstler nur noch in Florenz, wo er bis zu seinem Ableben (1302 oder 1310) an den großen Bauprojekten entscheidend beteiligt war: am Neubau des Domes, dem Palazzo Vecchio sowie der Basilika S. Croce.

Als Architekt wie als Bildhauer war Arnolfo di Cambio eine der bedeutendsten Gestalten der Protorenaissance in Italien. Seine Werke zeigen eindrucksvoll, dass die antike Kunst auch nach dem Untergang des Römischen Reiches ihre Ausstrahlung bewahrte und durch Jahrhunderte weiterwirkte - bis zu ihrem „Wiedererwachsen“ im Rinascimento.

Tiefer Fall: Bonifaz VIII.

Durch den Sieg über die stolzen Hohenstaufen, besiegelt in der Enthauptung Konradins (1268), war das mittelalterliche Reformpapsttum auf den Gipfel seiner Macht gelangt; das abendländische Kaisertum hatte dagegen die einstige universale Bedeutung verloren. Unter dem Pontifikat Bonifaz’ VIII. (1294-1303, geb. um 1235) sollte die Kirche ihre Herrschaftsansprüche nochmals steigern - und zugleich ihren tiefsten Fall erleben.

Im Dienst der Kurie war Benedetto Caetani zum einflussreichen Berater Coelestins V. aufgestiegen; nach dessen Abdankung, zu der er selbst maßgeblich beigetragen hatte, wurde er zum Nachfolger gewählt (1294). Tatkräftig und reformfreudig verwaltete er den Kirchenstaat; er führte die Kodifikation des geistlichen Rechts fort und gründete in Rom eine Universität (1303).

In der Tradition seiner großen Vorgänger forderte Bonifaz VIII. die Anerkennung der päpstlichen Universalherrschaft über das Abendland, das er zu einem weiteren Kreuzzug gegen den Islam führen wollte. Allerdings waren die neuen Nationalstaaten nicht mehr bereit, sich dem kirchlichen Machtanspruch zu unterwerfen. So scheiterte das Eingreifen des Papstes im ungarischen Thronstreit ebenso wie sein Eintreten für die schottische Unabhängigkeit. Auch im Konflikt mit dem französischen König um die Besteuerung der Geistlichkeit musste er nachgeben; die Einigung mit Philipp IV. dem Schönen wurde durch die Heiligsprechung Ludwigs IX. besiegelt (1297).

Zur Förderung der Seelsorge, aber auch als Demonstration der päpstlichen Macht rief Bonifaz das erste „Heilige Jahr“ der Kirchengeschichte aus (1300): Für den Besuch der beiden Apostelgräber in Rom wurde ein - bisher beispielloser - vollkommener Ablass der zeitlichen Sündenstrafen verkündet. Zwei Millionen Pilger folgten diesem Ruf; sie mehrten nicht nur das Ansehen des Papsttums, sondern brachten auch unerhörte Geldsummen in die Stadt. Ein Freskenfragment in der Lateranbasilika (Giotto zugeschrieben) zeigt die Ausrufung des „Heiligen Jahres“; neben dem Grab des Papstes in den Vatikanischen Grotten ist es das einzige künstlerische Relikt seines Pontifikates (die Tradition der „Heiligen Jahre“ lebt dagegen bis in unsere Zeit fort).

Von hohem monarchischen Selbstbewusstsein geprägt begründete Bonifaz neue Formen der Repräsentation: Als erster Papst trug er die dreifache Tiara (wenngleich noch nicht in der heutigen Gestalt); auch die Porträtstatuen (von denen eine am Dom zu Anagni erhalten blieb) sprengten den Rahmen der Tradition. Schroffer Hochmut und Habgier machten ihn allgemein verhasst; schamlos bereicherte er die eigene Familie.

Durch den Hochverratsprozess gegen einen französischen Bischof flammte der Streit mit Philipp dem Schönen erneut auf; eine Vorladung an das päpstliche Gericht ignorierte der König (1301). Im folgenden Jahr erneuerte Bonifaz in der Bulle „Unam Sanctam“ seinen universalen Machtanspruch; sie bekräftigte den Vorrang der geistlichen Macht vor der weltlichen Gewalt und forderte von allen Christen Gehorsam gegenüber dem Papst als unabdingbare Voraussetzung der Erlösung.

Nun griff Wilhelm von Nogaret, der führende Berater des französischen Herrschers, die bereits früher von den stadtrömischen Gegnern des Papstes erhobene Forderung nach einem Konzil auf. Die Kirchenversammlung sollte die Rechtmäßigkeit seiner Wahl prüfen, ferner Anschuldigungen wegen Häresie und Götzendienst (aufgrund der Ehrenstatuen!). Als Bonifaz daraufhin dem König mit dem Bann sowie der Lösung der Untertaneneide drohte, nahm ihn Nogaret in Anagni durch einen Handstreich gefangen (1303); ob er von dort nach Frankreich verschleppt werden sollte, bleibt umstritten. Bereits zwei Tage später wurde der Papst von den Bürgern der Stadt befreit; aber die Demütigung hatte den stolzen Kirchenfürsten tief getroffen. Nach Rom zurückgekehrt, starb er bereits nach wenigen Wochen.

Mit seinem tiefen Fall war der letzte Versuch gescheitert, die päpstliche Herrschaft über das Abendland auch im weltlichen Bereich durchzusetzen. Stattdessen blieb die Kirche fortan für Jahrzehnte dem dominierenden Einfluss der französischen Könige unterworfen; Avignon wurde zur Residenz der Päpste, Rom sank zur Provinzstadt herab.

Traum von alter Größe: Cola di Rienzo

Lediglich für einige Monate bestimmte er die Geschicke der Ewigen Stadt; aber nur wenige Persönlichkeiten in der Geschichte Roms haben die Nachwelt so sehr fasziniert wie der Volkstribun Cola di Rienzo (1313–1354). Gregorovius nannte ihn einen „Heldenspieler im zerlumpten Purpur des Altertums“, dessen Wirken einen „unvergesslichen Zauber phantastischer Dichtung über das öde Rom gebreitet“ habe; Wagner griff sein Schicksal in der Oper „Rienzi“ auf (1840).

Auch wenn er später behauptete, von Kaiser Heinrich VII. abzustammen, war Cola tatsächlich von einfacher Herkunft. Dennoch erwarb der Sohn eines Gastwirts und einer Wäscherin eine literarische Bildung, die selbst von Petrarca bewundert wurde. In ihm verband sich eine umfassende Kenntnis der Antike mit glühender Begeisterung für die historische Größe Roms sowie mitreißender Rednergabe. Leidenschaftlich hasste er dagegen den örtlichen Adel, der Chaos und Anarchie in die Stadt getragen hatte; auch die Tötung seines eigenen Bruders durch einen Aristokraten war ungesühnt geblieben. Als Sprecher der wohlhabenden Bürger reiste er an den päpstlichen Hof nach Avignon (1343); auch wenn die Bitte um Rückkehr in die Ewige Stadt kein Gehör fand, erwarb der junge Notar die Gunst Clemens' VI. sowie die Freundschaft Petrarcas, der in ihm den künftigen Erneuerer Italiens sah.

Vier Jahre später besetzte Cola di Rienzo das Kapitol und ließ sich mit dem Titel eines Tribuns diktatorische Vollmachten übertragen. In seinem Denken verband sich der Rückgriff auf die republikanischen Traditionen der Antike mit mittelalterlicher Mystik: Bewusst hatte er für die Eroberung des Kapitolshügels den Pfingsttag gewählt, um den Anbruch eines neuen, vom Heiligen Geist erleuchteten Zeitalters der göttlichen Ordnung und Gerechtigkeit zu verkünden (Mai 1347).

Energisch wandte sich der neue Machthaber gegen die Adligen; die Rechtssicherheit wurde gemehrt und die Finanzen geordnet. Die Ziele des ehrgeizigen Tribuns reichten jedoch weit über die Grenzen der Stadt hinaus: In Sendschreiben an die italienischen Fürsten und Kommunen propagierte er die Einigung des Landes. In Anlehnung an die alte staatsrechtliche Fiktion, dass die mittelalterliche Bevölkerung der Ewigen Stadt als Rechtsnachfolger des antiken „Populus Romanus" die Kaiserwürde verleihe, berief er Ludwig den Bayern und Karl (IV.) von Luxemburg in ihrem Thronstreit vor sein Tribunal. Gern ließ er sich auch im Krieg Ludwigs d. Gr. von Ungarn gegen das Königreich Neapel von beiden Seiten als Schiedsrichter anrufen.

Aber der Traum von einer Wiederbelebung der römischen Macht währte nur kurz, denn seine adligen Feinde verbanden sich mit dem Papst. Auch wenn der Tribun ihren Angriff auf die Stadt an der Porta S. Lorenzo abwehren konnte – den Sieg beging er wie ein antiker Triumphator auf dem Kapitol –, zwang ihn ein Aufstand der eigenen Gefolgschaft nach nur siebenmonatiger Herrschaft zur Flucht in die Abruzzen (Dezember 1347), wo er fortan als Einsiedler lebte.

Drei Jahre später trug er in Prag seine Ideen dem Luxemburger Karl IV. vor; er hoffte, die römische Größe nunmehr mit kaiserlicher Unterstützung zu erneuern. Aber der nüchterne Realpolitiker versagte dem schwärmerischen Geist das Gehör. Der gestürzte Tribun wurde ein Jahr auf der Burg Raudnitz gefangen gehalten, dann dem Papst ausgeliefert und in Avignon wegen Häresie vor Gericht gestellt.

Innozenz VI. wollte jedoch seine reiche Begabung zur Erneuerung der päpstlichen Herrschaft im Kirchenstaat nutzen und sandte ihn daher nach Rom zurück, wo inzwischen wieder Anarchie herrschte. Zum Senator erhoben zog Cola di Rienzo in die Stadt ein, vom Volk begeistert begrüßt. Misserfolge im Kampf gegen den Adel, wachsender Steuerdruck sowie willkürliche Inhaftierungen aufgrund von persönlicher Rache ließen allerdings seine Popularität rasch sinken.

Bereits nach neun Wochen wagten die Feinde einen Angriff auf die Residenz des verhassten Machthabers auf dem Kapitolshügel; als dieser in Verkleidung zu fliehen suchte, wurde er ergriffen und getötet, sein Leichnam geschändet (1354). Nur ein kleines Denkmal am Abhang des Kapitols (1887) erinnert noch an den Mann, dessen kühne Visionen angesichts der tatsächlichen Machtverhältnisse Träume bleiben mussten.

Rückkehr der Päpste: Katharina von Siena

Die Verlegung der päpstlichen Residenz nach Avignon hatte Rom schwer getroffen: Kardinäle und Juristen, Künstler und Literaten, Kaufleute und Prostituierte verließen die Stadt; finanzielle Mittel - wie etwa der Peterspfennig - flossen nun in den Süden Frankreichs; Handel und Handwerk verfielen; Bauvorhaben wurden nicht weitergeführt; die Bevölkerung ging auf weniger als 20.000 Köpfe zurück: Rom war nicht mehr der Mittelpunkt des Orbis christianus. Die Rückkehr der Päpste an den Tiber und damit der Wiederaufstieg der Stadt war das Verdienst einer der bedeutendsten Frauengestalten des Mittelalters, der Mystikerin Katharina von Siena (1347-1380).

Bereits in früher Jugend hatte sich die Tochter eines Färbers fast ausschließlich Bußübungen, Fasten und Gebeten gewidmet. Als junge Frau trat sie in den Dritten Orden der Dominikaner ein und sorgte hingebungsvoll für Arme und Kranke. Später wandte sie sich immer mehr den brennenden Fragen der Zeit zu; energisch und sendungsbewusst erteilte sie weltlichen und geistlichen Fürsten in zahlreichen Briefen ihre Ratschläge.

Bei einem Besuch in Avignon forderte sie Gregor XI. zum Kreuzzug, einer grundlegenden Kirchenreform sowie zur Rückkehr nach Rom auf (1376). Die starke Persönlichkeit der großen Mystikerin dürfte auf den Papst, der bei seinen Entscheidungen oft schwankte und auf himmlische Zeichen wartete, einen bestimmenden Einfluss ausgeübt haben; bereits im folgenden Jahr zog er in die Ewige Stadt ein. Auch wenn nach seinem Ableben das Große Schisma der Kirche begann (s. Martin V., S. 151 f.) - Rom hatte die frühere Bedeutung als Zentrum des christlichen Abendlandes wiedererlangt.

Auf Wunsch des reformwilligen Papstes Urban VI. verbrachte Katharina die letzten Lebensjahre in Rom; die letzte Ruhe fand sie in der Dominikanerkirche S. Maria sopra Minerva. Sie wird als Kirchenlehrerin verehrt, ferner als Schutzpatronin Italiens (neben Franz von Assisi) sowie - neben dem Apostel Petrus - als Mitpatronin der Ewigen Stadt.

Ende des Schismas: Martin V.

Mit der Rückkehr Gregors XI. (s. Katharina von Siena, S. 150) nach Rom war die „Babylonische Gefangenschaft" der Kirche in Avignon beendet (1377). Doch bereits im folgenden Jahr begann mit der Doppelwahl von Urban VI., der in der Tiberstadt residierte, und Clemens (VII.), der seinen Sitz in Avignon nahm, das Große Abendländische Schisma. Denn da fortan in beiden „Obödienzen" jeweils Nachfolger gewählt wurden, war die Einheit der Christenheit für Jahrzehnte zerbrochen; das Ansehen von Papsttum und Kirche schwand dramatisch. Als das Konzil von Pisa (1409) die beiden Rivalen - entgegen dem Kirchenrecht - ihres Amtes enthob und einen neuen Papst bestimmte, war das Chaos vollkommen: Da die Abgesetzten auf der Rechtmäßigkeit ihrer Würde beharrten, gab es zur gleichen Zeit drei Nachfolger Petri. Beigelegt wurde dieses in der Kirchengeschichte einzigartige Ärgernis erst durch das Konzil von Konstanz sowie die Wahl Martins V. (1417-1431, geb. 1367).

Der Spross der bedeutenden römischen Adelsfamilie der Colonna war in der kirchlichen Hierarchie zum Kardinal aufgestiegen und hatte im päpstlichen Auftrag den Prozess gegen den böhmischen Reformator Johannes Hus geführt. Auf dem Konzil von Konstanz, das unter maßgeblichem Einfluss Kaiser Sigismunds das Schisma beendete, war er aber nicht hervorgetreten; seine Wahl war daher eine Überraschung.

Das Konzil hatte dem neuen Pontifex die Vorbereitung einer Kirchenreform „an Haupt und Gliedern" aufgetragen. Allerdings gelangten seine Bestrebungen über erste Ansätze nicht hinaus; auch das Reformkonzil von Pavia (1423) blieb ergebnislos. Höchst erfolgreich war er dagegen bei der Reorganisation des Kirchenstaates sowie des päpstlichen Hofes: Die zerrütteten Finanzen wurden geordnet, mehrere Aufstände niedergeschlagen, der mächtige und unbotmäßige Söldnerführer Braccio da Montone ausgeschaltet; der Kirchenstaat wurde wieder zu einem Machtfaktor der italienischen Politik.

Besondere Verdienste erwarb sich Martin um die Stadt Rom: Die großen Basiliken und der Vatikanische Palast wurden restauriert, Straßen, Brücken und Befestigungen erneuert; die Unterstellung der Magistri Viarum (Straßenbaumeister) unter die päpstliche Aufsicht bedeutete den ersten Schritt zur späteren großartigen Stadtplanung der Renaissance.

Noch bevor das von ihm einberufene Konzil in Basel zusammentrat, starb der Pontifex, der späteren Generationen als Neubegründer des Kirchenstaates galt.

Sein Grab fand er an einer der ehrwürdigsten Stätten Roms - in der Confessio der Lateranbasilika.

DIE MITTELALTERLICHE KUNST IN ROM

Vielfach wird das Bild der Ewigen Stadt von mittelalterlichen Bauten geprägt: Aus der Karolingerzeit blieben die Leoninische Mauer sowie die Kirche S. Prassede mit dem einzigartigen Kleinod der Zenokapelle erhalten; weniger bekannt sind das Tricliniumsmosaik am Lateran mit der Darstellung Karls d. Gr. sowie eine Porticus des 9. Jhs. gegenüber der Fontana di Trevi. Unter den romanischen Bauten der Stadt ragen S. Clemente und SS. Quattro Coronati mit ihrem umfangreichen Bestand an Wandmalereien hervor (u. a. einem Propagandazyklus gegen den Staufer Friedrich II.), ebenso S. Maria in Trastevere, S. Maria in Aracoeli (einst Sitz des Stadtparlaments) und S. Maria in Cosmedin mit der berühmten Bocca della Verità – unvergesslich durch die reizende Szene aus dem Film „Ein Herz und eine Krone". Der Gotik entstammen lediglich zwei, freilich hochbedeutende Bauwerke: der Palazzo Venezia sowie die Dominikanerkirche S. Maria sopra Minerva. Mehrfach griffen bereits die Künstler des Mittelalters – die „Cosmaten" ebenso wie Arnolfo di Cambio – auf Vorbilder aus dem Altertum zurück und nahmen so den Gedanken einer „Renaissance" der Antike vorweg.

Das Zeitalter der Renaissance (1450–1600)

Mit dem neuen Petersdom erreichte das künstlerische Schaffen von Renaissance und Barock seinen Höhepunkt.

Nach dem Ende des Großen Schismas wurde die allgemeine Ordnung im Kirchenstaat wiederhergestellt; eine durchgreifende Reform der Kirche blieb jedoch aus. Unter Julius II. stieg Rom zur Hauptstadt der Renaissance und des Humanismus auf; mit den Päpsten wetteiferten Adel und Kardinäle als Mäzene der schönen Künste. Die größten Meister dieser Zeit - Bramante, Michelangelo und Raffael - wirkten in der Stadt; als neues Wahrzeichen wuchs der gewaltige Bau des Petersdomes empor. Zugleich war der päpstliche Hof jedoch von Korruption, Nepotismus und Verweltlichung geprägt. Der wachsende Unwillen über diese Missstände entlud sich in der Reformation, die große Teile Europas dem katholischen Glauben entzog. Das Eingreifen der Päpste in die militärischen Konflikte der Großmächte wurde durch die Plünderung der Stadt im „Sacco di Roma" bitter bestraft (1527).

Mit dem Konzil von Trient übernahm ein geläutertes Papsttum die Führung bei der Erneuerung der Kirche in der Gegenreformation, unterstützt von dem neugegründeten Jesuitenorden. Durch die baulichen Maßnahmen Sixtus' V., eines der großen Reformpäpste, wurde zudem das Antlitz der Ewigen Stadt grundlegend umgestaltet.

Instaurator urbis: Sixtus IV.

Als Schauplatz der Papstwahl ebenso wie durch die einzigartigen Fresken Michelangelos ist die Sixtinische Kapelle zweifellos einer der erhabensten Räume des Abendlandes. Namen und Entstehung verdankt sie freilich einer der umstrittensten Gestalten der Kirchengeschichte: Sixtus IV. (1471-1484, geb. 1414) war politisch erfolglos und moralisch korrupt, zugleich aber ein großzügiger Mäzen der Künste und einer der bedeutendsten Bauherren in der Geschichte Roms.

Als Sohn einer verarmten Familie war Francesco della Rovere zum General des Franziskanerordens aufgestiegen, den er auch nach seiner Wahl zum Papst förderte. Da er sich in früheren Ämtern bewährt hatte, setzte man zunächst große Hoffnungen auf den neuen Pontifex. Aber seine Aufrufe an die Herrscher Europas gegen die Türkengefahr verhallten ungehört; die moslemischen Feinde eroberten sogar vorübergehend die apulische Hafenstadt Otranto (1480-1482). Erfolglos blieb auch der Versuch, in Verhandlungen mit dem Moskauer Großfürsten Iwan III. die Einheit der Kirche zu erneuern.

Aber die wichtigste Tätigkeit des Papstes war offenbar ohnehin die Versorgung der eigenen Angehörigen mit Ämtern und Pfründen; der „Nepotismus" erreichte ein bisher unbekanntes Ausmaß. Zu den bevorzugten Günstlingen zählten seine Neffen Giuliano della Rovere (der spätere Papst Julius II.) und Girolamo Riario, dessen Ehrgeiz die Kurie in die zeitgenössischen italienischen Machtkämpfe verstrickte: Er trieb seinen Oheim zur Unterstützung der Pazzi, die den Sturz der Medici in ihrer Heimatstadt Florenz erstrebten. Ihren Dolchen fiel Giuliano de' Medici zum Opfer, während sein Bruder Lorenzo (il Magnifico) verwundet den Mördern entrann (1478); ein zweijähriger Krieg war die Folge des Anschlags. Der Wunsch des Nepoten nach einem eigenen Fürstentum führte auch zu einem erfolglosen Krieg um das Herzogtum Ferrara (1482/83). In Rom selbst lieferten sich die Günstlinge des Papstes und ihre adligen Gegner blutige Kämpfe.

Im moralischen Verfall des Hofes ebenso wie in der Finanzpolitik (die ungeheuren Aufwendungen der Kurie wurden mit dem Verkauf von Ämtern und Ablässen bestritten) war Sixtus IV. der erste große Renaissancepapst - freilich auch in seinem Bestreben, Rom zum Mittelpunkt von Kunst und Wissenschaft zu erheben. Die Vatikanische Bibliothek wurde vermehrt, der Humanismus blühte bei Hofe. Für eine Kalenderreform (die freilich erst unter Gregor XIII. stattfand) wurde der deutsche Gelehrte Regiomontanus nach Rom berufen.

Auch der Ewigen Stadt galt die Sorge des Papstes: Die wichtigsten Straßen wurden gepflastert, die enge Bebauung für das Jubeljahr 1475 durch die großzügig angelegte Via Sixtina von der Engelsburg zum Vatikan durchbrochen; nahe der Tiberinsel entstand der Ponte Sisto. Gleichzeitig wurde die private Bautätigkeit gefördert, zu der auch die Günstlinge des Papstes beitrugen; sein Neffe Raffaello Riario errichtete den ersten großen Renaissancepalast der Stadt, den heutigen Palazzo della Cancelleria. Auch sakrale Bauten wuchsen empor: Nahe dem Petersdom ließ Sixtus das Hospital von S. Spirito erneuern, dessen Hauptsaal Platz für 1000 Kranke bot; als Grablege der Rovere entstand die Kirche S. Maria del Popolo, an das Friedensabkommen mit Mailand erinnerte S. Maria della Pace; die Kardinalskirche seines Neffen Giuliano, S. Pietro in Vincoli, wurde durch eine Porticus erweitert.

Die bedeutendste Stiftung des Papstes war jedoch die Hofkirche des Vatikanischen Palastes, nach dem Bauherrn als Sixtinische Kapelle bezeichnet. Die berühmtesten Maler dieser Zeit - Botticelli und Ghirlandaio, Perugino und Pinturicchio, Signorelli und Rosselli - schmückten sie mit Fresken zum Leben des

Moses und des Erlösers. Auch wenn ihre Bilderzyklen später von dem gewaltigen Werk Michelangelos in den Schatten gestellt wurden; der Name der Kapelle und sein herrliches Grabmal in den Grotten von St. Peter (s. Pollaiuolo, s. u.) erinnern noch heute an den Papst, der einst als „Instaurator Urbis" (Erneuerer der Stadt) galt.

Prunkgräber: Pollaiuolo

Als Goldschmied und Kupferstecher, als Maler und Bildhauer zählte Antonio del Pollaiuolo (1431/2-1498) zu den bedeutendsten Meistern des 15. Jhs. Auch wenn er nur wenige Jahre in Rom wirkte, begründete er dort eine künstlerische Tradition, die bis in unsere Zeit währte.

Der gebürtige Florentiner arbeitete zunächst als Goldschmied, bevor er - als einer der ersten in Italien - die neue Technik des Kupferstichs aufgriff. Als Maler und Bildhauer war er ein Meister der Aktdarstellung und beeinflusste das Werk Verrocchios und Leonardos. Später wirkte er gemeinsam mit seinem Bruder Piero in Rom; hier erneuerte er die Zwillingsknaben Romulus und Remus für die Kapitolinische Wölfin.

Einzigartigen Ruhm erlangte er jedoch durch seine Papstgrabmäler. Während die Grabplatte für Sixtus IV. (1493, j. in den Vatikanischen Grotten), die den Verstorbenen mit vollem Ornat in flachem Relief zeigt, bei aller künstlerischen Qualität noch der herkömmlichen Form des Papstgrabes verhaftet blieb, begründete Pollaiuolo mit dem Monument für Innozenz VIII. (1498; die Anordnung der Statuen später verändert) einen neuartigen Typus: Umgeben von den platonischen und christlichen Tugenden, erscheint der thronende Papst im Segensgestus, in der Hand die Heilige Lanze, die er auf diplomatischem Wege von den Türken erworben hatte; darunter erinnert ein Sarkophag mit der liegenden Gestalt des Verstorbenen an das unvermeidliche Ende aller irdischen Macht.

Mit der ersten freistehenden Papstgrabstatue, die später aus der Basilika von Alt-St. Peter in die neue Peterskirche übertragen wurde, begründete Pollaiuolo für Jahrhunderte den Typus des monumentalen Papstgrabes; noch Bernini und Canova folgten seinem Vorbild. Erst das 20. Jh. brach mit dieser Tradition und verzichtete darauf, den Nachfolgern Petri aufwendige Grabmäler zu setzen.

Eine skandalöse Familie: Alexander VI. und Cesare Borgia

Von den Zeitgenossen wie von der Nachwelt wurde er der ungeheuerlichsten Verbrechen und sittlichen Verfehlungen bezichtigt, der fanatische Bußprediger Savonarola nannte ihn gar einen „Ketzer“ und „Ungläubigen“: Zweifellos war Alexander VI. (1492-1503, geb. um 1430) der am meisten von Skandalen umwitterte Papst der Geschichte. Ein ähnliches Verdikt traf seine Kinder - Cesare und Lucrezia Borgia.

Als Rodrigo de Borja (später zu Borgia italianisiert) bei Valencia geboren, stieg der Neffe Calixtus' III. zum Kardinal und Vizekanzler der Kirche auf; durch seine glänzende Begabung, ungeheuren Arbeitseifer sowie diplomatisches Geschick bewahrte er diesen Rang unter fünf Pontifikaten. Rodrigos Lebenswandel - er zeugte mit der verheirateten Vanozza de Cataneis vier Kinder - war damals für einen Kardinal nicht außergewöhnlich; unüblich war dagegen die Offenheit, mit der er diese noch als Papst nicht (nach zeitgenössischer Sitte) als „Neffen“ bezeichnete, sondern freimütig die eigene Vaterschaft bekannte.

Sein ungeheurer Reichtum ermöglichte ihm schließlich die simonistische Wahl zum Papst (1492). Dass er sich fortan nach dem „unüberwindlichen Alexander“ nannte, zeigte bereits das ungeistliche Wesen seines Pontifikates. Damaligem Brauch folgend, sicherte er die eigene Herrschaft, indem er zahlreichen Verwandten und Landsleuten hohe Ämter und Würden verlieh. Wie ein weltlicher Fürst nutzte er seine Tochter Lucrezia durch wechselnde Heiraten für politische Bündnisse. Die angeblichen Giftmorde an politischen Gegnern (u. a. mehreren Kardinälen) sind dagegen von der historischen Forschung längst widerlegt. Auch die skandalösen Orgien am päpstlichen Hof, die der deutsche Zeremonienmeister Burchardus mit zahlreichen pikanten Details beschreibt, sind wohl als leeres Gerücht anzusehen.

Politisch ebenso bedenkenlos wie die weltlichen Machthaber dieser Epoche, verband sich Alexander mit den europäischen Großmächten in wechselnden Allianzen, um die päpstliche Machtstellung in Italien zu bewahren; sogar vor einem Bündnis mit dem Sultan schreckte er nicht zurück. Mit großem diplomatischen Geschick verhinderte er einen Krieg zwischen den aufstrebenden Seemächten Spanien und Portugal; unter seiner Vermittlung grenzten die beiden Staaten ihre Interessensphären im Atlantik durch den Vertrag von Tordesillas ab (1494).

Danach widmete er sich der Wiederherstellung des Kirchenstaates, der damals in zahlreiche kleine Territorien zerfallen war. Mit dieser Aufgabe betraute der Papst seinen Sohn Cesare (1475-1507), eine der schillerndsten Persönlichkeiten dieser Zeit. Zum Bischof von Pamplona, Erzbischof von Valencia und Kardinal erhoben, schied er später aus dem geistlichen Stand aus und heiratete die Schwester des Königs von Navarra. Ludwig XII. von Frankreich, den Cesare auf seinen italienischen Feldzügen begleitete, verlieh ihm den Titel eines Herzogs von Valentinois. Mit französischer Unterstützung eroberte er die Romagna, später die Marken für den Kirchenstaat zurück; zur Belohnung ernannte ihn sein Vater zum Herzog der Romagna. Ob der „Valentino" plante, ein selbstständiges mittelitalienisches Königreich zu begründen, ist umstritten. Willensstark, grausam und skrupellos - etwa bei der verräterischen Bestrafung der rebellischen Condottieri in Sinigaglia - erwies sich Cesare Borgia als tatkräftiger Regent, dessen Herrschaft nach dem Chaos der vergangenen Jahre allgemein als segensreich empfunden wurde.

Das Pontifikat Alexanders VI. war von fürstlichem Glanz geprägt. In der persönlichen Lebensführung eher bescheiden, liebte Alexander prunkvolle liturgische Feiern; die Zeremonien bei der Öffnung der Heiligen Pforte im Petersdom gehen auf ihn zurück. Der Vatikanische Palast wurde erweitert, die neuen Gemächer von Pinturicchio ausgemalt (1492-1495). Vier gewaltige Bastionen verstärkten die Engelsburg, ein geheimer Gang verband sie mit der päpstlichen Residenz. Die Basilika S. Maria Maggiore erhielt eine prächtige Kassettendecke, der Überlieferung nach mit dem ersten Gold aus der „Neuen Welt" geschmückt.

Da erkrankten plötzlich nach einem Festmahl der Papst und sein Sohn, angeblich an dem Gift, das sie selbst dem Gastgeber zugedacht hatten, tatsächlich wohl an der Malaria. Alexander VI. erlag der Krankheit; Cesare genas wieder, aber er hatte in diesen Wochen die Macht eingebüßt (1503). Auf Befehl des neuen Papstes Julius II., des Todfeindes der Borgia, wurde er verhaftet; nach Neapel entflohen, wurde er dort durch den König von Aragón gleichfalls gefangen gesetzt. Nach zwei Jahren konnte er zu seinem Schwager, dem König von Navarra, entkommen. In dessen Diensten fiel er bei einem unbedeutenden Gefecht in dem spanischen Städtchen Viana (1507).

Die hochfliegenden Pläne des „Valentino" waren gescheitert; dennoch wurden seine Klugheit und Hinterlist, seine Tatkraft und Entschlossenheit von Niccolò Machiavelli bewundert, der ihn auf einer diplomatischen Mission persönlich kennen gelernt hatte. Cesare Borgia erschien dem bedeutendsten Staatsdenker der Renaissance als Vorbild für seinen nur vom Erfolg, nicht durch moralische Skrupel gelenkten „Principe“, der Italien von den vielen kleinen Tyrannen befreien und in einem machtvollen Staat einen sollte.

Dagegen verfiel Alexander VI. dem einhelligen Verdikt der Nachwelt; auch wenn viele Vorwürfe gegen ihn haltlos sind, stehen doch die zahlreichen menschlichen Schwächen einem milderen Urteil entgegen. Er war das Musterbeispiel eines Renaissance-Papstes: Seine Herrschaft war geprägt von Nepotismus und Ämterverkauf, kunstsinnigem Mäzenatentum und fürstlicher Hofhaltung - und wohl das am wenigsten priesterliche Pontifikat der Kirchengeschichte.

Kriegsherr und Mäzen: Julius II.

Bescheiden und schlicht erscheint die Kirche S. Pietro in Vincoli unweit des Colosseums; dennoch zählt sie zu den bekanntesten Zielen von Pilgern und Touristen in der Ewigen Stadt. Denn der unscheinbare Bau birgt ein Hauptwerk Michelangelos - die eindrucksvolle Statue des Propheten Moses. Als Teil seines Monumentalgrabes erinnert sie an die kraftvollste und kriegerischste Persönlichkeit unter den Renaissancepäpsten, zugleich den größten Mäzen auf dem Stuhl Petri: Julius II. (1503-1513, geb. 1443), den Begründer des neuen Petersdomes.

Durch die Gunst seines Oheims Sixtus IV. stieg der junge Franziskaner Giuliano della Rovere bereits mit 27 Jahren zum Kardinal auf (1471); unter Innozenz VIII. galt er als der eigentliche Pontifex. Als jedoch sein Todfeind Rodrigo Borgia (Alexander VI.) zum Papst gewählt wurde, musste er nach Frankreich fliehen. Nach dem Tod des Gegners gelangte er durch kluge Diplomatie und großzügige Bestechungsgelder selbst auf den Thron Petri (1503).

Bereits in der Wahl des Namens, der an Iulius Caesar anknüpfte, nicht an den unbedeutenden Bischof des 4. Jhs., zeigte der neue Papst seine politischen Ziele: Er wollte die fremden „Barbaren“ - Deutsche und Schweizer, Spanier und Franzosen - aus Italien vertreiben; ein starkes Papsttum sollte die Führung des zersplitterten Landes übernehmen. Zunächst musste jedoch der nach dem Tod Alexanders VI. erneut zerfallene Kirchenstaat wiederhergestellt werden. In einem kurzen Feldzug unterwarf Julius die abtrünnigen Städte Perugia und Bologna (1506).

Da Venedig einen Teil der päpstlichen Romagna - Ravenna, Rimini und Faenza - besetzt hielt, verbündete er sich mit Kaiser Maximilian I. und Ludwig XII. von Frankreich in der Liga von Cambrai (1508) gegen die „Serenissima". Als die stolze Seerepublik nach der katastrophalen Niederlage von Agnadello kapitulierte, wandte sich der Papst gegen das drohende Übergewicht seiner französischen Alliierten und verband sich in der „Heiligen Liga" mit Spanien und Venedig. Trotz einer Niederlage bei Ravenna erreichte er den Abzug der Franzosen aus Italien (1512); Parma, Piacenza und Reggio (Emilia) wurden dem Kirchenstaat angegliedert.

Im folgenden Jahr starb der Siebzigjährige. Seine Herrschaft war - anders als unter den Vorgängern - weitgehend von Nepotismus freigeblieben; dagegen blühte weiterhin der Verkauf von Ämtern und Ablässen. Allerdings dominierten unter dem Pontifikat Julius' II. die politischen und militärischen Ziele; der Papst, der mit großem persönlichen Mut an den Feldzügen teilnahm und dessen jähzorniges Temperament - die „terribilità" - gefürchtet war, hatte „vom Priester nichts als den Rock und den Namen" (F. Guicciardini).

Noch bedeutender war Julius II. als Mäzen der schönen Künste; unter seinem Pontifikat löste Rom das bisher führende Florenz als Zentrum der Renaissance ab. Die Antikensammlung des Papstes wurde zur Grundlage der Vatikanischen Museen; u. a. erwarb er den Apoll sowie den Torso von Belvedere, ferner die Laokoongruppe, die in seiner und Michelangelos Gegenwart in den Titus-Thermen auf dem Oppius ausgegraben wurde.

Im Auftrag des kunstsinnigen Papstes entstanden zahlreiche hochbedeutende Werke, die bis heute das Antlitz der Ewigen Stadt prägen: Bramante begann mit dem Bau des neuen Petersdomes; Raffael schuf die herrlichen Fresken in den Stanzen des Vatikans, die nicht nur in gewollter Rivalität die Prunkgemächer der Borgia übertrafen, sondern auch die politischen Ziele seines Gönners verherrlichten: Die „Vertreibung des Heliodor aus dem Tempel" und die „Begegnung Leos d. Gr. mit Attila"* symbolisierten dessen Vision, die fremden Mächte aus Italien zu vertreiben.

Auch Michelangelo wirkte an seinem Hof; im päpstlichen Auftrag schmückte er die Decke der Sixtinischen Kapelle mit den grandiosen Szenen der Weltschöpfung. Zudem betraute ihn Julius II. mit der Errichtung seines monumentalen Grabmals. Das gewaltige Projekt blieb freilich ein Torso; nur wenige der ur-

* Leo X. ließ in dieser Darstellung das Antlitz Julius' II. durch das eigene Porträt ersetzen.

sprünglich geplanten Skulpturen wurden ausgeführt, darunter die Mosesstatue zu S. Pietro in Vincoli. Der Prophet des Alten Bundes symbolisiert als Krieger, Priester und Gesetzgeber den päpstlichen Auftraggeber; in seiner kraftvollen Dynamik erscheint er zugleich - auch ohne porträthafte Ähnlichkeit - als wesensverwandtes Abbild einer der größten Persönlichkeiten in der Geschichte der Ewigen Stadt.

Der neue Petersdom: Bramante

Als den ersten Baumeister seit der vielbewunderten Antike, der gute und schöne Architektur geschaffen habe, charakterisierte Palladio seinen großen Vorläufer Donato Bramante (1444-1514), den Begründer der römischen Hochrenaissance und des neuen Petersdomes.

Zunächst hatte sich der Urbinate dem Studium der Malerei, später der Architektur gewidmet. Zwei Jahrzehnte wirkte er in Mailand am Hof Lodovico il Moros; als der Herzog durch den Einmarsch der Franzosen gestürzt wurde, begab er sich nach Rom (1499).

Bereits sein erstes Werk in der Tiberstadt, der Kreuzgang von S. Maria della Pace, zeigte die zunehmende Hinwendung Bramantes zur Formensprache der Antike. Mit dem Tempietto von S. Pietro in Montorio (1502) begründete er die Architektur der römischen Hochrenaissance: Im Auftrag der Katholischen Majestäten entstand über dem legendären Todesort Petri ein kreisrunder Tempel in dorischer Ordnung, von einer Kuppel bekrönt. Erstmals seit Jahrhunderten dominierte der Außenbau über den Innenraum; damit griff der Tempietto nicht auf römische Traditionen, sondern auf griechische Vorbilder zurück.

Unter Julius II. wurde der Urbinate zum führenden Baumeister Roms; im päpstlichen Auftrag leitete er die Umgestaltung des alten Vatikanischen Palastes zu einer modernen Residenz. Allerdings lassen zahlreiche spätere Einbauten heute nur noch wenig von Bramantes vielbewundertem Bau mit seinen Terrassen, Treppen und Gärten erkennen. Nur der nach ihm benannte Aufgang in den Vatikanischen Museen überdauerte unverändert die Jahrhunderte.

Auch das größte Bauprojekt seines Pontifikates übertrug Julius II. dem bewährten Architekten: den Neubau des Petersdomes. Bramantes Entwurf sah einen gewaltigen Zentralbau auf dem Grundriss eines griechischen Kreuzes mit vier gerundeten Chorabschlüssen sowie vier Ecktürmen vor; über einem säulenumstandenen Tambour sollte die dominierende Zentralkuppel aufragen, begleitet von vier Nebenkuppeln. Mit einer Grundfläche von 24.000 qm übertraf das Projekt bei weitem den tatsächlich ausgeführten Bau (15.200 qm).

Nach der feierlichen Grundsteinlegung (1506) begann Bramante mit der Errichtung der mächtigen Vierungspfeiler sowie ihrer Verbindungsbögen; dabei verwendete er die seit der Antike vergessene Kunst des römischen „Betongusses", die er selbst wieder entdeckt hatte. Einen guten Eindruck von dieser Bauphase vermittelt Raffaels „Schule von Athen": Pfeiler und Bögen bilden den eindrucksvollen Rahmen für die Großen der antiken Geisteswelt, unter denen der Maler auch seinen Lehrer Bramante (in der Gestalt Euklids) verewigt hat. In diesem Zustand verharrte das Projekt beim Tod des Dombaumeisters (wenige Monate zuvor war Julius II. gestorben). Mit ihrem Ableben kamen die Arbeiten für Jahrzehnte weitgehend zum Erliegen. Erst 1547 führte der greise Michelangelo das gewaltige Werk fort, nach seinen eigenen Worten als „Vollstrecker Bramantes".

Der Titan: Michelangelo

Neben Leonardo da Vinci wird er als **der** Uomo Universale schlechthin verehrt: Michelangelo Buonarotti (1475-1564) war als Maler und Architekt eine der größten Künstlerpersönlichkeiten der Renaissance, zudem der bedeutendste Bildhauer seit der Antike; außerdem hinterließ er ein beachtliches dichterisches Oeuvre. In höchstem Maße hat sein künstlerisches Schaffen die Ewige Stadt geprägt.

Entscheidende Anregungen empfing der junge Michelangelo durch seine Heimatstadt Florenz, damals das künstlerische Zentrum Italiens; hier lernte er bei dem hervorragenden Maler Domenico Ghirlandaio sowie in der Bildhauerschule Lorenzos des Prächtigen. Nach dem Sturz der Medici verließ er die Vaterstadt und gelangte nach Aufenthalten in Venedig und Bologna nach Rom. Hier schuf er für das Grab eines französischen Kardinals eine Pietà, die sich nach dem Vorbild deutscher Vesperbilder auf die Gestalt des toten Christus im Schoß der Mutter beschränkte. Die Qualität von Komposition und Meißelarbeit wurde allgemein bewundert; Michelangelo galt nun als der erste Bildhauer seiner Zeit.

Nach mehrjähriger Tätigkeit in Florenz kehrte er 1505 nach Rom zurück; Julius II. übertrug ihm das gewaltige Projekt seines Monumentalgrabes für den neuen Petersdom; 40 kolossale Statuen sollten den Ruhm des Stifters verkünden. Aber schon bald wandte sich Julius II. von diesem Vorhaben ab, da der Neubau der Peterskirche ungeheure Summen erforderte. Enttäuscht floh Michelangelo aus der Stadt, versöhnte sich aber wieder mit seinem Mäzen und übernahm die gewaltige Aufgabe, die Decke der Sixtinischen Kapelle mit Fresken zu schmücken - wenn auch widerwillig, da er die Malerei nicht als sein eigentliches Handwerk ansah. Angeblich hatte Bramante dem Papst dazu geraten, damit sein verhasster Rivale daran scheiterte.

Entgegen der damaligen Sitte arbeitete Michelangelo bald allein an dem ungeheuren Werk, da er mit seinen Gehilfen nicht zufrieden war. In mehreren Szenen - von der Trennung von Licht und Finsternis bis zur Errettung Noahs - stellte er die Weltschöpfung dar, umrahmt von Sibyllen und Propheten, den Kündern des Heilsgeschehens (1508-1512). Dabei malte er nicht im Liegen (wie früher vermutet), sondern stehend in gekrümmter Haltung unter schwersten Qualen und Strapazen, ohne das Geschaffene selbst zu überblicken; das Augenlicht des Meisters wurde für Monate geschädigt.

Als Julius II. im nächsten Jahr starb, wurde das Projekt seines Riesengrabmals fortgeführt; dabei entstand die überlebensgroße Statue des Moses (1513-1516; j. in S. Pietro in Vincoli). Für die kraftvolle Gestalt diente nicht mehr die ausgewogene Ruhe der klassischen Antike als Vorbild, sondern die schwellenden Formen und starken Emotionen des Hellenismus - der Weg zum Barock war damit beschritten. Auch wenn Michelangelo für das Julius-Grab im hohen Alter noch die Statuen von Rahel und Lea schuf, blieb das große Vorhaben dennoch ein Torso - vielleicht die größte Enttäuschung im Leben des Künstlers.

In den folgenden Jahren wirkte er überwiegend in Florenz; dort schuf er die Medicigräber von S. Lorenzo sowie die Biblioteca Laurenziana. 1534 siedelte er endgültig nach Rom über. Unter dem Pontifikat Pauls III. vollendete er die Sixtinische Kapelle durch das riesige Fresko des „Jüngsten Gerichts“: eine gewaltige Komposition von nahezu 400 athletischen Figuren, die ursprünglich - bis zur Übermalung der „anstößigen“ Stellen durch den „braghettone“ (Hosenmaler) Daniele da Volterra - in völliger Nacktheit erschienen. Die Restaurierung der Sixtina vor einigen Jahren hat gezeigt, dass Michelangelo kräftige, geradezu grelle Farben verwendete; dieser Kolorit sowie die verwirrende Fülle der Darstellung weisen bereits über die Renaissance hinaus in Manierismus und Barock. Die Wirkung des Bildes auf die Zeitgenossen war ungeheuer; der Papst - ein nüchterner, pragmatischer Mann - fiel bei seiner Enthüllung auf die Knie und rief: „Herr, rechne mir meine Sünden nicht an!".

In den letzten Lebensjahren widmete sich der Meister vor allem architektonischen Projekten; so führte er den Bau des Palazzo Farnese weiter, des „Königs der römischen Paläste". Der Entwurf zur Neugestaltung des Kapitolsplatzes wurde zwar großenteils erst nach seinem Ableben verwirklicht (zu Lebzeiten wurde lediglich die monumentale Rampe errichtet und die Reiterstatue des M. Aurel aufgestellt); er zeigt jedoch, dass Michelangelo auch in der Planung geschlossener Bauensembles Wesenszüge des Barock vorwegnahm.

Mit dem Amt des Dombaumeisters von St. Peter übernahm er im Alter die größte Aufgabe der Christenheit (1547) - angeblich unentgeltlich, da er an diesem erhabenen Werk nicht verdienen wollte (tatsächlich jedoch für ein hohes Gehalt). In naher Anlehnung an den ursprünglichen Entwurf Bramantes führte Michelangelo den Bau weiter, der vor allem als sein Werk gelten kann: Apsis, Querhaus und Kuppel wurden von ihm selbst errichtet, Wandgliederung und Fassade später nach seinen Entwürfen gestaltet. Durch die Verkleinerung der Grundfläche (von den ursprünglich geplanten 24.000 auf 15.200 qm) gab er dem Riesenbau zudem die erforderliche statische Sicherheit und innere Geschlossenheit. Die gewaltige Kuppel, sein bedeutendstes Werk als Architekt, führte Michelangelo bis zum Tambour; nach den Plänen des Meisters wurde sie von Domenico Fontana vollendet (1588). Kurz vor seinem Tod begann der Unermüdliche noch mit dem Umbau der Diokletiansthermen zur Kirche S. Maria degli Angeli (1563).

Zunehmend beschäftigte ihn erneut die Skulptur, vor allem das Motiv der Pietà, dem er in zwei weiteren Fassungen Gestalt verlieh. Als Michelangelo in Rom starb, hatte er die Ewige Stadt mehr geprägt als jeder andere Künstler vor ihm. Zudem hatte er der abendländischen Kunst neue Wege gewiesen: In Architektur, Skulptur und Malerei wurde er zum „Vater des Barock".

Glanz der Renaissance: Leo X.

Unter Julius II. war Rom zum führenden Zentrum der Hochrenaissance aufgestiegen; die bedeutendsten Meister dieser Zeit wirkten am päpstlichen Hof.

Als großzügiger Förderer der Künste und Wissenschaften führte Leo X. (1513-1521, geb. 1475) die Stadt zu ihrer höchsten kulturellen Blüte - und dennoch war sein Pontifikat das wohl verhängnisvollste der Kirchengeschichte.

Als Sohn Lorenzos des Prächtigen war Giovanni de' Medici bereits als Kind vom Geist der Renaissance geprägt, die in Florenz ihre erste Blüte erlebt hatte. Kunstverstand und Schönheitsempfinden, aber auch die väterliche Verschwendungssucht sollten sein Leben prägen. Bereits früh für den geistlichen Stand bestimmt, erhielt der Knabe reiche Pfründen; mit 17 Jahren wurde er in das Kardinalskollegium aufgenommen. Als die Herrschaft der Medici zusammenbrach (1494), musste auch er aus der Vaterstadt fliehen.

Unter Julius II. begann sein Aufstieg: Im Krieg der „Heiligen Liga" gegen die Franzosen begleitete Giovanni das Heer des Papstes als Legat; an die Gefangennahme des Kardinals nach der Schlacht bei Ravenna (1512) und seine erfolgreiche Flucht soll (wahrscheinlich) Raffaels Fresko der „Befreiung Petri" in den Stanzen des Vatikans erinnern. Im selben Jahr erneuerte er die Herrschaft seiner Familie in Florenz.

Nach dem Tod Julius' II. zum Nachfolger gewählt (1513), führte er dessen Politik fort. Allerdings verfolgte der neue Pontifex das Ziel einer Einigung Italiens unter päpstlicher Führung eher auf diplomatischem Wege als durch den Einsatz militärischer Mittel. Größere Erfolge blieben ihm freilich versagt: Im Friedensabkommen mit Frankreich nach der Schlacht bei Marignano musste der Kirchenstaat Parma und Piacenza abtreten (1515); die Hoffnung auf die Einigung Europas zu einem Kreuzzug gegen die Türken blieb unerfüllt; nicht der vom Papst favorisierte französische König Franz I. wurde als Nachfolger Maximilians I. zum Kaiser gewählt, sondern der Habsburger Karl V.. Den spanischen Sieg im Kampf um Italien, durch den das Papsttum endgültig seine weltliche Macht einbüßte, hat Leo X. nicht mehr erlebt.

Zunächst mit großen Hoffnungen begrüßt, enttäuschte der Medici alle, die eine - längst überfällige - Reform der Kirche „an Haupt und Gliedern" erstrebten. Der Nepotismus erreichte unvorstellbare Ausmaße: Verwandte des Papstes wurden mit Geschenken und Ämtern überhäuft. Seine Großzügigkeit gegen Künstler und Humanisten, aber auch gegenüber den „kleinen Leuten", ruinierte die Finanzen des Kirchenstaates. Die Vergnügungen des päpstlichen Hofes - Musik und Theater, die Jagd sowie Späße von Gauklern und Possenreißern - ließen Leo eher als weltlichen Renaissancefürsten denn als geistliches Oberhaupt der Kirche erscheinen.

Zudem war der kunstsinnige und lebensfrohe Papst der bedeutendste Mäzen dieser Epoche: Zahlreiche Humanisten und Literaten sammelten sich an seinem Hof, der als der glanzvollste des Abendlandes galt. Die kirchlichen und städtischen Kollegien wurden zu einer Universität verbunden (1513). Außerdem förderte Leo die Erfassung von römischen Inschriften und berief Raffael zum Aufseher über die antiken Monumente der Stadt.

Auch die bildenden Künste blühten unter seinem Pontifikat; vor allem Raffael genoss das päpstliche Wohlwollen. Der Urbinate führte die Ausmalung der vatikanischen Stanzen fort (s. Julius II., S. 159 ff.); dabei verherrlichte er seinen Mäzen, indem er den namensgleichen Päpsten vergangener Jahrhunderte dessen Züge verlieh: Leo I. in der Begegnung mit Attila (dabei wurde das Porträt Julius' II. übermalt), Leo III. bei der Krönung Karls d. Gr. (der Karolinger trägt die Züge von Franz I., den der Medici bei der Kaiserkandidatur unterstützte) sowie Leo IV. in den Szenen des Borgobrandes und des Seesieges bei Ostia. Auch Bramantes Loggien im Vatikanischen Palast wurden nach Raffaels Entwürfen mit biblischen Szenen ausgemalt. Zudem übernahm der Meister die Leitung der Dombauhütte von St. Peter (1514), ohne jedoch den Bau nennenswert weiterzuführen.

Die aufwendigen künstlerischen Projekte und das luxuriöse Hofleben verschlangen unerhörte Summen. Daher erreichte der Ämterverkauf seinen Höhepunkt: Der Papst schuf - lediglich zu diesem Zweck! - 1353 neue Würden. Auch das Ablasswesen blühte: Wegen der (kirchenrechtlich unzulässigen) Kumulation der Erzbistümer Mainz und Magdeburg sowie des Bistums Halberstadt wurde dem Kardinal Albrecht von Brandenburg die ungeheure Strafsumme von über 23.000 Dukaten auferlegt. Zu ihrer Finanzierung übertrug man ihm den Ablasshandel in Deutschland bei hälftigem Gewinn; der andere Teil sollte dem Bau des neuen Petersdomes zufließen. Dieser grobe Missbrauch rief allerdings Widerspruch hervor: In Wittenberg formulierte der Augustinermönch Martin Luther 95 Thesen gegen den Ablasshandel - es war der Beginn der Reformation und damit der konfessionellen Spaltung des Abendlandes (1517). Lange Zeit unterschätzte der Papst die Brisanz der neuen Ideen; er erkannte weder die romfeindliche Stimmung in Deutschland noch die Gefahr einer Kirchenspaltung. Erst 1521 verhängte er den Bann gegen den Reformator - zu spät, um die Entwicklung noch aufzuhalten. So ging Leo X. als großzügiger Mäzen der Künste in die Geschichte ein, der jedoch in der schwersten Krise der Kirchengeschichte versagte.

Früh verblüht: Raffael

Mit seinem malerischen Oeuvre erreichte die Renaissance ihren Höhepunkt: durch die Vielfalt des Gesamtwerks, die Harmonie der Komposition sowie die Klarheit von Farbe und Linie galt Raffaello Sanzio (1483-1520) den Zeitgenossen als der bedeutendste Maler der Epoche.

In Urbino geboren, gewann er schon früh in der Malerwerkstatt seines Vaters erste Anregungen, die er als Schüler Peruginos im umbrischen Perugia, vor allem aber in Florenz vertiefte, wo damals u.a. Leonardo und Michelangelo wirkten.

Schon bald nach seiner Ankunft in Rom (1508) erhielt er von Julius II. den Auftrag, die Stanzen des Vatikanischen Palastes mit Fresken auszustatten. Bis heute ist nicht geklärt, warum der Papst den jungen Künstler, der noch nicht durch größere Werke hervorgetreten war, mit einer so bedeutenden Aufgabe betraute. In den folgenden Jahren schmückte Raffael die Stanza della Segnatura mit der „Schule von Athen" und der „Disputation über das Hl. Sakrament", die Philosophie und Theologie in gewaltigen Panoramen verherrlichen.

Es folgte die Stanza d'Eliodoro, deren Bilder die politischen Ziele des Papstes illustrieren; so symbolisiert die Vertreibung des seleukidischen Feldherrn Heliodor aus dem Tempel zu Jerusalem seine Absicht, die fremden „Barbaren" aus Italien zu verjagen. Da er die zahllosen Aufträge nicht mehr allein bewältigen konnte, überließ Raffael die Ausmalung des dritten Raumes, der Stanza dell'Incendio di Borgo, seinen Schülern und lieferte nur den Entwurf für die Wandbilder, die - jetzt in Anspielung auf Leo X. - die Taten früherer Päpste priesen (1517).

Neben diesem gewaltigen Werk schuf der Meister Fresken und Altarbilder für die Kirchen Roms; im Auftrag des päpstlichen Bankiers Agostino Chigi malte er in den Gartenloggien der Villa Farnesina den „Triumph der Galathea" sowie Szenen des Märchens von Amor und Psyche. Für Julius II. entstand die „Sixtinische Madonna", die aus dem Nachlass des Papstes in die Benediktinerkirche S. Sisto zu Piacenza, später an den Dresdener Hof gelangte. Die Galerien Bramantes im Vatikanischen Palast schmückte er mit biblischen Szenen sowie neuartigen Dekorationen, die den Wandmalereien in Neros „Domus Aurea" nachempfunden waren; weil deren verschüttete Kuppelsäle im Volksmund „Grotten" hießen, nannte man die davon inspirierte Malerei „grotesk". Als typischer Uomo universale betätigte sich Raffael auch als Architekt: Er lieferte

Entwürfe für den Palazzo Vidoni-Caffarelli sowie die terrassenförmige Anlage der Villa Madama und errichtete die Grabkapelle für Agostino Chigi in der Kirche S. Maria del Popolo.

Nach dem Tod seines väterlichen Freundes Bramante wurde er zum Leiter der Dombauhütte von St. Peter berufen (1514). In Abkehr von dessen ursprünglicher Konzeption wollte er den geplanten Zentralbau durch ein basilikales Langhaus erweitern. Allerdings wurde das Werk in seiner Amtszeit nicht weitergeführt; zu sehr war Raffael mit anderen Aufträgen überlastet. Hinzu kam noch die Anweisung des Papstes, die antiken Baudenkmäler Roms zu katalogisieren (seit 1515); in den verbleibenden Jahren konnte der Meister die Zeichnung und Vermessung der Monumente lediglich in einem der vierzehn antiken Stadtbezirke durchführen.

Schwerreich und - durch die Verbreitung seiner Werke als Kupferstiche - weit über die Grenzen Italiens hinaus hochberühmt, starb Raffael an seinem 37. Geburtstag, angeblich aufgrund eines ausschweifenden Liebeslebens; im Pantheon fand er die letzte Ruhestätte.

Die Malerei der Hochrenaissance hatte er zur höchsten Blüte geführt. Symbolhaft für diese Epoche steht die „Schule von Athen" in den Stanzen des Vatikans; hier erscheinen die bedeutenden Gestalten der antiken Geisteswelt vor der großartigsten Perspektive in der Geschichte der abendländischen Malerei; die künstlerische Vollendung des Rinascimento verbindet sich mit dem Bekenntnis zu den antiken Quellen der neuen Zeit. Aber bereits die benachbarte Stanza d'Eliodoro lässt das Heraufdämmern eines neuen Stils erahnen - die Unruhe in Lichtführung und Komposition weist auf den beginnenden Manierismus. Nirgends zeigt sich so deutlich wie in den Stanzen Raffaels, dass die Hochrenaissance nur ein kurzer Moment in der künstlerischen Entwicklung des Abendlandes war, ebenso früh verblüht wie ihr größter Maler.

Die Geburtsstunde des Barock: Vignola

Er war ein Zeitgenosse der bedeutendsten Renaissancekünstler, aber sein Wirken wies weit in die Zukunft voraus: Giacomo Barozzi, nach seiner Vaterstadt Vignola genannt (1507-1573), wurde zum Begründer des römischen Barock. Zunächst vor allem als Maler tätig, arbeitete er nach 1530 im Auftrag der Vitruvianischen Akademie an der Vermessung antiker Bauwerke in Rom, danach wirkte er in Fontainebleau und Bologna. Schließlich kehrte er an den Tiber zurück (1546) und trat dort in den Dienst der Farnese. Für die einflussreiche und kunstsinnige Adelsfamilie arbeitete er an den Palästen in Rom und Piacenza, errichtete den prächtigen Aufgang zu den Farnesischen Gärten auf dem Palatin und war am Bau der Villa Giulia für Papst Julius III. beteiligt, einem Hauptwerk des italienischen Manierismus. Höchste Bewunderung fand das Schloss Caprarola in Latium, das er für den Kardinal Alessandro Farnese schuf; Montaigne pries den Bau als schönste Residenz Italiens.

Nach dem Tod Michelangelos (1564) trat Vignola als erster Architekt seiner Zeit dessen Nachfolge als Dombaumeister von St. Peter an; er errichtete die Cappella Colonna sowie die beiden rückwärtigen Nebenkuppeln. Sein Ruf, den er nicht nur den vielbewunderten Bauwerken verdankte, sondern auch bedeutenden architekturtheoretischen Schriften (Regola delle cinque ordini dell'architettura), ging weit über Italien hinaus; Philipp II. von Spanien versuchte ihn - wenn auch vergeblich - als Baumeister für den Escorial zu gewinnen.

Der Gunst Alessandro Farneses verdankte Vignola den Auftrag, der seinen Ruhm bis in unsere Zeit begründete: Neben dem Haus des Ordensgründers Ignatius von Loyola sollte er Il Gesù errichten, die Mutterkirche der Gesellschaft Jesu. Nach dem Ableben des Meisters wurde der Bau (außer der Fassade) nach seinen Entwürfen vollendet (1584). Der Innenraum war für die neuartige Seelsorge der Jesuiten konzipiert: Um einen weiten Saal für Gottesdienst und Predigt waren kleine Kapellen für Beichte und Einzelandacht, Kongregationsgebet und Totengedenken gruppiert; die manieristisch - kleinteilige Raumordnung folgte dem Vorbild der Caracalla-Thermen. In Abkehr von den architektonischen Idealen der Renaissance verband Vignola den Kuppelbau und das Langhaus zu einer neuen Einheit, die zugleich den Kosmos symbolisierte: Über dem irdischen Dunkel des Kirchenschiffes erhebt sich die lichtumflutete Kuppel als Sinnbild des Himmels. Seine geniale Raumschöpfung wurde schon bald zum Vorbild für ungezählte Kirchen im gesamten Abendland; Il Gesù wurde die Mutterkirche des Barock, der von Rom aus seinen Siegeszug durch Europa antrat.

Die Flucht des Petrus: Sixtus V.

Nur fünf Jahre währte das Pontifikat Sixtus' V. (1585–1590, geb. 1521), aber seine städtebaulichen Visionen haben Rom für Jahrhunderte geprägt. In ärmsten Verhältnissen geboren, stieg Felice Peretti zum General des Franziskanerordens und zum Kardinal auf. Als Papst setzte er das Werk seiner Vorgänger Pius V. und Gregor XIII. fort: die durchgreifende Reform der katholischen Kirche auf der Grundlage der Konzilsbeschlüsse von Trient.

Mit äußerster Strenge stellte er die allgemeine Ordnung im Kirchenstaat wieder her. Gegen das Banditenunwesen ging er so unerbittlich vor, dass angeblich auf der Engelsbrücke mehr abgeschlagene Köpfe von Räubern ausgestellt waren als Melonen auf den Märkten der Stadt. Moralische Verfehlungen (etwa der Ehebruch) wurden gleichfalls mit dem Tode bestraft. Da auch weit zurückliegende Vergehen unnachsichtig verfolgt wurden, spotteten die Römer, Petrus würde die Stadt aus Furcht vor päpstlicher Strafe verlassen - hatte er doch einst Malchus das Ohr abgeschlagen!

Die kirchliche Verwaltung wurde für Jahrhunderte neugeordnet: An die Stelle der päpstlichen Kanzlei und des Konsistoriums (der Versammlung aller Kardinäle) setzte Sixtus fünfzehn ständige Kardinalskongregationen; diese verwalteten fortan mit genau festgelegten Kompetenzen das Patrimonium Petri und die gesamte Kirche. Eine Neuregelung der bischöflichen Besuchspflicht in Rom festigte die Zentralgewalt des Papsttums. Die Zahl der Kardinäle wurde auf 70 beschränkt (dies wurde erst 1958 überschritten).

Zudem wollte Sixtus V. - einer der bedeutendsten Bauherren unter den Päpsten - Rom zur schönsten Stadt Europas und zum religiösen Mittelpunkt der Welt erheben; seine weiträumigen Planungen weisen bereits in den Barock voraus. Zwischen den Hauptkirchen wurden große Straßenzüge angelegt - zugleich breite Prozessionswege für die Pilger und eindrucksvolle Sichtachsen, die Domenico Fontana durch Obelisken akzentuierte. Die Aufrichtung der riesigen Steinnadeln vor dem Petersdom, der Lateranbasilika und S. Maria Maggiore zählt zu den technischen Großtaten dieser Zeit.

Außerdem entstanden die Vatikanische Bibliothek, die Schauwand der Acqua Felice sowie die Cappella Sistina in der Kirche S. Maria Maggiore als Grablege des Papstes. Der Laterankomplex wurde umgestaltet, die Triumphsäulen der Kaiser Traian und M. Aurel mit Standbildern der Apostelfürsten bekrönt. Wenig Ehrfurcht zeigte Sixtus dagegen vor den antiken Monumenten der Stadt;

um Säulen für seine Grabkapelle zu gewinnen, ließ er das Septizodium abreißen, eine herrliche severische Brunnenwand unterhalb des Palatins. Das wichtigste Projekt war jedoch weiterhin der Neubau von St. Peter. Mit ungeheurer Energie ließ der Papst die Kuppel nach Michelangelos Plänen weiterführen; drei Monate vor seinem Ableben wurde das gewaltige Werk von Giacomo della Porta und Domenico Fontana vollendet.

Niemand betrauerte den Pontifex; die unerbittliche Strenge sowie der harte Steuerdruck, mit dem er die großartigen Bauten ermöglichte und zugleich die Staatsfinanzen sanierte, hatten ihm den allgemeinen Hass zugezogen. Erst die Nachwelt sollte die Größe seines Wirkens begreifen, das die Stadt und die gesamte Kirche für Jahrhunderte geprägt hatte.

Steinerne Wegmarken: Domenico Fontana

Sie sind die ältesten Monumente ganz Europas: die ägyptischen Obelisken, die auf den schönsten Plätzen der Ewigen Stadt aufragen. Ihre Aufstellung vor den bedeutendsten Pilgerkirchen - im vorindustriellen Zeitalter ein kaum lösbares technisches Problem - verdanken sie dem genialen Architekten, Ingenieur und Urbanisten Domenico Fontana (1543-1607).

Mit zwanzig Jahren war der gebürtige Tessiner nach Rom gekommen, wo er zunächst u. a. für Gregor XIII. arbeitete. Als er später in den Dienst des Kardinals Peretti trat, verband sich die Begabung des jungen Künstlers mit den Visionen seines Mäzens; zum Pontifex gewählt, wollte Sixtus V. Rom zur schönsten Stadt der Welt umgestalten. Im päpstlichen Auftrag errichtete Fontana die Cappella Sistina in der Basilika S. Maria Maggiore; diese sollte die hochverehrte Krippe von Bethlehem aufnehmen und zugleich dem Stifter als würdige Grablege dienen. Für die Lateranbasilika schuf er eine Vorhalle am nördlichen Querhaus, den neuen Lateranpalast sowie ein Gebäude, das die Heilige Treppe und die päpstliche Privatkapelle Sancta Sanctorum umschloss. Als erster nachantiker Schaubrunnen der Stadt entstand die Acqua Felice, die später den barocken Brunnenfassaden (etwa der Fontana di Trevi) zum Vorbild diente. Die Triumphsäulen der Kaiser Traian und M. Aurel wurden restauriert, ihre verlorenen Standbilder durch Statuen der Apostelfürsten als Bekrönung ersetzt. Für den Vatikanischen Palast schuf der Meister den bedeutendsten Bibliotheksbau des

Manierismus, dessen Fresken die Umgestaltung Roms durch Sixtus V. darstellen. Zudem unterstützte er als technischer Berater Giacomo della Porta bei der Vollendung der Kuppel von St. Peter (1590).

Vor allem aber verwirklichte Fontana die städtebaulichen Visionen seines päpstlichen Gönners: Die wichtigsten Kirchen der Stadt wurden durch große Straßenzüge miteinander verbunden. In der vierfachen Wegeführung bei S. Maria Maggiore erreichte das urbanistische Wirken des Meisters seinen Höhepunkt. Zur Akzentuierung der Sichtachsen sowie als Wegweiser für die Pilger wollte Sixtus die ägyptischen Obelisken, die einst unter den römischen Kaisern in die Ewige Stadt gelangt waren, vor den Hauptkirchen aufstellen lassen. Als erste der gewaltigen Granitnadeln sollte der Obelisk aus dem Circus des Caligula von seinem Standort seitlich des Petersdomes auf den heutigen Platz vor der Fassade versetzt werden. Freilich fehlte damals jegliche Erfahrung für ein derartiges Unternehmen - immerhin ist der Obelisk über 25 m lang und 340 t schwer. Angesehene Architekten und Ingenieure wie Michelangelo und Sangallo hatten die Aufgabe als unlösbar abgelehnt. 500 Entwürfe wurden für das Vorhaben eingereicht - vom ernsthaften technischen Projekt bis zum Angebot, den Koloss durch Beschwörung zu versetzen.

Schließlich überzeugte der Vorschlag Fontanas, den Obelisken durch ein Gerüst mit Seilzügen auf einen Schlitten zu legen und am neuen Standort wieder aufzurichten. Am 30. April 1586 wurde die steinerne Nadel im Beisein einer riesigen Menschenmenge niedergelegt; fast 1000 Arbeiter und 75 Pferde arbeiteten an dem gewaltigen Werk, das fünf Monate später mit der Aufrichtung des Obelisken an der heutigen Stelle vollendet wurde.

Schon bald rankten sich Legenden um das Geschehen: Ein Seemann habe durch seinen Ausruf „Wasser auf die Seile!" das Zerreißen von überhitzten Tauen und damit den Sturz der steinernen Nadel verhindert. Tatsächlich handelt es sich dabei um eine Wandersage, die bereits von der Aufstellung des Obelisken im Hippodrom zu Konstantinopel (390) überliefert ist. Nachdem diese Aufgabe bewältigt war, richtete Fontana vor dem Lateran und S. Maria Maggiore sowie auf der Piazza del Popolo weitere Granitnadeln auf.

Als Sixtus V. starb, wurde der Meister durch Intrigen aus Rom vertrieben; bis zu seinem Tode war er in Neapel als Urbanist und Architekt tätig. Aber auch wenn er im Groll aus der Ewigen Stadt schied, wird sie noch immer von seinen Werken beherrscht - der Kuppel von St. Peter sowie den hochragenden Obelisken, den ältesten Denkmälern Europas.

DAS ERBE DER RENAISSANCE

Mit Bramantes Tempietto im Hof von S. Pietro in Montorio löste Rom das bisher führende Florenz als künstlerisches Zentrum der Renaissance ab. Zahlreiche Stadtpaläste wurden errichtet (u.a. die Palazzi della Cancelleria und Farnese, Massimo delle Colonne und Spada sowie die Farnesina), vor allem aber der Riesenbau der Vatikanischen Residenz mit den Stanzen Raffaels. Durch sein bahnbrechendes Wirken auf allen Gebieten der bildenden Kunst – etwa in den Fresken der Sixtinischen Kapelle, dem kraftvollen Moses sowie dem Ensemble des Kapitolsplatzes – wurde Michelangelo zum Ahnherrn des Barock; zugleich war er maßgeblich an dem größten architektonischen Projekt dieser Epoche beteiligt, dem Neubau der Peterskirche. Unter dem Pontifikat Sixtus' V. wurde das römische Stadtbild grundlegend umgestaltet; als eindrucksvolle Landmarken kennzeichnen seither die steinernen Nadeln der Obelisken die wichtigsten Pilgerziele. Mit der Villa Giulia sowie der Villa Borghese schuf der Manierismus zwei reizvolle außerstädtische Residenzen.

Rom im Zeitalter des Barock (1600–1789)

Ivo alla Sapienza - in hasserfüllter Rivalität prägten die genialen Baumeister Bernini und Borromini das barocke Rom.

Nach jahrhundertelangen kriegerischen Wirren führte die spanische Hegemonie in Italien zu einer dauerhaften Friedensära. Das Papsttum hatte die einstige politische Bedeutung - selbst in den katholischen Ländern - weitgehend eingebüßt, auch wenn es die Gegenreformation erfolgreich vollendete und eine führende Rolle in der beginnenden Weltmission übernahm; der Dreißigjährige Krieg offenbarte endgültig seine Machtlosigkeit.

Während das geistige und wirtschaftliche Leben stagnierte (dafür stehen symbolhaft die „Ketzer" - Prozesse gegen Giordano Bruno und Galileo Galilei), erlebte die Ewige Stadt eine der fruchtbarsten Kunstepochen ihrer Geschichte: Der Barock, der mit der Errichtung des Gesù durch Vignola in Rom seinen Siegeszug begonnen hatte, wurde hier auch durch das Schaffen Berninis und Borrominis zur Vollendung geführt. Im 18. Jh. begann zudem die wissenschaftliche Erforschung der antiken Denkmale: Auf dem Forum Romanum wurden erste Ausgrabungen durchgeführt, die Vatikanischen Sammlungen und das Kapitolinische Museum begründet.

Der letzte Uomo universale: Bernini

„Du bist geschaffen für Rom, und Rom ist geschaffen für Dich" - mit diesen Worten prophezeite Urban VIII. (angeblich) dem jungen Gianlorenzo Bernini (1598-1680) den Aufstieg zum bedeutendsten Baumeister und Bildhauer des römischen Hochbarock, der das Antlitz der Ewigen Stadt prägen sollte wie kein anderer Künstler außer dem großen Michelangelo.

Mit seinem Vater Pietro (er schuf die Barcaccia auf der Piazza di Spagna), kam der gebürtige Neapolitaner nach Rom, das er - bis auf eine Reise an den Hof Ludwigs XIV. (1665) - nicht mehr verlassen sollte. Bereits die Werke des Sechzehnjährigen ließen seine einzigartige Begabung erkennen. Wenige Jahre später schuf er im Auftrag der Borghese mehrere Skulpturengruppen v.a. nach mythologischen Themen: den „Raub der Persephone", „Apoll und Daphne" sowie einen „David" (1618-1625, j. in der Galleria Borghese). Die einzigartige Meißelarbeit des jungen Künstlers verband sich mit einer hervorragenden Komposition, die - trotz genauester Planung - stets natürlich blieb; starke Hell-Dunkel-Effekte steigerten die dramatische Wirkung der Bildwerke.

Auch als Porträtist war Bernini bald weit über die Grenzen Roms hinaus gefragt; die Büste Francescos I. von Este beeinflusste maßgeblich das Herrscherbild des Absolutismus. Als sein vollkommenstes Werk erschien ihm jedoch der Altar der Hl. Theresia in der Kirche S. Maria della Vittoria; sie erscheint in mystischer Verzückung, vom Pfeil der göttlichen Liebe durchbohrt (1652). Im Geist eines barocken „Theatrum sacrum“ (Hl. Theater) ist ihre hingelagerte Gestalt in einen bühnenartigen Rahmen eingefügt.

Zu diesem Zeitpunkt hatte sich der Meister bereits der Architektur zugewandt, nachdem ihn Urban VIII. beauftragt hatte, den Innenraum des Petersdomes zu gestalten; an dieser gewaltigen Aufgabe sollte er unter acht Päpsten arbeiten. Außerdem schuf Bernini zahlreiche Bauten in der Ewigen Stadt: Er war am Palazzo Barberini sowie dem Quirinalspalast beteiligt und entwarf den Palazzo Montecitorio, das heutige Parlamentsgebäude. Auf der Piazza Navona errichtete er den monumentalen Vierströmebrunnen (1647): In reicher barocker Symbolik ist er ein Abbild der vier Paradiesesflüsse unter dem Felsen der Kirche; zugleich verherrlicht er Rom als Mittelpunkt der Erde, dem die Hauptströme der vier Kontinente huldigen: Nil, Ganges, Donau, La Plata. Dass Berninis Brunnen der Kirche S. Agnese in Agone unmittelbar gegenübersteht, einem Werk seines Rivalen und persönlichen Feindes Borromini, gab Anlass zu manchen Legenden: So verhüllt angeblich der Nil das Haupt, um dessen Bau nicht sehen zu müssen. Freilich sind diese Geschichten mit Sicherheit unhistorisch – die Kirchenfassade entstand erst einige Jahre nach dem Vierströmebrunnen. Reizvoll ist auch die Aufstellung des kleinsten aller römischen Obelisken: auf einem Elefanten vor der Kirche S. Maria sopra Minerva (1665).

Unter Berninis sakralen Bauten ragt S. Andrea al Quirinale hervor (1658-1670); das quergelagerte Oval mit den dynamischen Schwingungen der Seitenkapellen sowie der zarten Farbgebung in Altrosa, Weiß und Gold zählt zu den reizvollsten Raumschöpfungen des europäischen Barock. Auch in späteren Jahren widmete er sich noch der Skulptur; er schuf die Statue der Ludovica Albertoni (in S. Francesco a Ripa) sowie die marmornen Engel auf dem Ponte S. Angelo.

Architektur und Skulptur verbinden sich in der jahrzehntelangen Tätigkeit des Meisters für das bedeutendste Bauprojekt der Geschichte; Bernini wurde zum Vollender des neuen Petersdomes im Geiste des Barock. Über dem Grab des Apostelfürsten errichtete er den monumentalen Baldachinaltar (1624-1633), dessen gewundene Weinrankensäulen an den Salomonischen Tempel gemahnen. Für den gewaltigen Aufbau - seine Höhe beträgt 28 m, das Gewicht 93 t - ließ Urban VIII. zum Entsetzen aller Römer die Bronzeverkleidung des Pantheons herabreissen und einschmelzen. Gleichzeitig dekorierte Bernini die Vierungspfeiler: Für die (außer den Gebeinen Petri) wertvollsten Reliquien wurden Statuennischen sowie - über Wendeltreppen erreichbar - Loggien in die mächtigen Stützen eingefügt, von denen aus die Heiligtümer dem Volk gezeigt wurden.

Auch zahlreiche Statuen entstanden für den Petersdom; seinen großen Mäzen Urban VIII. verewigte der Meister durch ein Prunkgrab zur Rechten des Kathedraaltares; ferner schuf er das Standbild des Longinus in der Vierung sowie die Reiterstatue Constantins d. Gr. in der Vorhalle. Außerdem lieferte er den Entwurf für das Grabmal der Markgräfin Mathilde von Tuszien, auf deren Burg Canossa das Papsttum einst seinen größten Triumph erlebt hatte.

Weitere bedeutende Werke folgten unter dem Pontifikat Alexanders VII.: Für die Apsis der Peterskirche entstand der Kathedraaltar (1657-1666); von vier Kirchenvätern getragen, umschließt ein bronzener Thron den legendären Stuhl Petri; darüber verbinden sich Strahlenbündel aus vergoldetem Stuck mit dem Sonnenlicht zu einem gewaltigen gleißenden Juwel.

Gleichzeitig wurde als würdiger Rahmen für die größte Kirche der Welt der Petersplatz angelegt; wie ausgebreitete Arme umfangen seine Kolonnaden die Pilger aus allen Ländern der Christenheit (1656-1667). Das gewaltige Oval - eine der eindrucksvollsten Platzanlagen auf Erden - symbolisiert durch den Grundriss, der mit dem annähernden Rund des Platzes sowie der Kreuzesform des Domes einem Reichsapfel gleicht, den Anspruch der katholischen Kirche auf die Weltherrschaft. Als monumentalen Zugang plante Bernini außerdem eine großzügige Straßenanlage; diese wurde freilich erst im 20. Jh. mit der Via della Conciliazione verwirklicht. Als letztes Werk des bereits 80-jährigen Meisters entstand das vielfigurige Monumentalgrab für Alexander VII.

Durch seine Tätigkeit als Architekt und Bildhauer, ein umfangreiches zeichnerisches Oeuvre an Bauentwürfen, Theaterdekorationen und Karikaturen sowie einige Werke als Maler, ferner musikalische Kompositionen für päpstliche Feste war Gianlorenzo Bernini der letzte Uomo universale des Abendlandes; die Einheit aller Künste war das Ziel seines Schaffens, wie der eigene Sohn bezeugte. In den Bauten des Meisters erreichte der römische Barock den Höhepunkt. Kennzeichnend für sein Werk sind neue Formen der Lichtführung sowie eine theaterhafte Wirkung; anders als bei Borromini, bleiben die Formen jedoch stets der Natur verhaftet. Im Grundriss dominiert das Oval (statt der Rotunde der Renaissance); dass die einzelnen Gebäude zu geschlossenen Ensembles verbunden werden, entspricht dem Geist des Barock.

Der künstlerische Einfluss Berninis reichte weit über Rom hinaus - nicht nur durch zahlreiche Werke für andere Städte Italiens, sondern auch durch seine großen Schüler: Andreas Schlüter und Johann Bernhard Fischer von Erlach trugen die Inspirationen ihres Lehrmeisters über die Alpen und begründeten die Blüte des Barock in Wien und Berlin.

Reizvolle Raumschöpfungen: Borromini

Durch sein künstlerisches Schaffen hatte Gianlorenzo Bernini den römischen Hochbarock geprägt; in hasserfüllter Rivalität stand ihm das ebenbürtige Genie Francesco Borrominis (1599-1667) gegenüber, dessen eigenwillige Raumschöpfungen zu den schönsten Werken der abendländischen Kunst zählen.

Als Schüler seines Verwandten Carlo Maderno, der die Fassade des Petersdomes errichtet hatte, kam der gebürtige Lombarde nach Rom. Dort fertigte er erste, noch unbedeutende Arbeiten als Steinmetz für den Palazzo Barberini sowie die Peterskirche unter dem neuen Dombaumeister Bernini, mit dem er sich später überwarf. Seither war der römische Hochbarock für Jahrzehnte vom Gegensatz der beiden Meister geprägt, die nicht nur persönliche Feindschaft trennte, sondern auch unterschiedliches Stilempfinden: Während sich in Berninis Schaffen Kunst und Natur verbanden, war Borrominis Werk - angeregt durch das Studium von „barocken" Formen der Antike, etwa der Piazza d'Oro in der Hadriansvilla bei Tivoli - von ihrem Gegensatz bestimmt. Daher suchte er nach komplizierten architektonischen Lösungen, bei denen sich verschiedene Raumkörper durchdringen, sowie neuartigen Formgebilden. Kennzeichnend für sein Werk ist das Spiel von konkaven und konvexen Elementen; der Verzicht auf gerade Linien und Ecken ruft zudem sanfte Lichteffekte hervor.

Das erste bedeutende Projekt Borrominis war das Kirchlein S. Carlino (1638-1641) für den Orden der Trinitarier. Hier erreicht der Illusionismus des Barock einen Höhepunkt: Durch eine komplizierte Wandgliederung verschleiert, täuscht der rautenförmige Grundriss ein Oval vor; fächerförmige Kassetten und Giebel verdecken die Konstruktion der Kuppel; beim Durchschreiten des Raumes bieten sich ständig wechselnde Ansichten. Erst nach dem Tod des Meisters wurde sein wellenförmiger Fassadenentwurf vollendet, der den typischen Wechsel von konkaven und konvexen Formen aufweist. Die Laterne der Kuppel greift auf Vorbilder der römischen Antike zurück, etwa den Venus-Tempel von Baalbek. Für Urban VIII. errichtete Borromini die Universitätskirche S. Ivo alla Sapienza (1642–1650); im Rechteck des Arkadenhofes weicht ihre Fassade exedrenhaft zurück, bekrönt von einer spiralförmigen Laterne. Der komplizierte Grundriss des Innenraums ähnelt einer Biene – dem Wappentier des päpstlichen Stifters.

Dessen Nachfolger Innozenz X. betraute den Meister gleichfalls mit einer bedeutenden Aufgabe; die baufällige Laterankirche sollte erneuert werden. Die Forderung des Papstes, die ehrwürdige Basilika weitestgehend zu bewahren, engte den schöpferischen Geist Borrominis ein; dennoch errichtete er in den konstantinischen Mauern einen barocken Festsaal von erhabener Wirkung (1649/50). Danach führte er den Bau von S. Agnese in Agone auf der Piazza Navona fort (1653–1657); die geschwungene Fassade, ebenso die neuartige Verbindung der Kuppel mit zwei flankierenden Türmen (s. Bernini, S. 176 ff.) wurde vorbildhaft für zahlreiche Kirchen des deutschen Barock.

Auch wenn in seinem Schaffen die Sakralbauten überwogen, war er doch auch an bedeutenden profanen Projekten beteiligt, etwa dem Palazzo Giustiniani sowie dem Palazzo di Propaganda Fide. Für den Palazzo Spada schuf Borromini das reizvolle Perspektiv im Innenhof. Als er in einem Anfall geistiger Verwirrung von eigener Hand starb, hatte er nicht nur einige der reizvollsten sakralen Räume der Ewigen Stadt geschaffen, sondern auch reiche Anregungen weit über Italien hinaus gegeben – für den süddeutschen Barock und das europäische Rokoko.

DER RÖMISCHE BAROCK

Mit dem zukunftsweisenden Bau des Gesù hatte der Barock in Rom seinen Siegeszug angetreten, im Wirken von Bernini und Borromini die Vollendung erreicht. Daher ist die Ewige Stadt in höchstem Maße von dieser Epoche geprägt. Unter den zahllosen Barockkirchen mit ihrem reichen Dekor an Skulpturen und Gemälden ragen S. Agnese in Agone auf der Piazza Navona, S. Andrea della Valle, S. Maria in Vallicella sowie S. Ignazio mit seinen gemalten Scheinarchitekturen hervor, ebenso die entzückenden kleinen Raumschöpfungen von S. Andrea al Quirinale, S. Ivo alla Sapienzia und S. Carlino. Von der grandiosen Stadtplanung dieser Zeit künden die Spanische Treppe und der Trevibrunnen; ihre Vorliebe für bauliche Ensembles erreicht im gewaltigen Oval des Petersplatzes den Höhepunkt.

Die Moderne (seit 1789)

Das Nationaldenkmal erinnert an die Einigung Italiens im 19. Jh.; zugleich vermittelt das Monument einen Eindruck von der einstigen Pracht der antiken Bauten.

Die Auswirkungen der Französischen Revolution trafen auch den Kirchenstaat, der von den fremden Siegern durch die kurzlebige Römische Republik ersetzt und wenige Jahre später im Streit um die Kontinentalsperre von Napoleon annektiert wurde. Der Wiener Kongress stellte die päpstliche Herrschaft wieder her; zunehmend wurde sie jedoch durch die italienische Einigungsbewegung bedroht. Ein erster Versuch Garibaldis, in der Ewigen Stadt eine nationale Republik zu begründen, scheiterte durch die Intervention französischer Truppen. Als diese nach dem Sturz Napoleons III. zurückberufen wurden, konnte der italienische König Viktor Emanuel siegreich in Rom einziehen. Fortan bezeichneten sich die Päpste als „Gefangene des Vatikans"; die Wiederherstellung des Kirchenstaates blieb für Jahrzehnte ihr wichtigstes außenpolitisches Ziel. Der Verlust der weltlichen Macht erleichterte es ihnen jedoch, den grundlegenden Wandel durch Aufklärung und Industrialisierung zu akzeptieren, etwa in der Enzyklika „Rerum novarum" des „Arbeiterpapstes" Leo XIII.

Als Hauptstadt des neuen Nationalstaates wurde Rom zu einem der Machtzentren des modernen Europa, zudem Mittelpunkt eines wachsenden Kolonialreiches. Nach dem 1. Weltkrieg begründete Mussolinis Marsch auf Rom den faschistischen Führerstaat; das Verhältnis zum Papsttum wurde in den Lateranverträgen geregelt. Die Invasion der Alliierten im 2. Weltkrieg besiegelte das Schicksal des „Duce"; die Monarchie musste einer Republik weichen, die von häufigen Regierungswechseln und zahllosen Affären geprägt ist. In einer zunehmend säkular geprägten Zeit schwand die Macht der katholischen Kirche weiterhin; allerdings trug ihr moralischer Einfluss maßgeblich zum Zusammenbruch des kommunistischen Imperiums bei – und damit auch zur Wiederherstellung der deutschen Einheit.* Die Bedeutung Roms ging in dieser Zeit ebenfalls zurück, Reste der einstigen Weltgeltung sind jedoch geblieben: Die Gewänder der Kardinäle gleichen noch heute dem Purpur der Caesaren, der päpstliche Titel eines Pontifex Maximus gemahnt an die religiösen Traditionen der Antike; vor allem aber erinnert die lateinische Sprache der katholischen Kirche bis heute an das Imperium Romanum, das bedeutendste Weltreich der Geschichte.

* Im Interesse einer angemessenen historischen Distanz erschien es dennoch als sinnvoll, das Buch nicht zu Johannes Paul II. weiterzuführen.

Meister des Klassizismus: Canova

Nach der Legende hat der bedeutendste Bildhauer des römischen Klassizismus, Antonio Canova (1757-1822), schon als Küchenjunge kleine Löwen aus Butter geformt - Vorübungen für seine späteren eindrucksvollen Darstellungen der majestätischen Tiere. Tatsächlich erhielt der Knabe aus Possagno (bei Treviso) die ersten Anregungen im Haus seines Großvaters, des Bildhauers und Architekten Pasino Canova. In Venedig ausgebildet, eröffnete er dort bereits mit sechzehn Jahren eine eigene Werkstatt; später ermöglichte ihm der Senat der Serenissima durch ein Stipendium, zum Studium der antiken Kunst nach Rom zu reisen (1779); dort sollte er fast sein gesamtes Leben verbringen.

Tief beeindruckt von den Monumenten der Ewigen Stadt, wandte sich der junge Canova dem neuartigen Stil des Klassizismus zu. Nach seinem Durchbruch mit dem „Theseus als Sieger über Minotaurus“ (1782, j. in London) erhielt er zahlreiche Aufträge von privater und kirchlicher Seite. Zu den bedeutendsten Werken der frühen Jahre zählt das Grabmal Clemens' XIV. (1787) in der Kirche SS. Apostoli.

Als erstes klassizistisches Kunstwerk in der Peterskirche entstand fünf Jahre später das Monument für Clemens XIII.: Eine schlichte Grabarchitektur mit trauernden Löwen, bekrönt von der betenden Gestalt des Papstes; seitlich löscht - von den Zeitgenossen vielbewundert - ein Todesgenius die Lebensfackel aus, zur Linken erscheint die Allegorie der Religion. Auch wenn Canova auf die spannungsreiche Dynamik und den reichen Dekor des Barock verzichtete, wahrte er doch - im Gegensatz zu zahlreichen anderen Meistern des akademischen Klassizismus - dessen Naturnähe.

Nach der Eroberung Italiens durch die französischen Revolutionsarmeen arbeitete der Bildhauer auch für den neuen Herrn Europas: Neben Porträtbüsten der kaiserlichen Familie schuf er u. a. ein Standbild Napoleons in heroischer Nacktheit (j. in Mailand) sowie eine Darstellung von „Amor und Psyche“ für General Murat (j. im Louvre), vor allem aber die berühmte Statue der Paolina Borghese, der Schwester des Kaisers, die auf eigenen Wunsch in fast unverhüllter Schönheit hingelagert erscheint (1807, Galleria Borghese). Auch für andere europäische Höfe war der Meister tätig: In Wien schuf er das Grabmal der Erzherzogin Maria Christina mit seinen herrlichen Löwen (1805), im Auftrag der britischen Regierung den Kenotaph der Thronprätendenten aus dem Hause Stuart im Petersdom (1821).

Ebenso bedeutend wie das künstlerische Wirken Canovas war seine Tätigkeit als Denkmalpfleger. Bereits 1799 erwarb er 80 antike Marmorfragmente, um ihren Verkauf in das Ausland zu verhindern; als Grundstock des späteren Museo Chiaramonti in den Vatikanischen Museen schenkte er sie dem Papst. Auf seinen Rat untersagte Pius VII. die Ausfuhr von antiken Kunstwerken aus dem Kirchenstaat (1802); Canova wurde zum Generalinspektor der römischen Altertümer erhoben. Nach dem Sturz Napoleons setzte er sich erfolgreich für die Rückführung der Kunstschätze ein, die der Korse in ganz Europa geraubt hatte.

Das letzte Werk des Meisters war ein Denkmal für Pius VI. im Petersdom; da der Papst von Revolutionssoldaten verschleppt in französischer Haft gestorben war, erscheint er als gefasster Dulder im Gebet. Bis vor wenigen Jahren erinnerte die Statue in der Confessio-Nische unter dem Baldachinaltar daran, dass sich einst zahlreiche Päpste zum Sterben in die Heilsnähe des Apostelgrabes tragen ließen (j. in den Vatikanischen Grotten). Die Einweihung des Standbildes hat der greise Canova nicht mehr erlebt; wenige Tage zuvor starb er, von den Zeitgenossen hochverehrt als der „neue Phidias“.

*Römisches Erbe: Napoleon I.**

Seine Feldzüge führten ihn von Madrid bis Moskau, von Kairo bis Berlin - die Ewige Stadt hat er jedoch niemals gesehen. Dennoch ist das politische und kulturelle Wirken Napoleons (1769-1821) von zahlreichen Rückgriffen auf ihre Traditionen geprägt: Seine Titel als Erster Konsul und Kaiser waren römischen Ursprungs, ebenso Lorbeerkranz und Adlerszepter als Insignien der Macht, die Adlerstandarten der französischen Armee sowie der neugegründete Orden der „Ehren**legion**“. Auch die Monumentalbauten, mit denen der Große Korse seine Siege verherrlichte, folgten dem Vorbild der vielbewunderten Antike: Der Arc du Carrousel gleicht dem Bogen des Septimius Severus auf dem Forum Romanum, die Madeleine einem römischen Tempel, die „Säule der Großen Armee“ auf der Place Vendôme der Triumphsäule Traians. In Anlehnung an die mit-

* Für Informationen über die napoleonische Herrschaft in Rom bin ich Dott. Maria Antonietta De Angelis, Archivio Storico dei Musei Vaticani, zu Dank verpflichtet.

telalterliche Sitte, dass der deutsche König vor der Kaiserkrönung durch den Papst den Titel „Rex Romanorum“ (König der Römer) führte, bezeichnete er seinen Sohn als „König von Rom“.

Als junger General hatte er auf dem Italienfeldzug (1796/97) den Kirchenstaat in kluger Mäßigung weitgehend geschont. Einige Monate später nutzte die Regierung in Paris antifranzösische Unruhen zur Gründung einer kurzlebigen „Römischen Republik“ (1798), doch stellte der Friede von Lunéville die päpstliche Herrschaft wieder her.

Nach seiner Machtergreifung erreichte Napoleon in einem Konkordat die Aussöhnung mit der katholischen Kirche (1802). Zwei Jahre später verlieh Pius VII. der Kaisererhebung des Korsen größeren Glanz und höhere Legitimation (auch wenn er sich mit der Salbung des neuen Herrschers begnügen musste, der sich selbst das Diadem aufsetzte); erstmals seit der Zeit Karls V. (1530) fand eine Kaiserkrönung wieder im Beisein des Papstes statt.

Schon bald verschlechterten sich jedoch die beiderseitigen Beziehungen. Da der Papst einen Beitritt zur Kontinentalsperre gegen England verweigerte, rückten französische Truppen in Rom ein (1808); im folgenden Jahr wurde der Kirchenstaat von Frankreich annektiert. Deswegen exkommuniziert, ließ Napoleon den Papst gefangen setzen. Pius VII. wurde nach Savona, später nach Fontainebleau gebracht; erst der Sturz des Korsen gab ihm die Freiheit zurück (1814).

In Rom wurde nun die französische Verwaltung eingeführt; als oberste Behörde amtierte die Consulta Straordinaria degli Stati Romani. Die Einsetzung von Denkmalbehörden zur Freilegung und Bewahrung der antiken Monumente bekundete die Ehrfurcht des Kaisers vor dem kulturellen Erbe des Altertums. Kirchliche Dienststellen und Führungsgremien von Orden mussten ihren Sitz nach Paris verlegen, das zur künftigen Residenz der Päpste bestimmt war.

Rom galt dem Kaiser als die zweite Stadt des Reiches; ein Besuch in Begleitung seines Sohnes war geplant, der Quirinalspalast sollte zur Residenz ausgebaut werden. Als eindrucksvollstes Monument der napoleonischen Herrschaft schuf Giuseppe Valadier bei der Neugestaltung der Piazza del Popolo den grandiosen Prospekt des Pincio. Die einzige klassizistische Platzanlage Roms erinnert mit ihren antikisierenden Formen an die hochfliegenden Pläne des großen Korsen – und an seine Verbundenheit mit den historischen und künstlerischen Traditionen der Ewigen Stadt.

Die Einigung Italiens: Garibaldi

Ganz Italien verehrt ihn als Nationalhelden, in jeder Stadt trägt eine bedeutende Platzanlage oder ein wichtiger Straßenzug seinen Namen, weithin sichtbar erhebt sich auf dem Gianicolo sein Denkmal: Giuseppe Garibaldi (1807–1882) gilt als der strahlende Held des Risorgimento, der Einigung des Landes im 19. Jh. Der wahre Architekt der Einheit war zweifellos der piemontesische Ministerpräsident Graf Cavour, der „italienische Bismarck" - Garibaldi aber war die Seele der nationalen Bewegung.

Begeistert von den revolutionären Lehren Mazzinis, propagierte er bereits als junger Seemann die Einigung des politisch zersplitterten Landes. Nach dem Scheitern einer Erhebung in Genua zum Tode verurteilt, entzog er sich den Häschern durch die Flucht nach Südamerika. Dort erlebte er einen atemberaubenden Aufstieg vom Gaucho und Flusspiraten zum Oberkommandierenden der Streitkräfte in Uruguay; erfolgreich kämpfte er in den Kriegen der La-Plata-Staaten (1843–52), die Alexandre Dumas als neuen Trojanischen Krieg verherrlichte.

Im Revolutionsjahr 1848 kehrte Garibaldi nach Italien zurück. Nach seiner Landung in Genua sammelte er eine Schar von Freiwilligen, um Karl Albert von Sardinien im Krieg gegen Österreich zu unterstützen; die habsburgische Monarchie umfasste damals auch die Lombardei sowie Venetien und bildete daher das größte Hindernis für einen italienischen Nationalstaat. Trotz seiner republikanischen Leidenschaft erkannte Garibaldi, dass nur unter der Führung des wirtschaftlich prosperierenden Sardinien-Piemont, zudem des einzigen italienischen Staates unter einer einheimischen Dynastie, die ersehnte Einheit möglich war.

Nach der entscheidenden Niederlage der sardischen Truppen gegen den österreichischen Feldmarschall Radetzky bei Custozza wandte sich Garibaldi nach Rom. Dort hatte die zaudernde Politik Pius' IX. - der zwar grundsätzlich zu Reformen bereit war und mit der nationalen Bewegung sympathisierte, aber an der absoluten Monarchie im Kirchenstaat festhielt - ebenfalls zum Aufstand geführt; nach der Flucht des Papstes wurde die „Römische Republik" ausgerufen (1849). Französische Truppen beendeten freilich schon bald das Intermezzo; auf abenteuerlichen Wegen gelang Garibaldi die Flucht. Mehrere Jahre lebte er in den Vereinigten Staaten, dann ließ er sich auf der Insel Caprera vor der Küste Sardiniens nieder (1854).

In den nächsten Jahren sollte er die Erfüllung seines Traumes von einem einigen Vaterland erleben. Mit französischer Hilfe wurden die Österreicher bei Solferino geschlagen und zur Abtretung der Lombardei gezwungen (1859). Die mittelitalienischen Staaten schlossen sich der neuen Führungsmacht Sardinien an, ebenso die päpstliche Romagna; weitere Gebiete des Kirchenstaates wurden in einem kurzen Feldzug besetzt (1860). Mit seinen legendären 1000 „Rothemden“ brach Garibaldi noch im selben Jahr zur Befreiung des südlichen Italien auf. Von der Landung bei Marsala führte ihn ein einziger Triumphzug bis nach Neapel; das völlig verrottete Königreich beider Sizilien brach fast kampflos zusammen. Das neu gewählte gesamtitalienische Parlament proklamierte Viktor Emanuel II. von Sardinien zum ersten König des vereinten Landes (1861).

An innenpolitischen Fragen wenig interessiert, zog sich Garibaldi nach Caprera zurück. Dagegen war er an den weiteren Kämpfen zur Vollendung der nationalen Einheit beteiligt: am Krieg gegen Österreich, der mit der Befreiung Venetiens endete (1866), ebenso an zwei vergeblichen Angriffen auf Rom (1862/67). Erst nach der vernichtenden Niederlage Napoleons III. bei Sedan wurde die französische Schutzmacht aus Rom abgezogen; nach kurzem Kampf zogen italienische Truppen in die Ewige Stadt ein (1870). Garibaldi erlebte diesen Triumph aus der Ferne; er unterstützte die junge französische Republik im Krieg gegen Deutschland, das in der Kaiserproklamation von Versailles (18.1.1871) ebenfalls seine staatliche Einheit vollendete.

Mit der Besetzung Roms endete die jahrhundertelange weltliche Herrschaft der Kirche in der Ewigen Stadt. Bis zur Aussöhnung mit dem italienischen Staat in den Lateranverträgen (s. Mussolini, S. 188 ff.) lebten die Päpste fortan als „Gefangene des Vatikans“. Sogar eine Verlegung ihrer Residenz - etwa nach Wien oder München - wurde erwogen; sie hätte wohl den Verlauf der Geschichte verändert!

Die letzten Lebensjahre verbrachte Garibaldi auf der Insel Caprera, ohne in die weitere politische Entwicklung einzugreifen; sein Werk war vollbracht, die Einigung Italiens vollendet. An den Nationalhelden gemahnt das Reiterstandbild (1895) auf dem Gianicolo, wo er einst die kurzlebige Republik gegen die französischen Truppen verteidigte; auch seiner Gattin Anita, die damals den Strapazen der Flucht erlag, wurde hier ein Denkmal gesetzt. Wesentlich eindrucksvoller ist freilich das Monument für Viktor Emanuel II. auf der Piazza Venezia (G. Sacconi, 1885-1911). Als städtebaulicher Akzent bewusst der Kuppel von St. Peter entgegengestellt, verkündet es weithin den Ruhm des ersten italienischen Königs. Auch wenn es durch zahlreiche Spottnamen verhöhnt wurde (etwa als „Käsetorte“ oder „Schreibmaschine“) - mit seinen weißmarmornen Säulen und bronzenen Skulpturengruppen lässt es die verlorene Pracht der antiken Bauten erahnen.

Im Zeichen der fasces: Mussolini

Seine hochfliegenden Pläne scheiterten kläglich, sein bewegtes Leben endete vor den Gewehrläufen der Partisanen; aber das Bild der Ewigen Stadt und ihrer antiken Schätze ist noch heute vielerorts vom Wirken Benito Mussolinis (1883-1945) geprägt, des langjährigen „Duce“ des faschistischen Italien.

Zunächst glühender Anhänger der politischen Linken und erfolgreicher Chefredakteur des sozialistischen „Avanti“, wurde er 1914 aus der Partei ausgeschlossen, da er den Kriegseintritt Italiens gegen Österreich forderte. Seither wandte er sich vom Internationalismus ab und propagierte in der späteren faschistischen Parteizeitung „Il Popolo d' Italia“ (Das italienische Volk) einen nationalen Sozialismus.

Nach dem 1. Weltkrieg gründete er in Mailand den „Fascio di combattimento“ zur Bekämpfung der linken Arbeiterorganisationen; schon bald entstanden weitere Kampfbünde. Ihren Namen verdankte die neue Bewegung den altrömischen Machtsymbolen der fasces - der Rutenbündel der Lictoren - die von den Mitgliedern als Abzeichen auf den Schwarzhemden getragen wurden. 1921 schlossen sich die Wehrverbände zum Partito Nazionale Fascista zusammen, der erste Erfolge bei Wahlen errang und seine Macht gleichzeitig durch paramilitärische Aktionen mehrte. Am 28.10.1922 erzwang Mussolini durch den legendären „Marsch auf Rom“ seine Ernennung zum Ministerpräsidenten durch Viktor Emanuel III. Drei Jahre später begründete er durch einen Putsch den faschistischen Einheitsstaat, an dessen Spitze er selbst als „Duce“ der Bewegung sowie als „Capo di Governo“ (Haupt der Regierung) stand; zwar regte sich - v. a. seitens der Linken - Widerstand gegen das neue Regime; er wurde jedoch durch den Terror der „Squadre d' azione“ rasch gebrochen.

In den ersten Jahren verzeichnete Mussolini vielbewunderte Erfolge: Die Arbeitslosigkeit wurde beseitigt, die Wirtschaft modernisiert, die Pontinischen Sümpfe trockengelegt. Die seit der Eroberung Roms (1870) grundlegend gestörten Beziehungen zur katholischen Kirche (s. Garibaldi, S. 186 ff.) wurden durch die Errichtung des Vatikanstaates in den Lateranverträgen neugeregelt (1929).

In Rückbesinnung auf die einstige Größe des Imperium Romanum verfolgte der „Duce" eine aggressive Außenpolitik: Das bereits 1919 von italienischen Nationalisten besetzte Fiume (Rijeka) wurde annektiert, Tripolitanien unterworfen, Äthiopien in einem brutalen Krieg erobert (1935/36). Als der Völkerbund wegen des Angriffs auf das ostafrikanische Land Sanktionen gegen Italien verhängte, näherte sich Mussolini dem nationalsozialistischen Deutschland an; der gemeinsamen Unterstützung für General Franco im Spanischen Bürgerkrieg folgten die „Achse Berlin - Rom" (1936) sowie der „Stahlpakt" (1939).

Der Eintritt Italiens in den 2. Weltkrieg nach dem Zusammenbruch Frankreichs war zweifellos der schwerste politische Fehler Mussolinis, der seine militärische Macht bei weitem überschätzte. In Nordafrika und Griechenland erlitten die italienischen Truppen katastrophale Niederlagen, die immer wieder den Einsatz deutscher Soldaten zur Unterstützung des wankenden Bundesgenossen erforderten. Schließlich setzte die Kriegswende der Herrschaft des „Duce" ein Ende: Als die Alliierten auf Sizilien landeten, sprach ihm der Faschistische Großrat das Misstrauen aus; auf königlichen Befehl wurde er auf dem Gran Sasso inhaftiert (1943).

Nach seiner spektakulären Befreiung durch deutsche Fallschirmjäger proklamierte Mussolini in Norditalien die „Repubblica Sociale Italiana", die beim alliierten Vormarsch rasch zusammenbrach. Auf der Flucht in die Schweiz wurde er mit seiner Geliebten Clara Petacci von Partisanen gefangen genommen und ohne Verfahren erschossen (28.4.1945).

Wie im Symbol der fasces sowie der expansiven Außenpolitik griff Mussolini auch bei der architektonischen Neugestaltung Roms auf antike Vorbilder zurück. Als letzter großer Bauherr ihrer Geschichte prägte er das Bild der Ewigen Stadt in einem Ausmaß, wie es im 20. Jh. nur noch autoritären Systemen möglich war. So wurde nach Plänen Berninis ein monumentaler Straßenzug zum Petersdom angelegt, zur Erinnerung an die Lateranverträge „Via della Conciliazione" genannt. Für die Weltausstellung „Esposizione Universale di Roma" (EUR), die 1942 stattfinden sollte, entstand die gleichnamige erste Trabantenstadt der Welt. Sie wird überragt vom Palazzo della Civiltà del Lavoro, der in seinen Arkaden die Rundbögen des Kolosseums aufgreift; dasselbe Motiv begegnet in den Seitenflügeln der neuen Stazione Termini.

Grundlegende Veränderungen erfuhr das Stadtzentrum durch umfangreiche archäologische Grabungen: auf dem Kapitol sowie dem Forum Romanum, der Piazza Navona und im Circus Maximus, dem Marcellus-Theater und dem Forum Boarium, der Area Sacra di Largo Argentina sowie den Caracalla-Thermen, dem Mausoleum Augusti und den Scipionengräbern. Zur 2000-Jahrfeier der Geburt des Augustus wurde die Ara Pacis unter größten Schwierigkeiten geborgen und rekonstruiert; auch die Kaiserfora wurden freigelegt und in die neue Via dell' Impero (j. Via dei Fori Imperiali) einbezogen, eine großzügige Straßenanlage zwischen dem Kolosseum und Mussolinis Amtssitz im Palazzo Venezia. Im nahe gelegenen Nemi wurden römische Prunkschiffe ausgegraben, in Ostia der (außer Pompeji) bedeutendste antike Stadtorganismus auf dem Boden Italiens.

Zweifellos litt die wissenschaftliche Sorgfalt vielfach unter der Fülle der Projekte; dennoch erlebte die archäologische Erforschung Roms unter dem „Duce" ihre fruchtbarste Epoche. Und so verdankt der heutige Besucher der Ewigen Stadt zahlreiche seiner Eindrücke dem Wunsch Mussolinis, die vielbewunderte Antike zu neuem Leben zu erwecken.

Der Stellvertreter: Pius XII.

Nur wenige Päpste der Neuzeit hatten schwerere Aufgaben zu bewältigen als Pius XII. (1939-1958, geb. 1876): Er musste die Kirche durch die Stürme des 2. Weltkrieges und des beginnenden „Kalten Krieges" führen, aber auch durch eine Zeit der „Enteuropäisierung" der Welt sowie einer zunehmenden Auflösung von traditionellen Normen und Strukturen.

Im Dienst der Kurie stieg der gebürtige Römer Eugenio Pacelli zum Nuntius in Bayern (1917-1924) und Deutschland auf (1920-1929), später zum Kardinal (1929). Als Staatssekretär schloss er die Konkordate mit Österreich sowie der neu gewählten Regierung des Deutschen Reiches ab (1933). Nach dem Tod Pius' XI. wurde der hochangesehene Diplomat in einem der kürzesten Wahlgänge der Kirchengeschichte zum Nachfolger bestimmt (1939).

Vergeblich bemühte sich der neue Papst, den Kriegsausbruch zu verhindern; danach wahrte er strikte Neutralität. Auf diplomatischem Wege versuchte er ebenso wie in seinen Weihnachtsbotschaften für einen gerechten Frieden zu wirken; angesichts der unversöhnlichen Haltung auf beiden Seiten waren diese Bemühungen freilich zum Scheitern verurteilt. Durch die Gründung eines Hilfskomitees und eines Nachrichtendienstes konnte zumindest manches Leid gelindert werden. Nach dem Krieg unterstützte der Papst das not leidende Deutschland und sprach sich entschieden gegen eine Kollektivschuld des deutschen Volkes aus.

Später wurde ihm - vor allem in R. Hochhuths Drama „Der Stellvertreter“ (1963) - vorgeworfen, er habe angesichts der Deportation der europäischen Juden geschwiegen; es erscheint allerdings als fraglich, ob ein offener Protest bei der kirchenfeindlichen nationalsozialistischen Führung erfolgreich gewesen wäre.

In zahlreichen Reden und Schriften äußerte sich Pius XII. zu nahezu allen Fragen des kirchlichen Lebens. Von tiefer Verehrung für die Gottesmutter erfüllt, verkündete er das Dogma der leiblichen Himmelfahrt Mariens (1950). Die Auflösung der Kolonialreiche in Asien und Afrika erforderte den Aufbau von kirchlichen Strukturen in den neuen Staaten; die Zahl der Diözesen wuchs von 1696 auf 2048. Auch das Kardinalskollegium wurde internationalisiert, u.a. durch die Berufung der Erzbischöfe von Peking und Bombay; der Weg zur Weltkirche war beschritten.

Hochgebildet und persönlich bescheiden, verstand sich Pius XII. als Herrscherpapst. Mit ungeheurer Energie regierte er die Kirche lediglich aufgrund der eigenen Autorität; seit 1944 verzichtete er sogar auf die Ernennung eines Staatssekretärs. Zeitlebens war er konservativem Denken verhaftet: Der wachsenden ökumenischen Bewegung stand er zurückhaltend gegenüber und blieb stets ein entschiedener Gegner des Kommunismus.

Auch sein Monument im Petersdom folgte überkommenen künstlerischen Traditionen; die letzte gegenständliche Grabstatue eines Papstes bezeichnet symbolhaft das Ende einer Epoche: Nur wenige Jahre später sollte das 2. Vatikanische Konzil das Antlitz der Kirche grundlegend verändern.

DAS KUNSTSCHAFFEN DER MODERNE

Der Barock hatte das Stadtbild von Rom bereits weitgehend vollendet. Daher blieb den Architekten des Klassizismus nur wenig Raum für eigene Werke (etwa den antikisierenden Prospekt des Pincio); seine Bildkunst schuf jedoch die letzten hervorragenden Papstgrabmäler. Nach der Einigung Italiens dehnte sich die Hauptstadt des neuen Staates weit aus; für Regierung, Verwaltung und Justiz entstanden zahlreiche historistische Gebäude, meist ohne eigenen künstlerischen Wert (auch wenn das Nationaldenkmal seine zahlreichen Spottnamen nicht verdient). Vom Vorbild der bewunderten Antike sind die Bauten der faschistischen Ära geprägt: Die Stazione Termini, das Foro Italico, die Trabantenstadt EUR. Über die baulichen Schöpfungen der Nachkriegszeit mögen spätere Generationen urteilen.

Fachbegriffe

Ädikula architektonischer Rahmen für Fenster und Portale
Aedil Staatsbeamter zur Wahrung der öffentlichen Ordnung
Aerarium Staatsschatz
Altarziborium s. Ziborium
Amaler ostgotische Königsfamilie
Annalen Jahrbücher; im Unterschied zu den „Historiae" in der lateinischen Geschichtsschreibung Bezeichnung für die Darstellung der Ereignisse vor der eigenen Lebenszeit
Arianismus (Arianer) Lehre des Arius, dass Christus nicht wesensgleich mit Gottvater ist
Auctoritas Macht aufgrund der eigenen Persönlichkeit
Augustus (Titel) im Gegensatz zu „Caesar" regierender bzw. übergeordneter Kaiser
Basilica/Basilika antike Markthalle; später: mehrschiffige Kirche
Bora heftiger Fallwind
bukolische Dichtung idyllische Hirtendichtung
Caesar (Titel) untergeordneter Kaiser, Mitregent
Censor (perpetuus) römischer Staatsbeamter (Steuerschätzung, Sittengericht)
Centurio Kommandeur einer Centurie (100 Mann)
Commentarii Aufzeichnungen
Condottiere Söldnerführer
Confessio Märtyrergrab unter dem Hochaltar einer Kirche
Curia Sitzungsgebäude des Senates
Dictator (perpetuus) außerordentliches, auf höchstens sechs Monate befristetes Staatsamt in Krisenzeiten (Caesar auf Lebenszeit verliehen); um dieses von der heutigen Wortbedeutung zu unterscheiden, wird es hier mit „c" geschrieben
dies imperii Tag der Kaisererhebung
eklektisch aus mehreren philosophischen Lehren auswählend
Ekloge Hirtengedicht
Epikureer Anhänger der Lehre Epikurs, der die Erlangung des Seelenfriedens durch die wahre Lust lehrte
eponym namengebend
eradieren wegmeißeln
fasces Rutenbündel mit Beilen als römisches Machtsymbol
Fossatum Africae Limes in Nordafrika
Häresie Irrlehre

Heermeister höchster militärischer Rang in der spätrömischen Armee
Heilige Lanze Lanze, mit der nach der Überlieferung Christus durchbohrt wurde
Heroon Grab oder Kultstätte eines Helden
Historiae zeitgeschichtliche Darstellung in der lateinischen Geschichtsschreibung
Homo novus „Emporkömmling", dessen Familie niemals zuvor den Konsulat erreicht hatte
Imperator urspr. Ehrentitel des siegreichen Feldherrn, später Teil der Kaisertitulatur
Insigne Herrschaftszeichen
Interdikt Verbot aller geistlichen Handlungen
Jubeljahr Heiliges Jahr der katholischen Kirche (alle 25 Jahre)
Kathedra Bischofsstuhl
Kitharhoede Solist mit der Kithara, dem bedeutendsten Saiteninstrument der Antike
Konsul höchster römischer Staatsbeamter (es amtierten jeweils zwei Konsuln kollegial für ein Jahr)
Kumulation Ämterhäufung
Kurie zentrale päpstliche Verwaltungsbehörde
Latifundien riesige Landgüter
Latinität, Silberne Zeitalter der lateinischen Literatur (14–120 n. Chr.), das im Gegensatz zur klassischen Goldenen Latinität von barocken Sprachformen geprägt ist
Laudatio funebris Leichenrede
Legat in der Antike Befehlshaber einer römischen Legion; kirchlich: päpstlicher Gesandter
Lictor Amtsdiener der römischen Beamten; trug als Hoheitszeichen die fasces
Limes befestigte Grenze
Lupercalien römisches Fest des Faunus (15.2.)
Manichäer Anhänger einer persischen Erlösungsreligion
Marmorinkrustation Wandverkleidung aus kostbarem Stein vor unedlem Mauerwerk
Mars Ultor Rächender Mars
Militärtribun römischer Offiziersrang
Missus Bevollmächtigter eines Herrschers oder Fürsten
Monophysitismus Lehre, die nur an eine Natur Christi glaubt
Nea Roma Neues Rom (griech.)
Nepotismus Begünstigung von Verwandten („Nepoten")
Nymphäum Prunkbrunnen
Odeion Musiktheater
Oikumene gesamte in der Antike bekannte Welt
Optimaten Senatspartei der römischen Republik
Orbis christianus christlicher Erdkreis
Quaestor römischer Staatsbeamter (Finanzwesen)
Patrimonium Petri Kirchenstaat
Patrizier römischer Adliger

Pax Augusta Kaiserfrieden
Peterspfennig Abgabe an den Heiligen Stuhl
Pfründe mit Einnahmen verbundenes kirchliches Amt
Pietà Darstellung des toten Christus im Schoß Mariens
Plebs (urbana), Plebeier Gesamtheit der unadligen Bürger Roms
Podestà von auswärts berufenes Stadtoberhaupt
Pontifex Maximus oberster Priester Roms; der Titel wurde später auf den Papst übertragen
Pontifikat Amtszeit eines Papstes
Popularen Volkspartei der römischen Republik
Porticus Säulenhalle
Praetor römischer Staatsbeamter (Rechtswesen)
Praetorianer kaiserliche Garde, unterstand dem Praetorianerpraefekten
Presbyter Kirchenältester
Prinzipat Bezeichnung für die römische Kaiserzeit von Augustus bis Diocletian
Prooemium Vorrede
Proskription Ächtung
Reconquista Befreiung Spaniens von der Herrschaft des Islam (722 – 1492)
Renovatio Imperii Erneuerung des Reiches
Reskript kaiserliche Verfügung
Sacerdotium Papsttum
Säkularfeier Jahrhundertfeier
Sassaniden Herrscherfamilie des Neupersischen Reiches (224–651)
Schisma Kirchenspaltung
Schwertleite Erhebung zum Ritter („Ritterschlag")
Seleukiden Herrscherdynastie des Hellenismus (Reich von Kleinasien bis zum Indus)
Senat Adelsrat, beherrschendes politisches Gremium der römischen Republik
Serenissima Beiname der Republik Venedig
Sibyllinische Bücher Sammlung von Prophezeiungen
Simonie Kauf geistlicher Ämter
Stoiker Anhänger einer philosophischen Lehre (Stoa), die Tugend und Gleichgültigkeit gegenüber Freuden und Leiden lehrte
Tempietto kleiner tempelartiger Bau
Tetrarchie Kollegium von vier Kaisern (Tetrarchen)
Tribunizische Gewalt s. Volkstribun
Triclinium Speisezimmer
Triumvirat Bündnis oder Gremium von drei Männern (Triumvirn)
Tuszien mittelalterlicher Name der Toskana
Uomo universale Universalgenie
Usurpation rechtswidrige Aneignung (v. a. der Kaiserwürde)
Verde antico grüner Marmor
Vesta Göttin des Herdfeuers

Vicennalien zwanzigjähriges Herrschaftsjubiläum
Virtus Gesamtheit der männlichen Tugenden
Volkstribun Schutzbeamter der Plebs gegen den Adel
Weltreichslehre auf dem alttestamentlichen Buch Daniel beruhende Vorstellung, dass vier Großreiche - als Letztes das Imperium Romanum – dem Weltende vorhergehen
Ziborium Altarbaldachin

Ortsregister

Abbildungsnachweis

Umschlag hinten: Engelsburg, Andreas Tille, Wikimedia Commons, lizensiert unter den Creative Commons-Lizenzen Namensnennung-Weitergabe unter gleichen Bedingungen 3.0 nicht portiert, 2.5 generisch, 2.0 generisch und 1.0 generisch,
http://creativecommons.org/licenses/by-sa/3.0/legalcode,
http://creativecommons.org/licenses/by-sa/2.5/legalcode,
http://creativecommons.org/licenses/by-sa/2.0/legalcode,
http://creativecommons.org/licenses/by-sa/1.0/legalcode

Frontispiz: Forum Romanum, Abendstimmung mit Blick auf den Tempel der Dioskuren und den Titusbogen, Heide Behrens

Alle übrigen Abbildungen: der Autor